序 言

当今，以大数据、人工智能、移动互联网、云计算、区块链和物联网为代表的数字化技术蓬勃发展并被广泛应用，人类正快速步入数字经济时代。"十四五"规划和 2035 年远景目标纲要设立专章部署"加快数字化发展、建设数字中国"，强调"打造数字经济新优势"。这为我国数字经济发展指明了方向、提供了根本遵循。

"工欲善其事，必先利其器。"要发展数字经济、建设数字中国，需要先进的数字化管理平台。金蝶云星空在 2018 年成为中华人民共和国工业和信息化部（以下简称"工信部"）"百万企业上云行动合作伙伴"，并于 2020 年入选《中小企业数字化赋能服务产品及活动推荐目录（第一期）》。多家行业领军企业正在使用金蝶云星空提供的云服务，如华为、科大讯飞、旷视科技、幸福西饼等。金蝶云星空帮助成千上万家企业实现了数字化云管理转型。该平台作为一款云 ERP，是基于 Web2.0 与云计算、大数据、物联网、人工智能技术的新时代企业管理服务平台。整个产品采用 SOA 架构，完全基于云开发平台 Cloud-BOS 构建而成，业务架构上贯穿流程驱动与角色驱动思想，结合我国管理模式与我国管理实践积累，精细化支撑企业数字化管理重构，涵盖企业财务管理、供应链管理、生产管理、智能制造等核心云服务。该产品技术架构上采用平台化的构建方式，支持跨数据库应用，支持公有云部署和私有云部署等部署方式，可以便捷地进行应用协同开发。金蝶云星空以其独特的"开放、标准、社交"三大特性为企业提供开放的 ERP 云平台，支撑企业数字化转型升级的全生命周期管理需求。任何一家使用金蝶云星空产品的企业，不仅拥有金蝶所提供的产品与服务，还能与包含金蝶在内的众多基于同一个云开发平台提供服务的 IT 生态合作伙伴共同协作，打造产业生态平台。

人才是企业持续发展的根本，数字化人才更是企业数字化云管理转型的基石。为此金蝶公司推出金蝶云星空教学版，该版本功能与企业版完全一致，适用于老师授课和个人研究学习。本书编者在实践教学领域有着丰富的经验，对企业的运作管理理解非常深刻，历时一年多开发了与金蝶云星空配套的《企业数字化管理综合实训》。该书引用的案例源于真实企业业务场景，构思精巧、设计新颖、编排合理，全面而深入地讲述了金蝶云星空在数字化云管理中的应用。读者认真学习后，能力将得到很大提升，并对企业数字化云管理及其应用场景会有更深刻的理解，能更好地服务于数字经济。

做数字化人才，用数字经济推动时代进步和社会发展，需要我们不断拼搏、不断成长、不断学习！谨愿此书能助力读者在数字化人才的发展道路上加快前进的步伐，能力得到快速提升！

傅仕伟 博士

金蝶精一信息科技服务有限公司 副总裁

2021 年 12 月

前 言　FOREWORD

数字经济时代，网络技术和移动互联网飞速发展，企业管理面临着前所未有的机遇和挑战，数字化转型势在必行。党的二十大报告提出，加快发展数字经济，促进数字经济与实体经济深度融合，打造具有国际竞争力的数字产业集群。为了顺应数字经济时代的发展趋势，现有的经管类人才培养模式应转型和改革，这给高校和相关机构的教育工作带来了新的挑战。要培养创新型、全面型的经管类人才，应着力建设基于数字经济和云管理背景的课程体系和教材体系。在这一背景下，编写一本可以帮助读者掌握业财税一体化业务流程设计的原理与方法，培养读者企业数字化管理实务处理能力的教材已迫在眉睫。

本书以企业业务流程为主线，对企业经营活动中人力资源管理、生产管理、采购管理、销售管理、库存管理、成本管理、财务管理等一系列环节的具体运作等内容进行科学合理的组织。在学习本书相关内容后，读者能够使用相关软件完成集团公司的常规业务处理，掌握多组织环境下系统管理、数据初始化、日常业务处理、期末业务处理、报表编制、数据可视化分析等基本知识与技能，具备相应的分析问题、解决问题的能力。

本书将知识学习融入实务之中，以业务场景贯穿所有知识，是编者多年从事企业资源计划和会计信息系统实验教学的心得之作，全书具有以下特点。

1. 内容高度仿真。本书以金蝶云星空 V7.51 为教学平台，通过启用全功能模块，搭建多组织云管理虚拟仿真环境，以集团公司下的两家子公司一个月完整的业务为例，详细介绍了多组织机构环境下企业应如何利用供应链、生产制造、财务管理功能模块协作完成综合业务数字化处理。读者在软件环境中模拟企业实际经营过程，将理论知识与实际业务操作相结合，学习各种业务流程中的操作技巧，能快速提高在财务管理、供应链管理、生产管理、电商应用等方面的数字化应用水平，提升综合应用能力。

2. 教学资源丰富。本书充分利用互联网与智能终端，提供丰富的学习资源，方便读者学习和教师开展课堂教学。资源一：提供已搭建好的虚拟机练习环境，读者在个人计算机上部署后，可直接开始练习。资源二：每个业务操作都录制了操作视频，读者扫描书中的二维码即可观看。资源三：可在线下载空数据中心、完成初始化的数据中心和每一个日常业务操作完成后的数据中心的备份文件，引入后，读者既可从头练习，也可直接从日常业务开始练习。资源四：提供教学大纲、教学指导 PPT、业务指导分册，方便教师组织教学。

3. 编写体例新颖。本书将集团公司旗下制造公司与商贸公司的经营活动贯穿所有模块，将每个知识点融入具体业务处理之中，图文并茂、步骤详细。体例上，"业务场景"对业务背景进行介绍，"业务解析"对业务场景进行解析并梳理其逻辑，"岗位分工"对团队实训分工提出建议，"操作步骤"对操作细节进行详细阐述，"友情提示"对操作中容易忽略的问题进行提醒。这一编写体例有利于学生自主学习，让教师从繁重的实验指导中解脱出来，使教师只需集中精力解决学生的特殊问题。

4. 实训难度循序渐进。本书秉持由浅入深的原则组织内容。全书首先介绍金蝶云星空系统的安装与常规操作方法，然后介绍系统初始化的内容，再以四十八个业务场景为基础围绕重点知识展开讲解，涉及日常业务、期末处理与编制报表等综合业务处理，最后以三个数据可视化分析案例结束。综合业务部分遵循"单组织业务到跨组织业务""标准业务到多元化复杂业务"的组织原则，难度逐级提升，让读者能够循序渐进地提升业务能力。

本书由湖北经济学院跨专业综合实验课程开发团队协作完成，其中徐亚文负责整体业务设计，姚和平负责搭建理论框架，教材编写具体分工为：第一章概述由姚和平编写；第二章系统管理由刘博宇编写；第三章企业基础信息由徐亚文、胡倩编写；第四章日常业务中的供应链相关业务由邴缇纶编写，生产制造相关业务由陆榕编写，财务管理相关业务由姚和平、马苗苗编写，人力资源相关业务由徐亚文编写；第五章期末处理由马苗苗编写；第六章编制报表由徐亚文编写，第七章数据可视化分析由陆榕编写；全书由徐亚文负责修改、统稿。该开发团队在编写过程中还搭建了虚拟机练习环境，录制了所有业务的操作视频，编写了教学大纲、业务指导分册以及制作了教学指导 PPT、所有业务的数据中心备份文件，搭建了在线开放课程。

本书是湖北经济学院教学研究项目"基于金蝶 K3 Cloud 多组织云管理仿真实习课程设计"（项目编号 D2020011）的阶段性成果，编写过程中得到 2020 年第二批教育部产学合作协同育人项目、中国商业会计学会智能财务新人才校企联盟的资助，同时还得到金蝶天燕云计算股份有限公司总裁陈启发、金蝶精一信息科技服务有限公司副总裁傅仕伟、湖北坚丰科技股份有限公司董事长黄立朝、苏州蝶友信息科技有限公司高级实施顾问吴运来等的大力支持，在此表示衷心感谢。

在编写本书的过程中，编者十分注重业务逻辑，但由于水平有限，书中难免存在疏漏、不当之处，恳请读者多提宝贵意见。如需配套教学资源，请与编者联系，联系方式：xuyawen@hbue.edu.cn。

编　者

目　录 CONTENTS

第一章 概述

从今天开始，本书将带你一步一步地进入企业数字化管理的世界。第一章将为你概括地介绍企业数字化管理的基本知识，后续章节将以金蝶云星空软件为应用平台，以一套仿真综合案例为主线，带你系统学习企业数字化管理的原理、流程、方法和技巧。本章内容主要包括企业数字化管理的相关知识、金蝶云星空系统的简介、如何部署金蝶云星空系统，以及金蝶云星空系统的常规操作方法。

第一节 企业数字化管理概述

一、企业数字化管理基本概念

企业数字化管理就是借助计算机和网络技术，在企业的研发、生产、营销、人力资源、财务、战略、供应链管理中，运用数字化手段让先进的管理思想和理论得以实施和具体化，稳定、快速、准确地为企业的战略层、战术层、决策层提供决策支持，提高供应链的竞争力，提高企业管理效率，降低企业经营成本，帮助企业赢得市场，增强企业的核心竞争力。

数字化管理有三层基本含义：一是企业管理活动的数字化，即企业管理对象（如人、财、物、知识等资源）数字化，企业的管理方式和手段（即资源的配置方式和手段）数字化；二是企业交易活动的数字化，即企业内部各部门之间，企业与企业、市场、顾客之间的交易活动通过数字神经网络系统实现数字化；三是企业管理度量评估的数字化，即对管理对象、管理方法和管理手段进行科学计量，使得管理具有可计算性、资源配置进一步优化。

二、企业数字化管理的内涵

（一）企业数字化管理目标

企业数字化管理目标：快速发现和响应企业内外环境的变化，发现并优化企业价值链，快速地满足客户的个性化需求，提高企业管理效率，增强管理决策的科学性，降低企业经营成本，提高供应链的竞争力，从而增强企业的核心竞争力。

（二）企业数字化管理手段

企业数字化管理手段：通过计算机、通信网络和管理软件等相关组合，实现业务数据数字化、业务流程数字化、生产制造自动化、管理决策数字化、供应链管理数字化，以及商务电子化。企业数字化管理实现了人机合一，可将管理人员和业务人员，管理流程、业务流程、生产流程与数字化技术相结合。

（三）企业数字化管理涉及的范围

企业数字化管理涉及企业内部的各个部门，包括研发、生产、营销、人力资源、财务、物流等各职能部门，还涉及同行企业、供应链上下游的供应商、客户等。企业数字化管理应用于战略管理层、战术管理层和业务管理层。

三、企业数字化管理的外延

数字化管理是一门综合的学科，涵盖管理学、信息科学、系统工程、控制理论、经济学、生物学、心理学等方面的知识。它是一个发展和开放的概念，其内容和方法随着现代管理理论和信息技术的发展而发展。

数字化管理是一种融合管理和技术的人机合一的管理方式，通过数字化手段将管理思想固化为标准的流程，从而实现管理的科学化和规范化。信息系统提供的企业内外部集成信息，为管理者做出决策奠定了科学的基础；信息系统的人工智能、知识库、数据挖掘等技术，使科学决策变得更容易实现。通过信息流，企业数字化管理实现了对企业内部及其供应链的物流、资金流等的管理，企业物流和资金流能够在企业及其供应链中迅速流动，传递给任何需要的人。信息流的有效流动推动了物流和资金流的有效流动，从而实现企业资源的快捷、高效配置，为企业创造价值。数字化管理的实质是通过数字化手段，结合先进的管理思想，将先进的管理方法固化在企业数字化管理的流程和工具中，将企业由"人治"转向"法治"。

数字化管理有利于创新与发展。企业信息系统仅仅是实施数字化管理的工具和手段，硬件和软件的投入仅是数字化管理实施过程的一部分，客户的价值创造、企业文化更新、业务流程的改进、员工的支持才是数字化管理实施过程中最重要和最困难的部分。同时，实施数字化管理后，管理的作用不仅没有被削弱或者取代，反而通过数字化手段实现了创新和发展。

数字化管理是一个系统工程。数字化管理的实施包含了管理变革、流程和业务重组、组织学习、咨询服务、方案设计、设备采购、网络建设、软件选型、应用培训、二次开发等过程。企业数字化管理的基础是企业业务数据标准化和业务流程规范化。只有基础管理数字化之后，整个企业才具备实施数字化管理的基础。

数字化管理的关键在于数据的真实性、实时性、共享性。企业业务和经营信息的高度集成化和深度分析，以及信息分析的智能化和自动化使得数字化管理数据比传统的管理数据更真实、实时性更强、范围更广、深度更深，使得企业的资源配置更为快捷和有效。

四、企业数字化管理的演化

伴随着计算机和网络技术在企业管理中的应用，企业的电算化管理、信息化管理、数字化管理、供应链的数字化管理、电子商务的数字化管理等概念不断涌现。从广义角度讲，企业数字化管理包含了计算机和网络在企业管理应用中的各个阶段的内容。

（一）电算化管理

电算化管理是部门级的数字化管理，可理解为点上的数字化。即企业各部门利用计算机和网络技术，将生产经营过程中的信息数字化，实现准确快捷的数据查询和传递，从而实现生产经营数据的共享。通过电算化管理，企业管理者可更加科学有效地进行计划、组织、领导和控制。

（二）信息化管理

信息化管理是流程级的数字化管理，可理解为线上的数字化。在实现生产经营信息数字化基础上，对企业的组织管理、生产、营销、人力资源管理等流程，进行数字化管理，从而提高管理的规范性、制度性、科学性，同时提高管理效率，降低管理成本，使管理活动更具实时性和有效性。

（三）数字化管理

数字化管理是决策级的数字化管理，可理解为面上的数字化。在生产经营数据数字化和管理流程数字化基础上，通过运用数据挖掘、决策支持、知识库和人工智能等技术，对生产经营数据和管理流程数据进行整理、归纳和分析，为管理决策提供支持，为企业的生产经营提供指导，同时能够实现同类知识的智能借鉴和共享。

（四）供应链的数字化管理

供应链的数字化管理是供应链级的数字化管理，可理解为链上的数字化。供应链上的主体包括上游供应商、策略联盟商、下游分销商、顾客等。通过供应链的数字化管理，企业可在供应链这一级别实现资源的有效配置，降低成本，提高供应链的竞争力，从而提高企业的市场价值。

（五）电子商务的数字化管理

电子商务的数字化管理是电子商务级的数字化管理，可理解为体上的数字化。随着买方市场的形成，企业的生产经营必须以市场为导向、以顾客为中心。同时，企业之间的竞争逐渐发展为供应链之间的竞争。企业数字化管理必然要适应这些变化，实现面向电子商务和供应链的企业数字化管理。在电子商务的数字化管理下，顾客对企业产品和服务的需求拉动企业的电子商务和供应链系统，进而拉动企业的生产经营系统在最短的时间内生产或者提供满足顾客需求的产品或者服务，并按照规定的数量和质量，在规定的时间内通过供应链系统将其送到顾客指定的地方。同时，企业应不断跟踪调查产品的使用情况和顾客的建议，为产品的改进和新产品的研发提供参考。

企业的数字化管理经历了点、线、面、链、体五个发展历程，反映了企业数字化管理由低到高的五个不同的水平等级。这五个发展历程也是企业实施数字化管理必经的五个阶段。

五、数字化背景下企业管理范式的转变

随着社会经济的发展，企业管理的内容不断丰富，其范式也日趋复杂化、完善化、科学化，并出现以下几个方面的转变。

（一）从"垂直管理"到"水平管理"

在工业化时代，企业组织的目的是使产品从一个部门流向另一个部门。有关产品价格、生产技术和投资决策等的知识被少数人掌控，信息从下向上流动，命令从上向下发出，权力来自对知识的掌握，垂直管理成为必然，这也是工业社会产品开发迟缓的原因。到了信息社会，知识和信息成为基础的资源，各部门可自由获取，从而水平管理成为必要。由于网络技术的普及，水平管理使得研究开发部门可直接与用户互动、对话。企业大量引进智能型工具，采用柔性生产方式，生产出知识含量高、个性化的产品，以适应多样化的消费需求。

（二）从"物的管理"到"人的管理"

传统的管理主要用于满足资源经济或工业经济时代大工业生产的需要，是以机器为中心的管理，工人被当作机器系统中的配件，人被异化为物，管理的中心是物。因此，管理部门要求雇员成为"标准人"，以便实行规范化的管理。这种管理不利于人创造性的发挥。随着科学技术的发展，信息社会来临，"人"的因素——创造性、个性、才能，在生产活动中的作用越来越重要。这就使企业的管理部门日益重视人的因素，管理方式也发生了相应的变化，管理的中心从物转移到人。新的生产系统将以人为中心，而且是以人的创造性活动为中心。

（三）从"刚性管理"到"柔性管理"

工业社会占主导地位的管理模式是刚性管理，即依靠严明的纪律、赏罚分明来进行管理。随着信息社会的来临，一方面，管理重心由物转到人——研究人的需要、人的行为、人与组织的关系，强调"人本主义"，这使管理倾向于柔性化；另一方面，柔性管理也是与信息社会独特的生

产制造方式——柔性制造系统相伴而生的。信息社会的标志性特征之一就是知识和信息在生产中的应用，产生了诸如计算机辅助设计、计算机辅助制造系统等一系列技术。这些高新技术的进一步集成形成了一种新型的生产制造模式——柔性制造系统，从而促成管理的模式由"刚性化"向"柔性化"转化。

（四）从"直接管理"到"远程管理"

企业管理的典型特征是管理者对被管理者的领导，是直接的面对面的管理。规模经济曾一度在工业社会的发展中占据主导地位。在信息社会中，知识和信息技术的革命使得企业的规模效应面临着新的挑战。一方面，在知识与信息的共同作用下，企业采用的智能生产系统可以促进企业与顾客之间的直接联系，按顾客要求分别设计和制作产品，使成本降低；另一方面，信息技术还可以帮助企业根据市场行情做出及时有效的生产处理，增大经营的灵活性，从而使企业的微观经济活动日益依赖于传播网络和处理系统，使经营与管理方式发生根本变化。随着生产组织形式和工作方式的转变，企业的远程管理成为信息社会的一大特色。

（五）从"生产管理"到"知识管理"

工业经济社会里，企业的管理主要面向生产过程，有人称之为生产管理，也有人将之称为市场管理。而信息社会的到来不仅迅速改变世界的经济增长方式，而且使人力资本在企业多种要素中的作用越来越明显，企业对知识型工人的需求与日俱增，知识创新成为企业最重要的活动。知识和信息逐渐成为影响一个企业生死存亡的关键因素。面向信息社会的企业管理也由生产管理转向以知识为核心的管理，即知识管理。知识管理的出发点是把拥有较多的知识作为企业竞争力提高的关键。人是知识的重要载体，因此人力资源管理是知识管理的重要组成部分。知识管理把人从传统的生产管理中解放出来，充分发挥了人的主观能动性，这正是信息社会企业管理的核心所在。

六、企业数字化管理的展望

纵览我国企业数字化管理发展历史，每经过十年，企业数字化管理都要跃上一个新台阶。今天，以云计算、人工智能、移动互联网和大数据为代表的新的信息技术革命对企业管理工作的渗透越来越深入，影响也越来越广泛。企业数字化管理将呈现网络化、集成化、移动化、实时化、全息化、智能化、自动化、标准化、精细化、差异化的态势，同时伴随着处理规则国际化、票据电子化、风险威胁扩大化等特点。

随着信息技术的逐步推广与应用，企业信息的实时披露将成为现实，对企业数据的深度分析、利用也将很好地实现，企业管理也将因此更加科学化、精细化。对信息质量的有效监管将随着企业数字化的发展得到进一步加强，企业管理水平和质量也将随着企业数字化的发展得到全面提高。

当然，由于我国经济和社会发展的多样性和复杂性，不同经济领域、不同地区和不同企业，其企业数字化建设是不同的。一种软件不可能全面彻底地解决所有企业在企业数字化建设中遇到的所有问题，因此，企业数字化软件应用的局面将是高端、中端、低端软件应用并存，复杂应用与简单应用并存。不同企业和经济组织应根据国家统一制度的要求，结合自身实际情况，建立满足企业内外需要的企业数字化软件，最大限度地提高企业数字化管理应用水平。

七、国内外著名的企业数字化管理软件公司

金蝶国际软件集团有限公司总部位于深圳，始创于 1993 年，在香港联交所主板上市，股票代码为 0268.HK。金蝶公司旗下的多款云服务产品获得标杆企业的青睐，包括金蝶云苍穹（新一代企业级 PaaS）、金蝶云瀚瀚（大型企业 SaaS 解决方案）、金蝶云星空（中型企业 SaaS 解决方案）、金

蝶云星辰（小微企业 SaaS 解决方案）、云之家（智能协同云）、管易云（企业电商云服务平台）、车商悦（汽车经销行业云）及我家云（建筑房地产及物业行业云）等。截止 2020 年 12 月，金蝶公司通过管理软件与云服务，已为世界范围内超过 680 万家企业提供服务。

用友网络科技股份有限公司总部位于北京，成立于 1988 年。2001 年 5 月在上海证券交易所 A 股上市，股票代码为 600588。2014 年 6 月，用友旗下畅捷通信息技术股份有限公司在香港 H 股主板上市，股票代码为 01588。用友网络在营销、采购、制造、供应链、金融、财务、人力、协同服务等领域为客户提供数字化、智能化、全球化、社会化、生态化、平台化、高弹性、安全可信的企业云服务产品与解决方案。截至 2020 年 12 月，其全球客户超过 627 万家。

浪潮通用软件有限公司总部位于山东济南，创立于 1994 年，现已发展成具有一定规模的企业管理软件、分行业 ERP 解决方案与咨询服务供应商，是我国中高端企业信息化应用的领导厂商之一。

SAP（思爱普）公司成立于 1972 年，总部位于德国沃尔多夫市，是企业管理及协同商务解决方案供应商。

Oracle 公司成立于 1977 年，总部位于美国加州，是行业领先的信息管理软件开发商。Oracle 公司的中文名称为甲骨文公司。

第二节　金蝶云星空系统简介

现今，世界经济环境非常脆弱且复杂多变。身处这样一个大环境的企业，如何充分利用各种内、外部资源有效应变，对于其生存与发展是非常关键的。

新技术与应用的发展，如互联网、移动互联网、云计算技术、社交网络等，对企业以往的经营管理方式带来了冲击，如何运用这些新的技术与应用从容应对经营中的种种挑战，也是企业经营管理者需要面对的重要问题。

当前世界经济的竞争焦点在于制造业，发展制造业既是各国缓解就业压力的良好途径，也是各国国内生产总值能落于实地的根本途径之一。

我国制造业压力巨大，为了抵御世界各国的制造业竞争压力及发达国家的反倾销、反补贴，我国制造业已经紧跟世界趋势，进入了由传统的单兵作战，向产业链竞争转变。现代制造业的竞争是产业链之间的生存竞争，只有整条产业链具备技术领先性和成本竞争力，整条产业链上的企业与实体才有生存的空间。产业链的核心成本竞争力则来源于以下两点：一是高效的产业链协同，如计划协同、排产协同、库存共享等；二是产业链上每个企业单元的低成本化，如何降低每个企业单元的成本是制造业的永恒话题。

金蝶云星空是移动互联网时代的新型 ERP，是基于 Web2.0 与云技术的新时代企业管理服务平台，既能帮助企业实现产业链高效协同，又能帮助企业实现自我成本管理与优化。金蝶云星空采用 SOA 架构，完全基于 Cloud-BOS 平台组建而成，业务架构上贯穿流程驱动与角色驱动思想，结合我国管理模式与我国管理实践，精细化支持企业财务管理、供应链管理、生产管理、s-HR 管理、供应链协同管理等核心应用。技术架构上，金蝶云星空采用平台化的构建方式，支持跨数据应用，支持本地部署、私有云部署与公有云部署三种部署方式，同时还在公有云上开放基于 ERP 的云协同开发平台。任何一家使用金蝶云星空产品的企业，可拥有包含金蝶在内的众多基于同一个平台提供服务的 IT 服务伙伴。

一、产品特性

金蝶云星空以其独特的"标准、开放、社交"三大特性为企业提供开放的 ERP 云平台，支撑企业全生命周期管理需求，是"中国'智'造引擎"。

（一）标准

金蝶云星空在总结百万家客户管理最佳实践的基础上，提供了标准的管理模式；金蝶云星空通过标准的业务架构，包括多会计准则、多币别、多地点、多组织、多税制应用框架等，有效支持企业的运营管理；金蝶云星空提供了标准的业务建模——35 种标准 ERP 领域模型、1 046 种模型元素、21 243 种模型元素属性组合、288 个业务服务构件，让企业及伙伴可快速构建行业化及个性化的应用。

（二）开放

金蝶云星空动态构建的多核算体系与业务流程设计模型，为企业提供了适应其动态发展的开放性管理平台；金蝶云星空的 SOA 架构，以及纯 Web 应用、跨数据库应用、多端支持、云应用等新兴特性，为企业提供了开放的信息化整合平台；金蝶云星空打造的开放 ERP 开发云平台，为伙伴、客户提供了完整的 ERP 服务生态圈，为企业提供了真正的一站式应用。

（三）社交

金蝶云星空深度集成金蝶"云之家"，并与微信账号对接，基于社交网络技术，借助企业员工网络、客户网络、供应商网络，实现企业内、外部业务协作，突破组织边界、资源与时空限制，为企业用户构筑高效、协同的社交门户；通过面向角色的移动应用，为企业及用户搭建跨越空间、时间的工作环境；通过面向群组、责任人的社交化流程驱动应用，将互联网技术完美融入管理。

金蝶云星空旨在通过开放的 ERP 云平台，为企业构建以人为本的协同应用、开放的产业生态链，以及个性化的协同开发云平台；从管理方法、流程控制、管理对象、应用模式等方面，引导企业从常规管理迈向深入应用，使企业在激烈的竞争环境中不断提升边际利润，实现卓越价值和基业长青。

二、体系结构

本书实验环境采用金蝶云星空 V7.51，金蝶云星空 V7.51 共有 89 个子系统和 6 个客户化工具包。金蝶云星空 V7.51 的体系结构如表 1-1 所示。

表 1-1　金蝶云星空 V7.51 的体系结构

共享服务中心（2 个子系统）				
任务共享中心	财务共享			
财务会计（13 个子系统）				
总账	应收款管理	应付款管理	出纳管理	网上银行
智能会计平台	报表	发票管理	费用管理	人人报销
资金管理	阿米巴报表	合并报表		
资产管理（1 个子系统）				
固定资产				
管理会计（2 个子系统）				
预算管理	经营会计			
供应链（7 个子系统）				
采购管理	销售管理	信用管理	库存管理	组织间结算
供应商协同	条码管理			

电商与分销（8 个子系统）

营销网络	电商集成	B2B 电商中心	B2C 电商中心	返利管理
全网会员	要补货管理	促销管理		

零售管理（8 个子系统）

连锁档案	价格促销	会员管理	礼券管理	门店协同
门店收银	商品返利	报表中心		

PLM（10 个子系统）

工作中心	项目管理	文档管理	研发物料管理	超级 BOM 管理
设计 BOM 管理	设计变更管理	研发智库	鹰眼	系统建模

成本管理（3 个子系统）

存货核算	产品成本核算	标准成本分析

生产制造（7 个子系统）

工程数据	计划管理	生产管理	委外管理	车间管理
生产线生产	智慧车间 MES			

质量管理（2 个子系统）

质量管理	质量追溯

流程中心（3 个子系统）

工作流	业务流程	信息中心

客户关系管理（5 个子系统）

客户管理	日程管理	销售过程管理	服务管理	市场营销

经营分析（3 个子系统）

财务分析	销售分析	轻分析

基础系统（13 个子系统）

基础资料	公共设置	组织机构	业务监控	实施平台
系统管理	门户管理	数据中心管理	许可管理	集成平台
翻译平台	移动设置	报表秀秀		

移动应用（2 个子系统）

公共管理	星空 LIVE

客户化工具包（6 个工具）

BOS 集成开发平台	套打设计平台	万能报表平台	移动平台	数据引入工具
数据清理工具				

协同开发平台

协同开发网站

三、整体业务架构

金蝶云星空结合先进管理理论和国内客户最佳应用实践，面向事业部制、多地点、多工厂等运营协同与管控型企业及集团公司，提供一个通用的 ERP 服务平台。金蝶云星空支持的协同应用包括但不限于：集中/分散销售、集中/分散采购、B2B 电商管理、B2C 电商中心、供应商协同、多工厂计划、跨工厂领料、跨工厂加工、工厂间调拨、内部交易及结算等。金蝶云星空能满足企业越来越多的多地点、多工厂、多法人组织间协同需求，能提供多组织的采购协同、产销协同、服务协同等应用，其整体业务架构如图 1-1 所示。

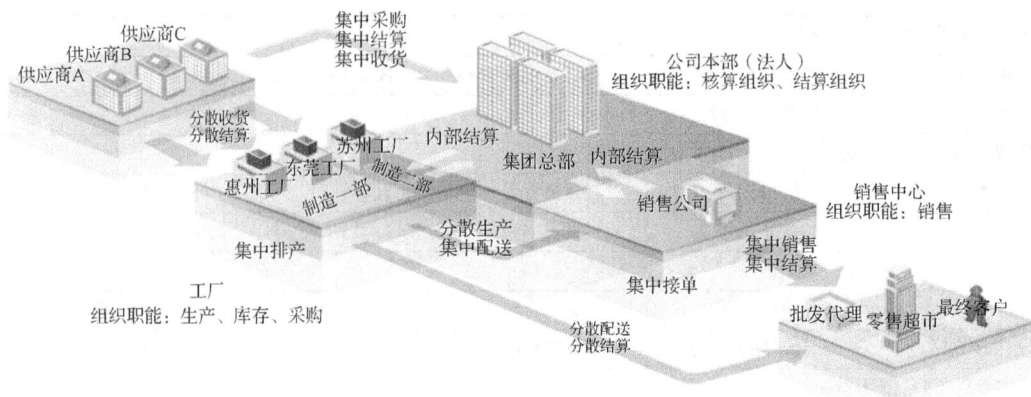

图 1-1　整体业务架构

四、三层架构

在软件体系架构设计中，三层式架构是最常见，也是最重要的一种架构。通常意义上的三层架构就是将整个业务应用划分为：表示层（也叫界面层）、业务逻辑层、数据访问层。区分层次的目的是实现"高内聚，低耦合"。

这里所说的三层架构，不是指物理上的三层（不是简单地放置三台机器就是三层架构，也不仅仅是有 B/S 应用才是三层架构），而是指逻辑上的三层，即把这三层放置到一台机器上。

三层架构的应用程序将业务规则、数据访问、合法性校验等工作放到了中间层进行处理。通常情况下，客户端不直接与数据库进行交互，而是通过 COM/DCOM 通信与中间层建立连接，再经由中间层与数据库进行交互。

（1）数据访问层。主要负责数据库的访问，职责为读取数据和传递数据。具体来说，就是实现对数据表的增加、修改、删除、查询等操作，为业务逻辑层或表示层提供数据服务。

（2）业务逻辑层。其主要针对具体问题的操作，也可以理解成对数据层的操作，对数据业务逻辑处理，如果说数据访问层是积木，业务逻辑层就用于搭建这些积木。

（3）表示层。其通过 WinForm 方式或 Web 方式呈现界面，与用户进行交互，主要接收用户请求，返回用户需要的数据，为客户端提供应用程序的访问。表示层只与业务逻辑层交互，不能与数据访问层交互，业务逻辑层将数据访问层与表示层进行了隔离，以保证数据的安全。

金蝶云星空系统的安装过程遵循标准三层架构逻辑。安装 IIS（互联网信息服务）的目的是为业务逻辑层提供环境，安装数据库是为数据访问层提供环境，最后才能安装金蝶云星空系统。

五、教学环境建议

（一）单机应用学习模式

学生在教师的引导下，扮演多种岗位角色，通过完成规定的操作，熟悉软件的功能和操作流程。对于日常教学，推荐采用单机应用学习模式。

（二）网络应用学习模式

在局域网完备的环境下，不同学生扮演不同岗位角色，真实模拟系统在企业中的实际运行过程。网络应用学习模式采用 C/S 模式，账套只能建立在服务器上，每个学生可从客户端登录到服务器，按所分配的角色进行工作。

（三）虚拟机应用学习模式

学校计算机是公用计算机，通常使用硬盘保护技术，很难为学生提供练习安装系统的条件，再加上金蝶云星空系统的安装比较复杂，因此较为理想的解决方案是安装虚拟机软件 VMware。

1．在机房的计算机中安装虚拟机软件 VMware

虚拟机软件可以在一台物理计算机上模拟出一台或多台虚拟的计算机。在虚拟机中进行软件操作时，系统一样会崩溃，但是，崩溃的只是虚拟机上的操作系统，而不是物理计算机上的操作系统，使用虚拟机的快照恢复功能，可以将虚拟机的状态快速恢复到崩溃之前。在放开硬盘保护的条件下，安装 VMware 软件，新建一个虚拟机。在虚拟机中安装操作系统，然后建立第一个快照；完成第一个实训后，再建立第二个快照；完成第二个实训后，再建立第三个快照；依此建立所有实训的快照。若因为系统崩溃，或者练习错误，需要在不同进度环境下练习，只需要快速还原相应快照即可。

2．为学生提供自由的下载服务

在校园网建立专用的 FTP 服务器，将安装好金蝶云星空系统的虚拟机文件上传至服务器，学生可以在校园网内自由下载。学生下载文件后，即可在较短时间内在自己的计算机上安装金蝶云星空系统，需要练习时，只需要打开虚拟机即可。

3．学生自己搭建虚拟机环境

教师提供虚拟机安装文件、操作系统安装文件、数据库安装文件、金蝶云星空系统安装文件，学生自己从头到尾安装，搭建个性化虚拟机环境。

4．搭建桌面虚拟化环境

桌面虚拟化建设已成为实验室建设的一个趋势，由学校搭建好桌面虚拟化环境，提供 PCI-e 闪存加速卡解决 IO 并发问题，然后在虚拟化桌面安装好金蝶云星空系统，学生可在校园网内使用远程桌面。个人也可以租用阿里云或腾讯云服务器搭建远程桌面，学生申请云服务器有创业优惠，腾讯云最低价格为每月 1 元。

第三节　金蝶云星空系统部署

一、环境要求

企业应用环境，推荐按不低于表 1-2 所列的要求进行配置。个人练习，可按 Windows 7 SP1 或以上版本、SQL Server 2014、内存 4GB 以上的配置进行安装。安装前，应按照要求检查硬件配置和系统软件。

表 1-2　硬件和操作系统软件环境

项目	硬件	操作系统和数据库软件
客户端	内存 4GB 以上 CPU 双核 2.0GHz 以上 系统盘 200MB 以上本地空余存储空间	可选用 Google Chrome 浏览器、Safari 浏览器、Opera 浏览器、IE 浏览器等，支持 HTML5 即可 专用客户端需要 Windows 7 SP1 或以上版本，并安装.NET Framework 4.0/4.5 以上环境
数据服务器	内存 32GB 以上 CPU 8 核 2.4GHz 以上 SAS 内储，15K，RAID 10 磁盘 100GB 以上	操作系统： Windows Server 2008 + SP1 或以上版本 数据库： SQL Server 2008 R2 或以上版本

项目	硬件	操作系统和数据库软件
应用服务器	内存 16GB 以上 CPU 8 核 2.0GHz 以上 SAS 内储，15K，RAID 1/5 磁盘 100GB 以上	操作系统： Windows Server 2008 + SP1 或以上版本
网络配置	服务器之间采用千兆以太网连接 客户端有效带宽：最低 256 kbit/s，推荐 1.0 Mbit/s 或以上 服务器出口带宽：（并发客户端数/5）×1.0 Mbit/s	

二、逐步搭建金蝶云星空系统虚拟化环境

（一）安装虚拟机

由于金蝶云星空系统对系统的环境要求很高，可通过安装虚拟机为金蝶云星空系统提供适合的系统环境。有很多软件可用于安装虚拟机，推荐使用 VMware Workstation。

版本号为 16 的 VMware Workstation 只支持 64 位操作系统，如果是 32 位操作系统，建议安装版本号为 10 的软件。操作步骤如下。

（1）打开虚拟机安装文件夹，双击 "VMware-workstation-full-16.0.0-16894299" 文件，如图 1-2 所示。

名称	修改日期	类型
VMware-workstation-full-16.0.0-16894299	2020/11/12 0:00	应用程序

图 1-2　选择虚拟机安装文件

（2）在自动打开的对话框中，单击 "下一步" 按钮，如图 1-3 所示。

（3）勾选 "我接受许可协议中的条款" 复选框，单击 "下一步" 按钮，如图 1-4 所示。

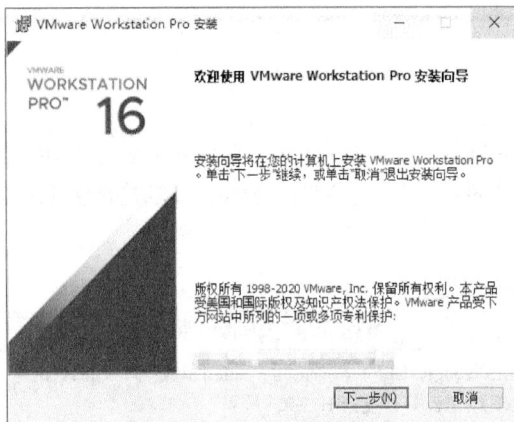

图 1-3　开始安装虚拟机　　　　图 1-4　接受许可协议

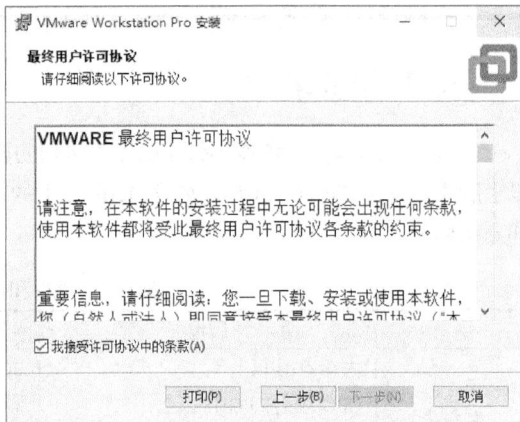

（4）选择安装位置（建议保留原位置），单击 "下一步" 按钮，如图 1-5 所示。

（5）选择用户体验设置（保持默认设置），单击 "下一步" 按钮，如图 1-6 所示。

图 1-5 安装位置选择

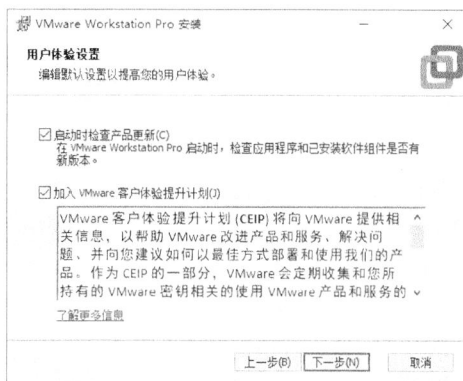

图 1-6 用户体验设置

（6）选择快捷方式（保持默认设置），单击"下一步"按钮，如图 1-7 所示。

（7）单击"安装"按钮，进行虚拟机的安装，如图 1-8 所示。安装过程大概需要 10 分钟，请耐心等待。

图 1-7 快捷方式选择

图 1-8 虚拟机安装

（8）安装完成后，如图 1-9 所示，单击"许可证"按钮进入密钥认证界面。

（9）将虚拟机安装文件夹内的激活码文件打开，复制密钥并粘贴到密钥输入框内，单击"输入"按钮进行密钥认证，如图 1-10 所示。单击"完成"按钮完成虚拟机的安装。

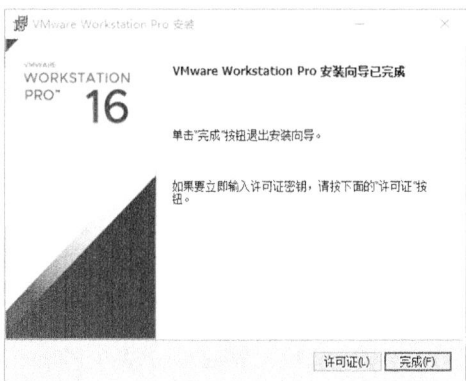

图 1-9 安装完成界面

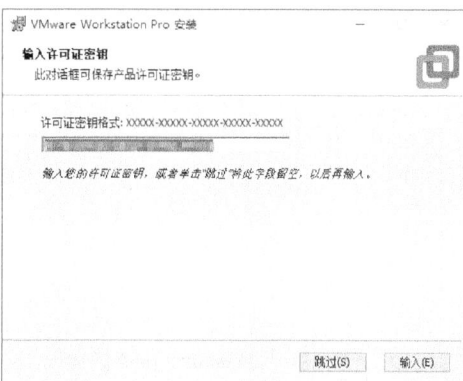

图 1-10 密钥认证

（二）在虚拟机内安装操作系统

推荐安装 Windows 7 SP1 + SQL Server 2014，也可以安装 Windows 10 + SQL Server 2014，内

存至少 4GB。这里主要介绍 Windows 7×64 的安装过程，Windows 10 的安装方法与此基本相同，操作步骤如下。

（1）打开虚拟机软件，单击"创建新的虚拟机"图标，如图 1-11 所示。

（2）选中"典型（推荐）"单选项，单击"下一步"按钮，如图 1-12 所示。

（3）选中"安装程序光盘映像文件"单选框，单击"浏览"按钮，选择已下载的 Windows 7×64 操作系统安装文件，单击"下一步"按钮，如图 1-13 所示。

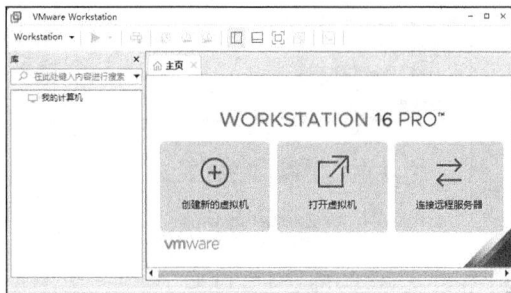

图 1-11　创建新的虚拟机

图 1-12　配置类型选择

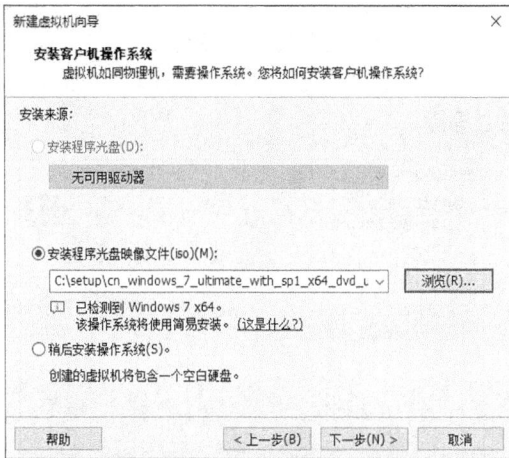

图 1-13　操作系统选择

（4）选择"Windows 7 Ultimate"，单击"下一步"按钮，如图 1-14 所示。

（5）单击"是"按钮，继续进行安装，如图 1-15 所示。

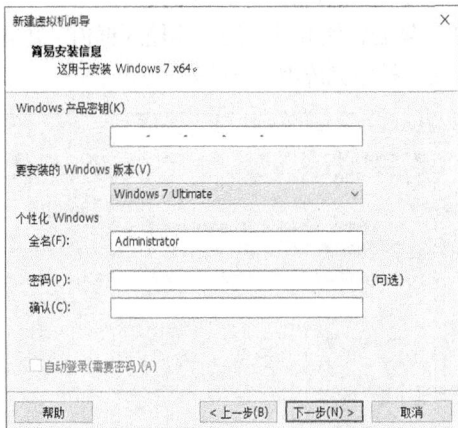

图 1-14　Windows 版本选择

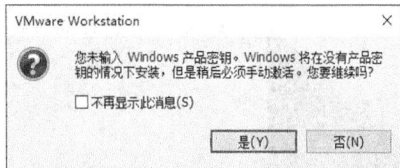

图 1-15　提示未输入 Windows 产品密钥的对话框

（6）可更改虚拟机名称并选择安装位置（建议单独建立文件夹存放虚拟机），单击"下一步"按钮，如图 1-16 所示。

（7）将最大磁盘大小改为 100GB，默认选择"将虚拟磁盘拆分成多个文件"单选项，也可以选择"将虚拟磁盘存储为单个文件"单选项，单击"下一步"按钮，如图 1-17 所示。

图 1-16 更改虚拟机名称和虚拟机安装位置选择

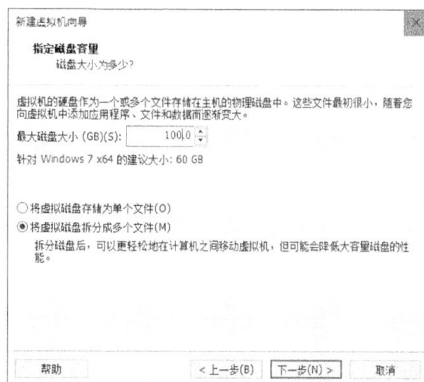

图 1-17 设置磁盘容量

（8）保持默认硬件配置，单击"完成"按钮，如图 1-18 所示。

（9）等待虚拟机创建虚拟磁盘，如图 1-19 所示。

图 1-18 虚拟机配置

图 1-19 等待虚拟机创建磁盘

（10）磁盘创建完成后自动开启虚拟机，等待虚拟机自动安装操作系统，如图 1-20 所示。

（11）系统安装完成，如图 1-21 所示。

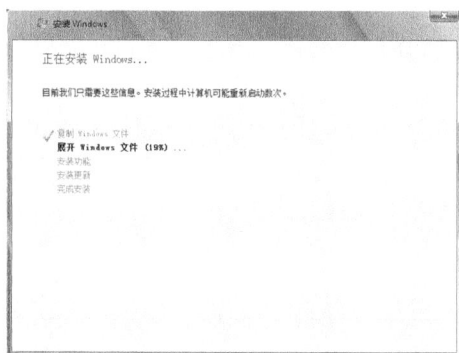

图 1-20 等待虚拟机自动安装操作系统

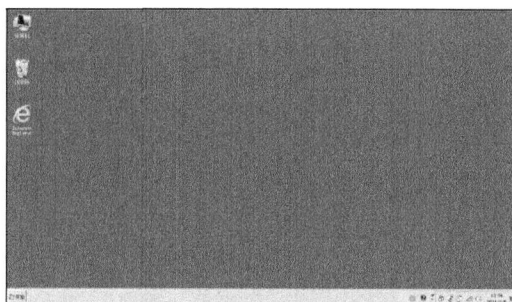

图 1-21 系统安装完成

（三）安装 IIS

互联网信息服务简称 IIS，用于向网络用户提供 Web 服务与 FTP 服务，金蝶云星空系统需要以 IIS 作为应用服务器的运行环境。在 Windows 7 与 Windows 10 中安装 IIS 的方法基本相同，操作步骤如下。

（1）单击系统菜单【开始】-【控制面板】-【程序】-【打开或关闭 Windows 功能】，打开 Windows 组件向导，勾选"Internet 信息服务"复选框（勾选所有下级复选框），单击"确定"按钮，如图 1-22 所示。

（2）IIS 组件将自动安装完成。

图 1-22　选择 IIS 组件

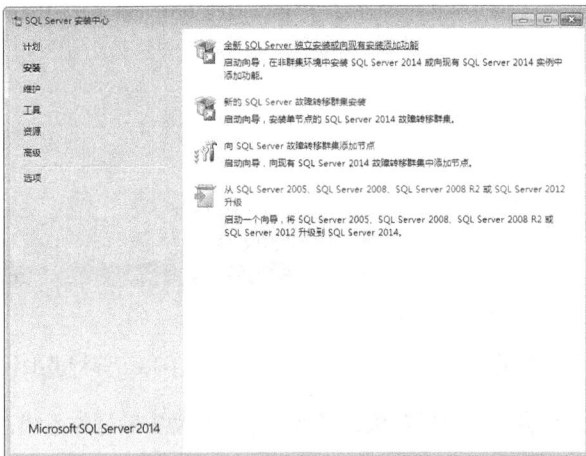

（四）安装数据库

SQL Server 用于向网络用户提供数据流服务，金蝶云星空系统需要以 SQL Server 数据库作为数据库服务器运行环境。系统自带数据中心演示数据为 SQL Server 2014，还可以安装 SQL Server 2008、SQL Server 2010、SQL Server 2012 数据库，安装方法基本相同，但无法恢复演示数据。操作步骤如下。

（1）将 SQL Server 2014 安装镜像文件放入虚拟机光驱。

（2）双击光驱中的"setup"文件，进入安装程序选择界面，单击"安装"选项，单击"全新 SQL Server 独立安装或向现有安装添加功能"功能入口，如图 1-23 所示。

图 1-23　数据库安装操作

（3）输入产品密钥，单击"下一步"按钮，如图 1-24 所示。

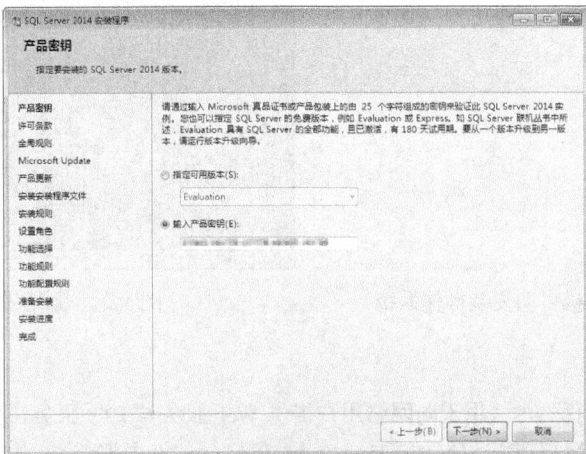

图 1-24　输入产品密钥

（4）勾选"我接受许可条款"复选框，单击"下一步"按钮，如图1-25所示。

（5）进入系统更新检查界面，单击"下一步"按钮，如图1-26所示。

图1-25　接受许可条款

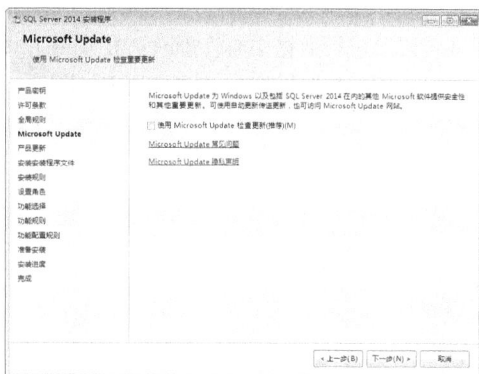

图1-26　系统更新检查

（6）更新过程中，可跳过检查，直接进入安装规则检查结果界面，单击"下一步"按钮，如图1-27所示。

（7）进入设置角色界面选中"SQL Server 功能安装"单选项，单击"下一步"按钮，如图1-28所示。

图1-27　安装规则检查结果

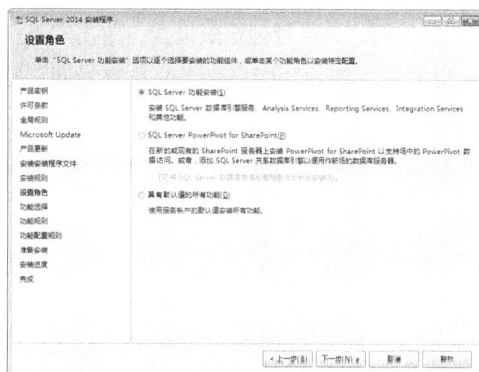

图1-28　角色设置

（8）单击"全选"按钮，选择全部功能，共享功能目录文件夹不变，单击"下一步"按钮，如图1-29所示。

（9）选中"默认实例"单选项，单击"下一步"按钮，如图1-30所示。

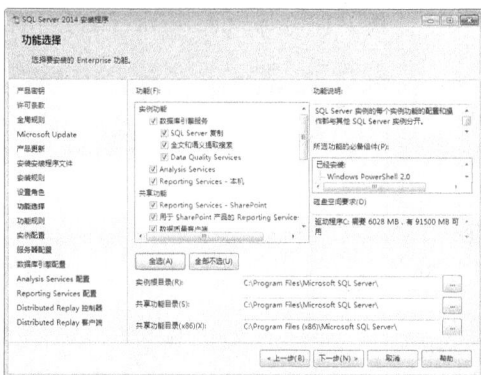

图1-29　功能选择

图1-30　实例配置

（10）服务账户与排序规则保持默认设置，单击"下一步"按钮，如图1-31所示。

（11）在数据库引擎配置窗口中，将身份验证模式设置为混合模式，并设置密码，密码不能为空（密码要求由英文、数字、字符组成，如 abcd1234，请牢记此密码，在金蝶云星空系统安装的最后环节以及进行数据中心管理时需要使用），单击"添加当前用户"按钮，指定 SQL Server 管理员，单击"下一步"按钮，如图1-32所示。

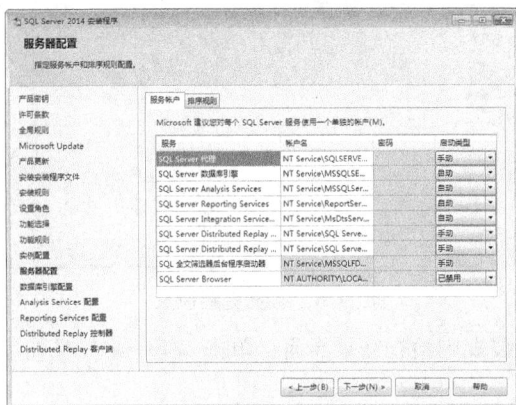

图 1-31　服务器配置

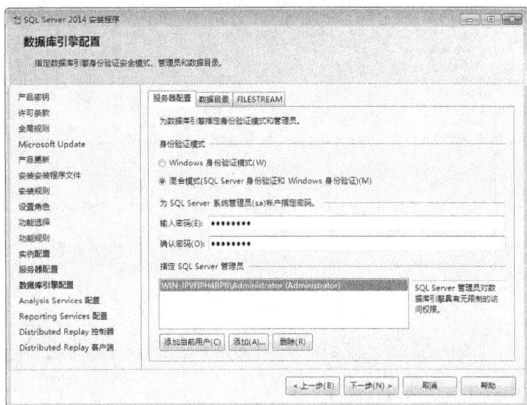

图 1-32　数据库引擎配置

（12）进入 Analysis Services 配置界面，选中"多维和数据挖掘模式"单选项，单击"添加当前用户"按钮，进行管理权限设置，单击"下一步"按钮，如图1-33所示。

（13）进入 Reporting Services 配置界面，默认选中"安装和配置"单选项，单击"下一步"按钮，如图1-34所示。

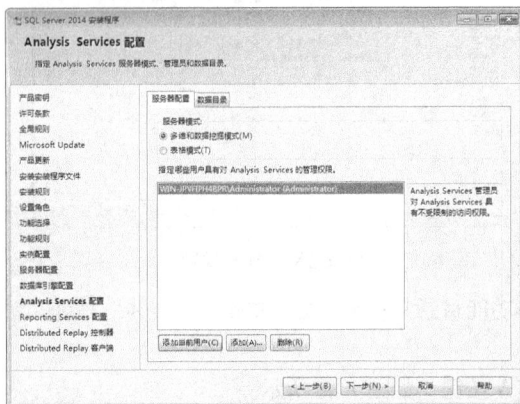

图 1-33　Analysis Services 配置

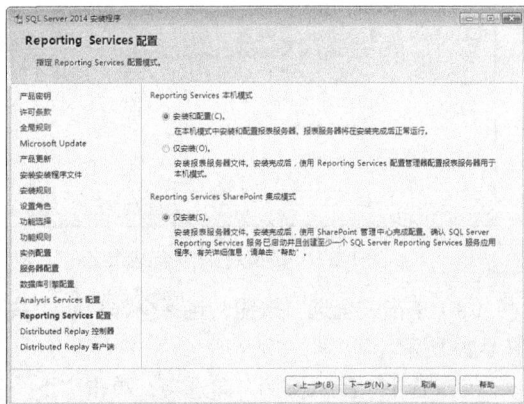

图 1-34　Reporting Services 配置

（14）进入 Distributed Replay 控制器界面，单击"添加当前用户"按钮，进行管理权限设置，单击"下一步"按钮，如图1-35所示。

（15）进入 Distributed Replay 客户端界面，选择工作、结果目录位置，单击"下一步"按钮，如图 1-36 所示。

（16）进入准备安装界面，单击"安装"按钮进行安装，如图1-37所示。

图 1-35　Distributed Replay 控制器

图 1-36　Distributed Replay 客户端

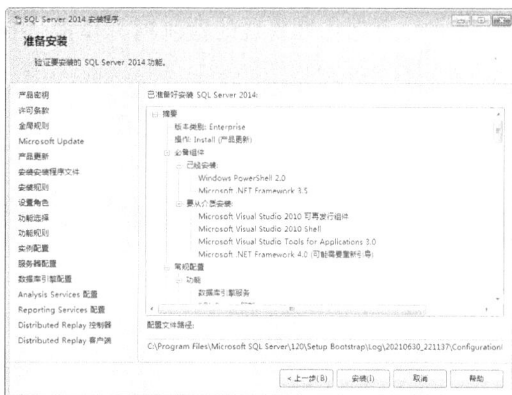

图 1-37　准备安装

（17）耐心等待，直到出现安装完成提示，单击"关闭"按钮。

（五）安装金蝶云星空

安装金蝶云星空时，请按以下顺序进行安装。

（1）插入金蝶云星空安装 DVD 或运行安装文件"setup.exe"，运行安装程序，进入安装欢迎界面，单击"开始"按钮，进入下一个安装界面。

（2）勾选"本人已阅读并接受上述软件许可协议"复选框后，单击"下一步"按钮，进入下一个安装界面。

（3）录入用户名和公司名称后，选择安装全部服务，更改安装位置，如图 1-38 所示。高级选项中，可根据实际情况修改系统默认的业务站点运行账号和连接的管理中心。如不需修改高级选项中的设置，可直接单击"下一步"按钮，进入下一个安装界面。

图 1-38　选择安装服务与安装位置

（4）系统会根据要安装的服务内容进行环境检测，如图 1-39 所示。对未通过的检测项进行处理。红色小图标表示需要安装后才能进行下一步安装的检测项；蓝色小图标表示根据现场环境和部署的要求，可选择性安装的检测项。单击"自动修复"按钮，可自动安装和启用产品依赖的Window 组件和服务。

图 1-39　环境检测

　　由于对部分操作系统，微软未提供自动修复的方法，所以部分应用服务器上会存在无法使用自动修复功能修复的检测项，这时可以单击"安装/帮助"链接，根据提示手动修复。

　　（5）将有红色小图标的检测项全部处理后，再次进行检测确认。检测通过后，可进行金蝶云星空下一步的安装，单击"下一步"按钮，开始安装软件，如图 1-40 所示。

图 1-40　开始安装

　　（6）完成安装后会显示安装完成提示信息，如图 1-41 所示。系统默认打开管理站点，可进行管理数据中心的创建。可选择打开安装日志，查看安装过程的日志信息，便于出现问题的时候定位问题。单击"完成"按钮。

图 1-41　安装完成

（7）默认打开安装日志与管理中心，关闭安装日志，直接进入管理数据中心，如图 1-42 所示。按要求输入数据库服务器、用户与密码、文件路径，单击"创建"按钮。

图 1-42　管理数据中心

（8）创建完成后即可登录管理站点，默认管理员用户名为"administrator"，默认密码为"888888"，检查是否正常。

三、快速部署金蝶云星空系统虚拟化环境

金蝶云星空系统的安装可以按照前面介绍的方法一步步安装，其缺点是安装时间长。如果想在短时间内使用金蝶云星空系统，可以通过此处介绍的方式快速部署，其原理就是复制现成的金蝶云星空系统虚拟机。教师需要在虚拟机里安装好金蝶云星空系统，得到虚拟机文件夹，供学生快速部署。

第一步：安装 VMware Workstation，安装方法见前文。

第二步：将安装好金蝶云星空系统的虚拟机文件夹复制到计算机中。文件较大，建议放至 D 盘或 E 盘根目录，可找教师复制，也可复制其他同学计算机上的此文件夹。

第三步：通过 VMware Workstation 打开所复制文件夹中的 VMX 文件，金蝶云星空系统虚拟机即可附加到虚拟环境中，并显示金蝶云星空系统虚拟机页签。

第四步：修改虚拟机硬件参数，主要修改 CPU 与内存相关参数。

第五步：打开虚拟机电源，测试虚拟机，如果没有问题，则创建虚拟机快照。

有部分计算机在使用这种快速部署方式时无法打开虚拟机，如果出现这种情况，检查一下计算机的 CPU 虚拟化参数的设置是否正确。

四、虚拟机使用技巧

虚拟机是通过虚拟化的方式，在一台真实的计算机里面模拟一台虚拟的计算机。虚拟机的使用，需要掌握几个常用的技巧。

（一）安装 VMware Tools 插件

安装 VMware Tools 插件后，可扩展虚拟机功能，如指针的无缝移出移入、剪贴板共享、共享文件夹等。特别是利用剪贴板共享功能，用户可直接在虚拟操作系统中复制，在实体操作系统中粘贴，也可直接在实体操作系统中复制，在虚拟操作系统中粘贴，实现账套文件在虚拟机与实体机之间的快速复制粘贴。安装 VMware Tools 插件必须在打开虚拟机电源状态下才能完成，操作步骤如下。

（1）单击菜单【虚拟机】-【安装 VMware Tools】，出现图 1-43 所示的对话框，选择"运行 setup64.exe"进行安装。

（2）进入安装向导，单击"下一步"按钮，如图 1-44 所示。

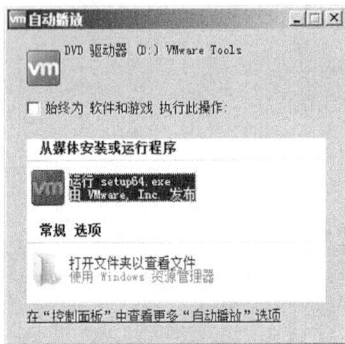

图 1-43　安装插件

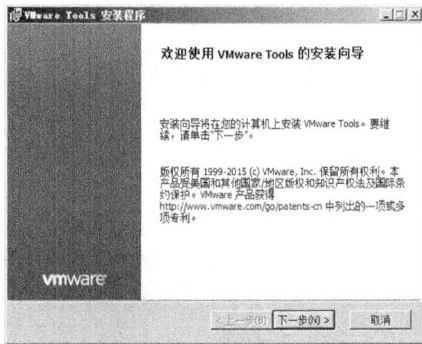

图 1-44　安装向导

（3）选中"典型安装"单选项，单击"下一步"按钮，如图 1-45 所示。

（4）进入安装界面，单击"安装"按钮，如图 1-46 所示。

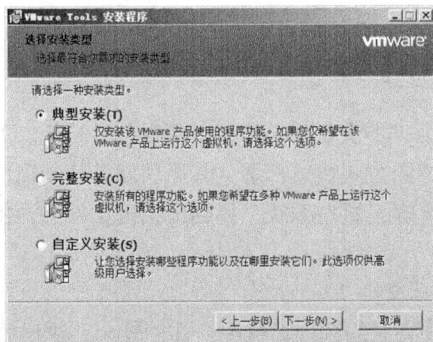

图 1-45　选择安装类型

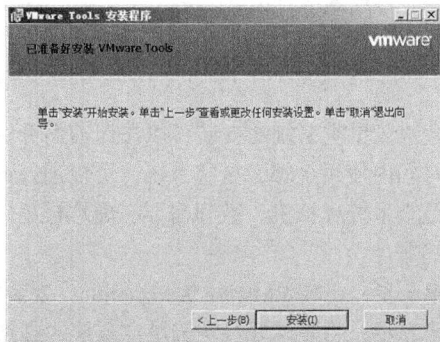

图 1-46　准备安装

（二）创建共享文件夹

创建共享文件夹，可在虚拟机与实体机之间建立文件传送通道，实现文件共享。此操作在虚拟机电源打开与关闭状态下都可以进行，操作步骤如下。

（1）单击菜单【虚拟机】-【设置】。

（2）单击"选项"页签，单击"共享文件夹"列表项，选中"总是启用"单选项，选中"在Windows 客户机中映射为网络驱动器"复选框。

（3）单击"添加"按钮，打开添加共享文件夹向导，单击"浏览"按钮。选择需要与虚拟机共享的实体计算机的文件夹位置，单击"下一步"按钮，如图 1-47 所示。

（4）勾选"启用此共享"复选框，单击"完成"按钮，如图 1-48 所示。

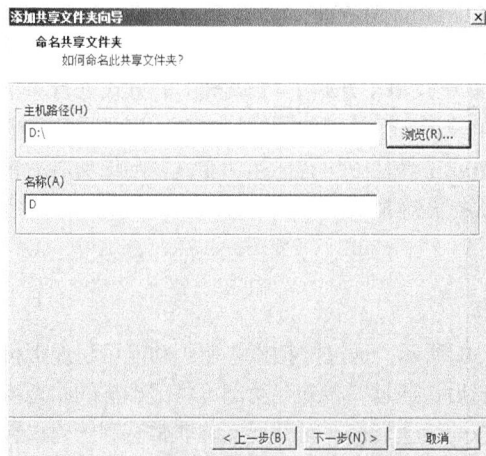

图 1-47 设置共享位置　　　　　　　　　图 1-48 指定共享文件夹属性

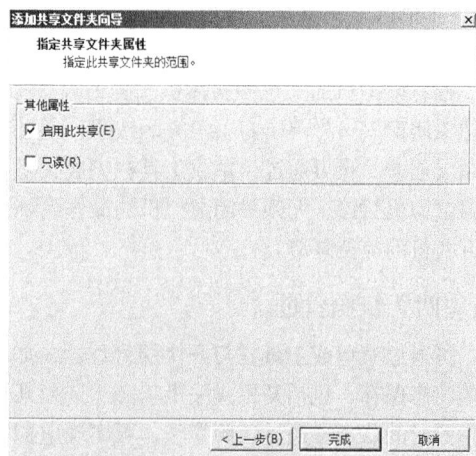

（5）完成共享文件夹设置，返回上一对话框，如图 1-49 所示。

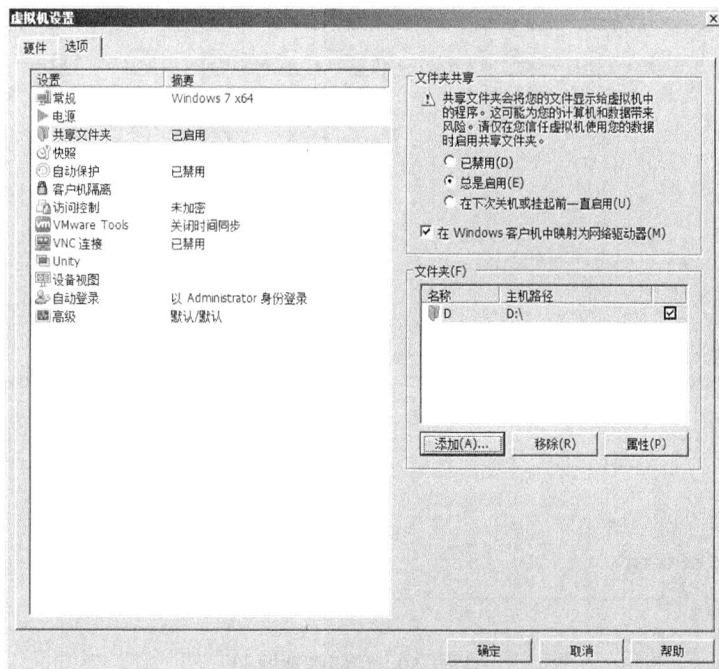

图 1-49 共享文件夹设置

（6）单击"确定"按钮，保存设置，返回虚拟机，在虚拟操作系统中即可看到共享盘符 Z 盘。

共享文件夹特别适合用于大文件的传递。虚拟机还提供了一种更简单的方法进行文件传递，当 VMware Tools 插件安装完成后，虚拟计算机与真实计算机之间可以像文件夹一样，通过复制粘贴进行文件传递。此方法实质上是利用了临时共享文件夹，虚拟计算机的系统会自动创建一个临时共享文件夹，先将文件复制到临时共享文件夹，然后再从临时共享文件夹复制到真实计算机。因为此方法进行了两次复制，所以复制大文件时，时间会翻倍。

（三）虚拟机开关机

虚拟机的开机方式很简单：打开对应虚拟机页签，单击"开启此虚拟机"按钮；也可通过工具栏的电源按钮或菜单【虚拟机】-【电源】开启，其功能如同实体机的电源按钮。在菜单【虚拟机】-【电源】中有一个选项"开启电源时进入固件"，开启此功能后，在打开电源后会直接进入 BIOS 设置窗口。

推荐虚拟机的关机像实体机一样通过虚拟主机系统菜单【开始】-【关机】的方式进行，不建议像关闭窗口一样单击右上角关闭按钮，通过右上角关闭按钮关闭如同拔掉电源，容易导致虚拟操作系统崩溃。也可通过菜单或工具栏完成关闭，菜单或工具栏中均有挂起功能，开启该功能后相当于将虚拟机暂停，无须关闭虚拟机的操作系统，下次打开虚拟机时可快速进入暂停前的状态，省略了开关机的等待环节。

（四）快照管理

可通过菜单或工具栏打开快照管理器，如图 1-50 所示。通过"拍摄快照"功能可将虚拟机的当前状态保存，包括开机或关机状态。选择某个快照后，通过"转到"功能可将虚拟机的状态恢复到拍照时的状态。通过快照管理，可实现虚拟机状态的快速切换，对开展实验非常有利。建议在调试好虚拟机后建立一个快照，当后期使用过程中出现问题时，可通过恢复快照的方式还原到拍照时的状态。

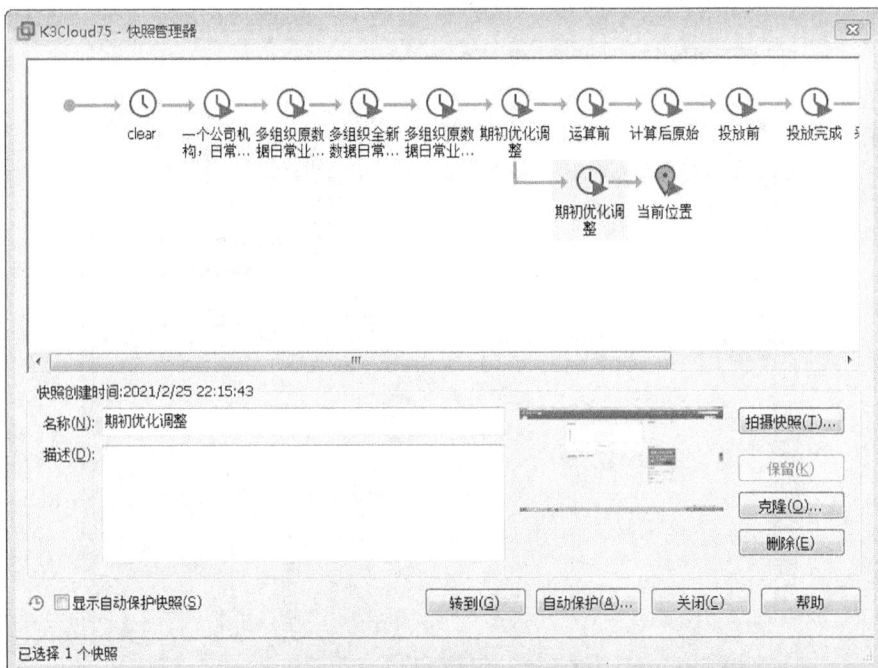

图 1-50　快照管理器

（五）切换 U 盘

当用户把 U 盘插入计算机，虚拟机与实体机不能同时获取 U 盘。当虚拟机窗口处于可见状态时，虚拟机获取 U 盘，当虚拟机窗口处于最小化状态时，实体机获取 U 盘。用户可通过插入 U 盘的形式实现虚拟机文件与 U 盘文件之间的交互。

U 盘可在虚拟机与实体机之间切换。第一种方法是通过菜单【虚拟机】-【可移动设备】，在其下级菜单可看到可以切换的设备，可设置为"连接"或"断开连接"。第二种方法是通过虚拟机窗口右下角的设备图标切换：在图标上右击，然后通过"连接"或"断开连接"选项进行切换。当连接上时，图标处于有效状态；当未连接上时，图标为灰色。

（六）虚拟机硬件管理

虚拟机硬件可通过"编辑虚拟机设置"功能或菜单【虚拟机】-【设置】进行管理。虚拟机设置界面如图 1-51 所示。

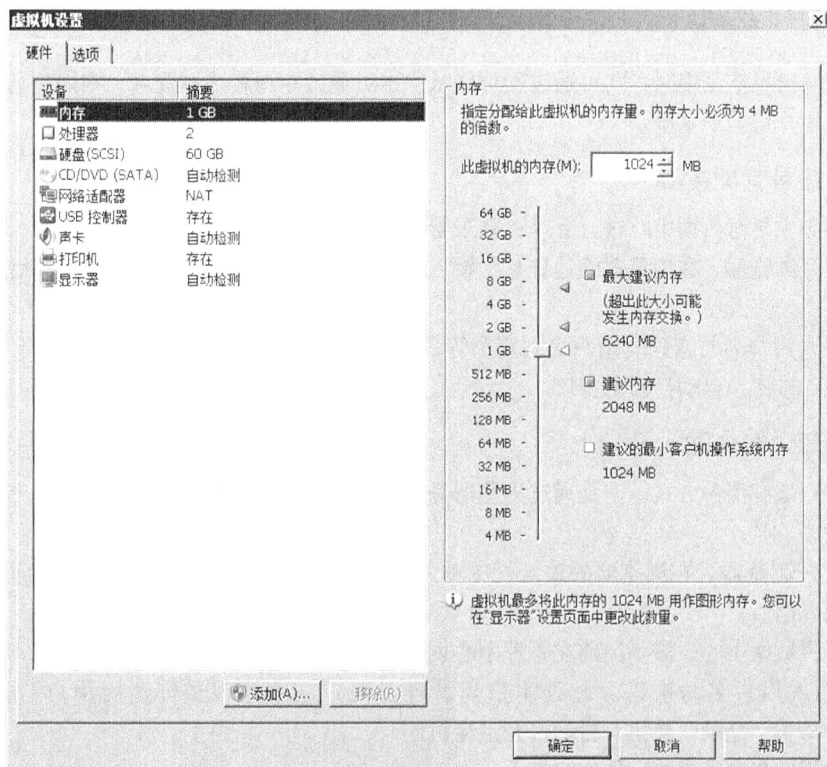

图 1-51 虚拟机设置

建议在关闭虚拟机的状态下设置虚拟机的硬件。通过"添加"按钮，可以像给实体机增加设备一样给虚拟机添加设备，如给虚拟机增加一个新硬盘；通过"移除"按钮可删除虚拟机的设备，对现有设备进行参数设置。常用设备的参数如下。

（1）内存。可调整内存的大小，虚拟机内存与实体机内存处于共用状态，建议虚拟机的最大内存不要超过实体机的空余内存，否则会运行缓慢。

（2）处理器。可设置处理器数量和每个处理器的核心数量。设置的数量只能小于或等于真实处理器的总数，超过时会导致虚拟机运行报错。

（3）硬盘。虚拟机新建完成后，已有的硬盘容量很难修改，如果需要增加容量，可通过添加新硬盘的方式实现。

（4）CD/DVD。可使用实体机的物理光驱，也可通过 ISO 镜像文件使用虚拟光驱。

（5）网络适配器。网络适配器俗称网卡，可设置网络连接方式，常用的方式为桥接模式与 NAT 模式。桥接模式下，虚拟机将与实体机一样，获取真实 IP，与实体机处于"兄弟"关系。NAT 模式下，虚拟机通过实体机代理上网，与实体机处于"父子"关系。如无特殊需求，一般设置为 NAT 模式。

其他的参数对虚拟机运行影响不大，可自行研究。

第四节　金蝶云星空系统的常规操作

金蝶云星空系统是移动互联网时代的新型 ERP，是基于 Web2.0 与云技术的新时代企业管理服务平台。

一、用户登录

登录金蝶云星空系统时，既可通过网页登录，也可通过专用客户端登录。在用户名与密码已知的前提下，用户可登录系统。

（一）登录管理中心

管理中心主要对数据中心进行管理，登录管理中心的操作方法如下。

（1）打开浏览器。在浏览器的地址栏中输入地址"http://127.0.0.1:8000"，按回车键后，自动打开登录界面。

（2）输入用户名与密码。用户名固定为管理员账户"administrator"，初始密码为"888888"，单击"登录"按钮，自动打开主窗口。

（二）登录客户端

登录客户端有两种方式，一是通过浏览器登录，二是通过专用客户端登录。使用浏览器登录的操作方法如下。

（1）打开浏览器。在浏览器的地址栏中输入地址"http://127.0.0.1/k3cloud"，按回车键后，自动打开登录界面。

（2）选择数据中心。需要提前在管理中心创建数据中心。

（3）输入用户名与密码。此处用户为管理员账户或由管理员创建的用户，初始密码为"888888"，单击"登录"按钮，自动打开主窗口。

使用专用客户端登录的操作方法如下。

（1）打开专用客户端。专用客户端可在主窗口下载并安装。

（2）配置客户端连接参数。单击"服务器设置"按钮，在服务器地址下拉文本框中输入"http://127.0.0.1/k3cloud"，单击"确定"按钮。

（3）选择数据中心。

（4）输入用户名与密码。

（三）更换操作员

登录客户端后，如果要模拟多人操作，需要频繁更换操作员。为简化操作，不建议在更换操作员时关闭主窗口后再打开，可按以下操作方法进行。

（1）注销。在主窗口的右上角单击"注销"按钮。

（2）输入用户名与密码。

二、客户端主窗口介绍

主窗口是所有业务的入口，其作用是：提供所有功能的入口，管理所有子窗口，展现业务核心数据，管理当前用户，切换当前组织，提供专用软件下载通道。以专用客户端为例进行说明。

（一）功能入口

如果要使用某一个功能，需要打开相应功能菜单。功能菜单位于窗口右上角，由四级菜单构成。

（二）切换当前组织

当前组织在窗口右上方显示，用户可通过单击组织对当前组织进行切换。

（三）下载专用客户端

在用户名下拉菜单中，可通过下载中心下载"GUI 客户端" "BOS 设计器" "BOS 套打设计器" "万能报表设计器" "网络检测工具" 等。

三、数据列表常规动作

金蝶云星空系统中含有大量的数据，这些数据都是通过数据列表的形式进行展现的。不同数据列表有许多相同的常规操作，以实现对数据的管理。以费用项目列表、部门列表、采购订单列表、应付单列表为例，有以下操作方法需要掌握。

（1）新增/复制：新增数据的两种模式。新增是指增加一条完全空白的记录，复制是指通过复制现有记录的方式新增一条记录。新增记录中默认保留现有记录，能减轻录入新记录的工作量。

（2）保存/暂存：保存当前修改的数据；当数据不符合保存条件时，可暂存。

（3）修改：修改当前记录。

（4）删除：删除当前记录。

（5）提交/撤销：提交当前记录或撤销提交当前记录。

（6）审核/反审核：审核当前记录或反审核当前记录，审核在提交后进行。

（7）刷新：按过滤条件重新读取数据。

（8）搜索：按指定条件查找记录。

（9）过滤：设置过滤条件。

（10）排序：通过单击表头字段，对查询结果进行排序，或在过滤条件中设置排序方式。

（11）筛选：通过单击表头字段筛选图标，进行筛选。

（12）分组：在列表的左边，可建立分组，已审核状态下可修改记录的分组，如费用项目。

（13）显示隐藏列/调整列宽/列位置：可以在表头上拖动设置，也可以在过滤功能中设置。

（14）页管理：可在右下角设置每页显示记录数，可进行翻页。

（15）禁用/反禁用：对指定记录禁止使用或反禁止使用，对部分数据只能禁用，不能反禁用。

（16）分配/取消分配：把选择的记录分配给其他组织机构。

（17）选项：可配置参数，参数存放在本地，仅对当前终端有效。

（18）打印/预览/套打：打印或预览记录，可按套打格式输出。

（19）引入/引出：按指定 XLS 格式批量引入或引出数据。

（20）附件：可上传多种格式的文件，供其他人下载查看或在线查看，附件可随单据传递到下游（受 BOS 参数控制）。

（21）块选择/取消块选择：进入任意区域的选择模式，方便批量复制数据。

（22）选单/下推：可向下一单据推送数据，或从上一单据拉取数据，组合使用可实现多对多数据传递。

（23）关联查询：支持上查、下查、查看业务流程图、全流程跟踪。

（24）关闭/反关闭：单据关闭后，数据无法向下传递。全部传递完成的单据自动关闭。

（25）凭证：针对当前单据，提供生成凭证、查询业务凭证、查询总账凭证功能，也可通过各模块或智能会计平台中的凭证生成、凭证生成情况查询、业务凭证查询、总账凭证查询功能对单据对应的凭证进行管理。

第二章　系统管理

本章的主要内容是介绍企业基本情况，建立企业数据中心，对数据中心进行管理，创建企业组织机构，设置组织机构属性，定义组织业务关系，设定企业基础资料控制类型与控制策略，创建角色与用户，完成系统管理工作。

第一节　企业概况

一、企业基本情况

楚财集团是一家高新技术企业，成立日期为 2021 年 1 月 1 日，注册资本为 4 915 万元人民币，主营 P 系列产品的生产与销售，产品颇受广大客户欢迎。楚财集团有济民制造公司与济民商贸公司两个法人组织，济民制造公司于同年 1 月成立，济民商贸公司于同年 11 月成立。管理层经营战略为扩大产能，研发新技术，扩大市场。

集团公司作为总管控公司，主要负责整个集团及下属公司的资金管理，保证资金利用率。集团公司管理层非常重视企业数字化管理，管理方式采用"分级管理、充分授权"的指导思想。企业基础信息统一由集团公司管理，根据业务需要将基础信息分配给不同的公司，企业基础信息详细数据在第三章讲述。

济民制造公司作为主体公司，负责生产、采购、销售，拥有较大的自主经营权，产品在供应给济民商贸公司的同时，也针对特定客户销售。公司生产线的生产周期为 7 天，原材料的采购周期为 7 天。

济民商贸公司作为销售公司，主要负责产品的对外销售，所有产品均来自济民制造公司。

二、企业内部制度

（一）业务处理要求

业务工作由各部门独立完成，业务发生时由工作人员及时完成数据采集等数字化处理工作，采集时需准确、详细记录工作内容。

（二）账务处理程序

各法人公司分别建立独立账簿，采用科目汇总表账务处理程序，采用复式记账法，会计凭证按月连续编号，账簿开设总分类账、明细分类账、现金和银行存款日记账等。

（三）坏账准备的核算

坏账准备采用备抵法进行核算，设置"坏账准备"账户，采用个别认定法确定坏账准备金额。

（四）货币资金的核算

每日对库存现金进行实地盘点。每月根据银行对账单核对清查银行存款，若发现不符，及时查明原因并做出处理。公司采用的结算方式包括现金、现金支票、转账支票、银行汇票、银行承兑汇票、电汇、同城特约委托收款等。

（五）职工薪酬的核算

由单位承担并缴纳的养老保险、医疗保险、失业保险、工伤保险、生育保险、住房公积金分别按照上年度职工月平均工资（说明：本书中上年度职工月平均工资与本月应发工资数相同）的 20%、9.5%、0.5%、0.3%、1%、12%计算。职工个人承担的养老保险、医疗保险、失业保险、住房公积金分别按照上年度职工月平均工资（上年度月平均工资与与本月应发工资数相同）的 8%、2%+7 元大病医疗、0.5%、12%计算。各种社会保险费和住房公积金当月计提，当月缴纳。单位按国家有关规定代扣个人所得税，下月代缴。职工当月工资委托银行下月初发放。按职工工资总额的 2%计提工会经费。

（六）固定资产的核算

固定资产均为在用状态，按照企业会计准则规定，采用平均年限法按月计提折旧。当月新增的固定资产，自下月开始计提折旧；当月减少的固定资产，当月计提折旧。

（七）存货的核算

原材料按材料种类设置明细账核算，按实际成本法进行会计核算。材料入库的明细核算在入库出库时进行，采用先进先出法计算发出材料成本。

（八）制造费用的核算

制造费用按生产工人工时比例分配；月末在产品和完工产品的分配采用约当产量法，原材料于生产开始时一次性投入。

（九）销售成本的核算

已销产品成本的结转采用先进先出法，在销售出库时结转。

（十）税金及附加的核算

公司所得税税率为 25%，采用资产负债表债务法，采用按季预缴，年终汇算清缴方式。公司为一般纳税人，增值税税率为 13%；城市维护建设税税率为 7%；教育费附加征收率为 3%；地方教育附加征收率为 2%；房产税，自用房产税率为 1.2%，扣除比例为 30%，出租房产税率为 12%，按年计征，分月缴纳；城镇土地使用税定额税率为 30.00 元/平方米，按年计征，分月缴纳；个人所得税按税法规定计提。

（十一）财产清查的规定

公司每月末对存货进行清查，年末对固定资产进行清查，根据盘点结果编制"盘点表"，并与账面数据进行比较，报经主管领导审批后进行处理。

（十二）坏账损失的核算

除应收账款外，其他的应收款项不计提坏账准备。每年年末，按余额百分比法计提坏账准备，提取比例为应收账款期末余额的 0.5%。对于可能成为坏账的应收账款应当报告有关决策机构，由其进行审查和确认；发生的各种坏账应查明原因，及时做出会计处理；已确认的坏账又收回时应当及时入账。

（十三）借款利息的核算

短期借款利息支出作为公司财务费用处理。长期借款利息支出符合资本化条件的计入资产成本，不符合资本化条件的计入当期财务费用。

（十四）资产减值的核算

根据企业会计准则规定对资产计提减值准备。

（十五）利润分配的规定

根据公司章程，按净利润的 10%提取法定盈余公积，按净利润的 5%提取任意盈余公积，应付股利金额经股东会决议确定。

（十六）损益类账户的规定

月末将各损益类账户余额转入本年利润账户。

第二节　数据中心管理

金蝶云星空管理中心是数据中心的管理平台，主要提供创建数据中心、注册与反注册数据中心、备份数据中心、恢复数据中心、删除数据中心、升级数据中心、数据库优化、云备份、云监测、云报告、管理中心高可用、管理员看板等功能。另外，通过金蝶云星空管理中心，用户还可以进行许可的引入、控制，以及许可使用状况的查询。

一、创建数据中心

（一）业务场景

请按以下资料创建数据中心。

（1）登录地址：http://127.0.0.1:8000。

（2）数据库服务器地址：127.0.0.1。数据库管理员和数据库连接用户名均为"sa"，密码均为"abcd1234"。

（3）数据中心代码：100。数据中心名称：楚财集团。

（4）数据库文件与数据库日志文件路径：C:\K3CloudData。

（5）不允许执行计划任务。

（6）不创建日志中心。

（二）操作步骤

（1）登录管理中心。打开浏览器，在地址栏输入"http://127.0.0.1:8000"，输入用户名"administrator"，密码"888888"，登录。

创建数据中心

（2）打开数据中心列表。操作路径:【数据中心】-【数据中心管理】-【数据中心列表】。

（3）打开创建数据中心的窗口。单击工具栏"创建"-"创建 SQL Server 数据中心"选项。

（4）输入数据库服务器。在窗口中输入数据库服务器的地址。

（5）输入数据库管理员用户。输入数据库管理员用户名、管理员密码，单击"测试连接"按钮，显示连接成功提示。

（6）输入数据库连接用户。输入用户名、密码，单击"测试连接"按钮，显示连接成功提示。

（7）输入数据中心信息。单击"下一步"按钮，进入数据中心信息录入界面，输入数据中心代码、数据中心名称，选择数据库文件路径，自动填写数据库日志文件路径，取消勾选"执行计划任务"复选框，取消选中"创建日志中心"复选框。

（8）创建数据中心。单击"创建"按钮，耐心等待，直到创建完成。

（9）关闭所有页签。

➢ 建议通过谷歌浏览器登录。

➢ "127.0.0.1"专指本地计算机 IP，适用于本地计算机访问本地服务，可以将"127.0.0.1"改为应用服务器的 IP 或域名进行远程登录，实现多人交互、互联网访问、云应用。

➢ 数据库用户、密码在安装数据库时创建。

➢ 数据中心创建时间比较长，建议用恢复数据中心的方法恢复空的数据中心，替代创建过程。主讲教师可提供空的数据中心。

二、备份数据中心

（一）业务场景

请按以下资料备份数据中心。

（1）登录地址：http://127.0.0.1:8000。

（2）数据库管理员用户名为"sa"，密码为"abcd1234"。

（3）备份对象：楚财集团。

（4）备份路径：C:\K3CloudData。

（5）备份文件名：F 楚财集团_姓名。

（二）操作步骤

（1）登录管理中心。打开浏览器，在地址栏输入"http://127.0.0.1:8000"，输入用户名"administrator"，密码"888888"，登录。

（2）打开数据中心列表。操作路径：【数据中心】-【数据中心管理】-【数据中心列表】。

备份数据中心

（3）进入备份功能。单击工具栏"备份"-"备份"选项，打开数据中心备份窗口。

（4）选择备份对象。系统默认选中第一个数据中心，如有需要，可自行调整。

（5）输入备份信息。修改备份文件名，输入数据库管理员用户名、密码，选择备份路径。

（6）创建备份文件。单击"执行备份"按钮，自动显示备份进度条，完成后会提示备份成功。

（7）关闭所有页签。

➢ 可以给输出文件取不同的名字，反映操作进度。

➢ 备份路径可以自行创建，如果是分布式部署，备份路径只能是数据库服务器上的文件夹。

➢ 压缩输出文件并不能明显减小文件大小，因此，没有必要压缩输出文件。

➢ 输出文件务必通过 U 盘或网盘复制带走，供下次使用。

三、恢复数据中心

（一）业务场景

请按以下资料恢复数据中心。

（1）登录地址：http://127.0.0.1:8000。

（2）数据库服务器地址：127.0.0.1。数据库管理员和数据库连接用户名均为"sa"，密码均为"abcd1234"。

（3）备份文件：C:\K3CloudData\F 楚财集团_姓名.bak。

（4）数据中心代码：100。数据中心名称：楚财集团。

（5）数据库文件路径：C:\K3CloudData。

（二）操作步骤

（1）登录管理中心。打开浏览器，在地址栏输入"http://127.0.0.1:8000"，输入用户名"administrator"，密码"888888"，登录。

（2）打开数据中心列表。操作路径：【数据中心】-【数据中心管理】-【数据中心列表】。

恢复数据中心

（3）进入恢复功能。单击工具栏"恢复"选项，打开恢复 SQL Server 数据中心窗口。

（4）输入备份文件信息。输入数据库服务器地址、数据库管理员用户名、管理员密码，选择备份文件，单击"测试连接"按钮，显示连接成功信息。

（5）输入数据库连接用户。输入数据库连接用户名、密码，单击"测试连接"按钮，显示连接成功信息。

（6）输入要恢复的数据中心。输入数据中心代码、数据中心名称，修改数据库实体（可选），选择数据库文件路径。

（7）恢复数据中心。单击"执行恢复"按钮，自动显示恢复进度条，完成后会提示恢复备份成功。

（8）关闭所有页签。

➢ 每次上课前，务必恢复上一次的备份，空的数据中心可以让主讲教师提供。

➢ 恢复之前，务必把备份文件复制到虚拟机里容易找到的文件夹，恢复后到这个文件夹里选取备份文件。

➢ 如果备份文件是压缩文件，需要提前解压。

➢ 恢复的数据中心代码与数据中心名称可以与备份前的代码和名称不相同。

第三节　组织机构管理

组织机构的搭建是多组织应用模式的基石。通过创建多组织机构，可以实施多法人、多事业部、多地点等多组织应用模式，组织机构区分为核算组织和业务组织，对业务组织可以配置对应的组织职能，组织机构之间可以实现数据隔离。

一、组织机构

（一）业务场景

楚财集团有济民制造、济民商贸两家子公司。其中，楚财集团与济民制造具有所有业务职能，济民商贸具有除生产职能外的职能，具体如表 2-1 所示。

表 2-1　组织机构明细

组织机构编码	组织机构名称	形态	核算组织	业务组织
100	楚财集团	总公司	法人	销售、采购、库存、工厂、质检、结算、资产、资金、收付、营销、服务、共享、研发
101	济民制造	公司	法人	销售、采购、库存、工厂、质检、结算、资产、资金、收付、营销、服务、共享、研发
102	济民商贸	公司	法人	销售、采购、库存、结算、资产、资金、收付、营销、服务、共享、研发

（二）操作步骤

（1）以系统管理员身份登录客户端。打开客户端，选择数据中心，输入用户名"administrator"，密码"888888"，登录系统。

（2）启用多组织。操作路径：【系统管理】-【组织机构】-【组织机构】-【启用多组织】，勾选"启用多组织"复选框，保存。启用后重新登录。

（3）打开组织机构列表。操作路径：【系统管理】-【组织机构】-【组织机构】-【组织机构】。

（4）新增组织机构。录入组织机构编码、名称，选择形态，核算组织默认选择"法人"，业务组织根据业务场景进行勾选，保存，提交，审核。

（5）关闭所有页签。

> ➢ 启用多组织的操作不可逆。
> ➢ 形态的选择只是用于记录，不影响组织机构的功能。
> ➢ 组织机构创建后，名称与代码可以修改。
> ➢ 默认组织机构名称为数据中心的名称，不要随意更改，因在其他地方存在引用关系，记录无法删除，启用多组织前的数据中心名称非常重要。
> ➢ 引入组织机构时，所属法人字段需保留，内容需为空值。

二、组织业务关系

（一）业务场景

济民制造委托济民商贸从事采购与销售业务，组织业务关系如表2-2所示。

表2-2　组织业务关系明细

业务关系	委托方	受托方
委托销售-受托销售	济民制造	济民商贸
委托采购-受托采购	济民制造	济民商贸

（二）操作步骤

（1）打开组织业务关系管理功能。操作路径：【系统管理】-【组织机构】-【组织关系】-【组织业务关系】。

（2）新增"委托销售-受托销售"组织业务关系。单击工具栏上的"新增"选项，选择业务关系类型"委托销售-受托销售"，选择委托方"济民制造"与受托方"济民商贸"，保存，退出。

（3）新增"委托采购-受托采购"组织业务关系。单击工具栏上的"新增"选项，选择业务关系类型"委托采购-受托采购"，选择委托方"济民制造"与受托方"济民商贸"，保存，退出。

（4）关闭所有页签。

> ➢ 跨组织采购、销售等业务，只能在指定了组织关系的组织范围内展开。
> ➢ 按委托方录入的结果与按受托方录入的结果相同。
> ➢ 组织业务关系只具有引出功能，无引入功能。

第四节　基础资料控制

"基础资料控制类型"统一管理所有受控的基础资料，包括共享型、分配型、私有型，企业可通过基础资料控制策略，实现基础资料的统一管理，有效实现数据隔离。同时可以由 administrator 创建自动分配计划，实现基础资料的自动分配，并且可以查看分配的执行情况。

一、基础资料控制类型

（一）业务场景

基础资料控制类型用于定义基础资料对应的控制策略类型，需要修改的基础资料类型如表 2-3 所示，其他基础资料保持默认值。

表 2-3　需要修改的基础资料类型

基础资料名称	控制类型
工作日历	共享
部门	分配
汇报类型	共享

（二）操作步骤

（1）打开基础资料控制类型管理窗口。操作路径：【系统管理】-【组织机构】-【基础资料控制】-【基础资料控制类型】。

（2）修改"工作日历"的策略类型。双击"工作日历"所在行，修改策略类型为"共享"，保存，退出。

基础资料控制类型

（3）修改"部门"的策略类型。双击"部门"所在行，修改策略类型为"分配"，保存，退出。

（4）修改"汇报类型"的策略类型。双击"汇报类型"所在行，修改策略类型为"共享"，保存，退出。

（5）关闭所有页签。

> ➢ 基础资料控制类型分为分配型、共享型、私有型。
> ➢ 只有"不可修改"选项为"否"的资料才可以修改策略类型。
> ➢ 基础资料一旦被使用，无法再修改其策略类型。
> ➢ 排程模型基础资料有默认值，在生成工序计划时调用。

友情提示

二、基础资料控制策略

（一）业务场景

基础资料均由楚财集团创建，再由楚财集团分配给其他组织，控制策略如表 2-4 所示。表 2-4 没有提到的基础资料保持默认值。

表 2-4　基础资料控制策略

基础资料名称	控制类型	可修改	创建组织	分配目标
部门	分配		楚财集团	所有组织
岗位信息	分配		楚财集团	所有组织
工艺路线	分配		楚财集团	所有组织
工作中心	分配		楚财集团	所有组织
供应商	分配		楚财集团	所有组织
客户	分配		楚财集团	所有组织
内部账户	分配		楚财集团	所有组织
其他往来单位	分配		楚财集团	所有组织
税务规则	分配		楚财集团	所有组织
物料	分配	安全库存（计划）	楚财集团	所有组织
物料清单	分配		楚财集团	所有组织
银行账号	分配	默认账号	楚财集团	所有组织
排程模型	分配		楚财集团	所有组织

（二）操作步骤

（1）打开基础资料控制策略定义窗口。操作路径：【系统管理】-【组织机构】-【基础资料控制】-【基础资料控制策略】。

（2）新增控制策略。单击工具栏"新增"选项，选择基础资料，核对创建组织，分配目标为所有组织，按要求调整右方的不可修改属性，保存。

（3）依次新增所有基础资料控制策略。

（4）关闭所有页签。

基础资料控制策略

> ➤ 分配的资料默认只能由创建组织修改。
>
> ➤ 可根据需要将资料属性的"不可修改"改为"可修改"，修改后，分配目标组织即可修改对应属性。
>
> ➤ 分配、共享、私有的资料一旦定义控制策略，则此资料只有指定的组织可以增加，如果没有指定任何组织，那么所有组织都可以增加，但是控制类型为"分配"的基础资料无法被分配。

第五节 用户权限管理

用户及其权限通过用户对应的角色实现，角色既是用户的职责体现，也是权限的载体，起到很重要的桥梁作用。用户根据授予角色权限展示主控台界面、菜单以及业务应用，能方便快捷地开展业务。

一、角色

（一）业务场景

请增加全功能角色，角色信息如表2-5所示。

表2-5 角色信息

编码	角色名称	权限
100	全功能	全功能

（二）操作步骤

（1）打开角色列表。操作路径：【系统管理】-【系统管理】-【角色管理】-【查询角色】。

（2）新增角色。单击工具栏"新增"选项，输入编码、名称，保存，退出。

（3）打开全功能批量授权窗口。操作路径：【系统管理】-【系统管理】-【批量授权】-【全功能批量授权】。

（4）给角色授权。授权角色选择"全功能"，授权模式选择"全功能"，授权状态选择"有权"，单击"授权"按钮，退出。

（5）关闭所有页签。

角色

> ➤ 系统提供全功能、业务领域、子系统、业务对象、字段五个级别的权限。
>
> ➤ 只能对角色进行授权，不能对用户直接授权。

二、用户

（一）业务场景

请增加用户，基本信息如表 2-6 所示。所有用户密码设置为"123456"，将所有用户设定为全功能角色，对管理员、出纳增加"资金专员"角色，可根据需要修改用户信息、增加新的用户、修改角色。

表 2-6　用户基本信息

账号	用户名称	岗位	工作范围
manage	管理员	管理员	用户及权限管理，系统维护，对所有组织具有全功能权限
101	陈嵩	总经理	所有业务单据的审核、签字
102	刘冬平	信息经理	基本数据维护、流程维护、对账模板维护、凭证模板维护、轻分析
103	汪雪	人力经理	人员变动、绩效考核、五险一金计算
104	文秀贤	仓管经理	入库、出库、盘点
105	张杏子	资产经理	固定资产卡片管理，资产领用、调拨、盘点
201	郑晓燕	财务主管	主管签字、审核凭证、过账、对账、结账、编制报表
202	左智午	总账会计	费用报销、编制记账凭证、生成业务凭证
203	王思嘉	成本会计	成本核算、成本凭证
204	谢炎鹏	往来会计	应收款管理、应付款管理、发票管理、组织间结算、应收应付凭证
205	王黎玲	出纳	收付款、票据管理、资金管理、出纳签字、银行对账
301	石莹	采购经理	采购合同、采购订单、采购到货、采购发票、采购询价
401	冉敏香	生产经理	生产排程、订单管理、工序管理、生产领料、完工入库
501	贾露遇	销售经理	销售合同、销售订单、销售发货

（二）操作步骤

（1）打开用户列表。操作路径：【系统管理】-【系统管理】-【用户管理】-【查询用户】。

（2）新增用户。单击工具栏"新增"选项，录入用户账号、用户名称，选择组织编码、角色编码，保存、退出。

用户

（3）修改密码。在列表状态下选中用户，单击菜单【密码策略】-【重置密码】，输入两次新密码，确定，关闭。

（4）关闭所有页签。

> 为学习方便，避免权限不足带来的困扰，对所有用户设置全功能权限，密码设置为一致，任一用户可完成所有实验内容。工作中需设置为具体岗位角色，密码需个性化。
> 用户信息没有要求必须与员工信息一致，可以通过联系对象进行关联。
> 用户只能与角色对应。
> 团队协作时，建议将用户信息全部录入。
> 新用户初始密码为"888888"，可在密码策略中修改。
> 新用户可在登录时修改密码，也可以在主窗口右上角的用户名处单击下拉按钮，通过"修改密码"菜单修改密码。
> 用户新增后无法删除，请谨慎增加用户。
> 操作完成后，应及时关闭打开的页签，后文不再写出这一步骤。
> 只有资金专员才有增加借款利息单的权限。
> 创建用户前，需提前创建全功能角色并设置全功能权限。
> 充分利用批量添加功能，提高工作效率。

第三章 企业基础信息

本章的主要内容是创建公共基础档案，搭建供应链、生产制造、财务管理等业务系统的基础档案体系，设置凭证模板，启用模块并完成业务系统期初数据的录入，为开展日常业务工作做准备。

第一节 公共基础档案

不同的公司，基础数据不相同，在处理日常业务之前，需要完成基础数据的整理与录入工作。本节所讲的基础数据的录入工作，除特别说明外，均由楚财集团完成。

一、部门员工

（一）业务场景

请增加部门、岗位、员工、员工任岗、业务员，具体信息如表 3-1 所示。其中，陈嵩兼任济民制造和济民商贸总经理，贾露遇兼任济民商贸销售经理，郑晓燕兼任济民商贸的财务主管，万莹兼任济民商贸的采购经理。

表 3-1 员工、部门、岗位、业务员明细

使用组织	编号	姓名	所属部门（部门属性）	就任岗位	业务员
楚财集团	101	陈嵩	管理部（管理部门）	总经理	
	101	陈嵩	管理部（管理部门）	总经理	
	102	刘冬平	管理部（管理部门）	信息经理	程序员
	103	汪雪	管理部（管理部门）	人力经理	服务人员
	104	文秀贤	管理部（管理部门）	仓管经理	仓管员、质检员
	105	张杏子	管理部（管理部门）	资产经理	服务人员
	201	郑晓燕	财务部（管理部门）	财务主管	计划员、财务人员
	202	左智午	财务部（管理部门）	总账会计	财务人员
	203	王思嘉	财务部（管理部门）	成本会计	财务人员
	204	谢炎鹏	财务部（管理部门）	往来会计	财务人员
济民制造	205	王黎玲	财务部（管理部门）	出纳	财务人员
	301	石莹	采购部（采购部门）	采购经理	采购员
	302	田乘安	采购部（采购部门）	采购专员	采购员
	401	冉敏香	生产部（辅助生产部门）	生产经理	质检员
	402	柳祚勇	生产部/一车间（基本生产部门）	生产主任	
	403	刘晨	生产部/一车间（基本生产部门）	生产技工	
	404	贺诚	生产部/一车间（基本生产部门）	生产技工	
	405	周琳杰	生产部/一车间（基本生产部门）	生产技工	
	406	陈珍珍	生产部/二车间（基本生产部门）	生产主任	
	407	白吉玉	生产部/二车间（基本生产部门）	生产技工	
	408	昌天赐	生产部/二车间（基本生产部门）	生产技工	

续表

使用组织	编号	姓名	所属部门（部门属性）	就任岗位	业务员
济民制造	409	方宏	生产部/二车间（基本生产部门）	生产技工	
	501	贾露遇	市场部（销售部门）	销售经理	销售员
	502	江红玉	市场部（销售部门）	销售专员	销售员
	503	何雨桐	市场部（销售部门）	销售专员	销售员
	601	黄莹	工程部（管理部门）	工程经理	
	602	李道彩	工程部（管理部门）	工程专员	
	701	何顺	研发部（管理部门）	研发经理	
济民商贸	101	陈嵩	管理部（管理部门）	总经理	
	201	郑晓燕	财务部（管理部门）	财务主管	
	301	石莹	采购部（采购部门）	采购经理	采购员
	501	贾露遇	市场部（销售部门）	销售经理	销售员

（二）操作步骤

1. 定义部门

（1）核对当前组织。以 manage 账号登录客户端，确保当前组织为楚财集团。

（2）打开部门列表。操作路径：【基础管理】-【基础资料】-【主数据】-【部门列表】。

部门员工 1

（3）新增部门。单击工具栏"新增"选项，录入名称，选择上级部门（若有），选择部门属性，保存，提交，审核。反复增加，直到录入所有部门。

（4）分配部门。在部门列表中全选部门，单击工具栏"业务操作"-"分配"选项，选择所有组织，选中"分配后自动显示分配明细""分配后自动审核"复选框，单击"确定"按钮，系统自动分配并审核记录。

2. 定义岗位信息

（1）核对当前组织。确保当前组织为楚财集团。

（2）打开岗位信息列表。操作路径：【基础管理】-【基础资料】-【公共资料】-【岗位信息列表】。

（3）新增岗位。单击工具栏"新增"选项，录入名称，选择所属部门，保存，提交，审核。反复增加，直到录入所有岗位。

（4）分配岗位。在岗位信息列表中全选岗位，单击工具栏"业务操作"-"分配"选项，选择所有组织，选中"分配后自动显示分配明细""分配后自动审核"复选框，单击"确定"按钮，系统自动分配并审核记录。

3. 定义员工

（1）打开员工列表。操作路径：【基础管理】-【基础资料】-【主数据】-【员工列表】。

（2）新增员工。单击工具栏"新增"选项，录入员工姓名、员工编号，保存，提交，审核。反复增加，直到录入所有员工。操作界面如图 3-1 所示。

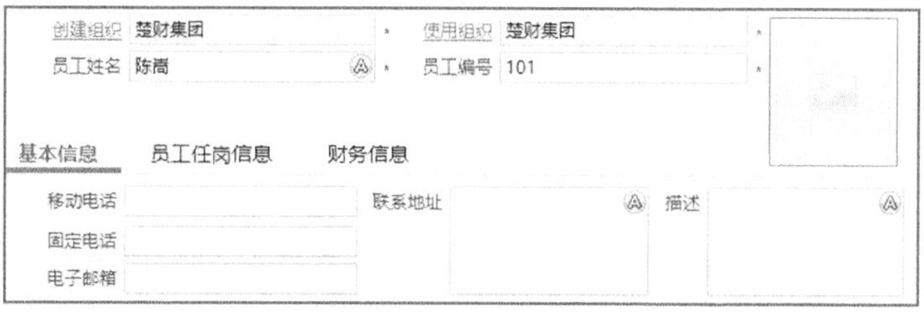

图 3-1　员工定义

4．定义员工任岗

（1）核对当前组织。确保当前组织与使用组织相同，如果不同，切换当前组织至相同。

（2）打开员工任岗明细。操作路径：【基础管理】-【基础资料】-【公共资料】-【员工任岗明细】。

（3）新增员工任岗信息。单击工具栏"新增"选项，核对使用组织，选择员工，选择就任岗位，保存，提交，审核。反复增加，直到录入完毕。操作界面如图3-2所示。

图3-2　员工任岗定义

5．定义业务员

（1）核对当前组织。确保当前组织与使用组织相同，如果不同，切换当前组织至相同。

（2）打开业务员列表。操作路径：【基础管理】-【基础资料】-【公共资料】-【业务员列表】。

（3）新增业务员。单击工具栏"新增"选项，选择业务员类型，在自动新增的业务员分录中核对业务组织（默认为当前组织），选择职员（可以多选），保存。在业务员分录处反复新增行，录入业务员类型相同的其他员工。操作界面如图3-3所示。

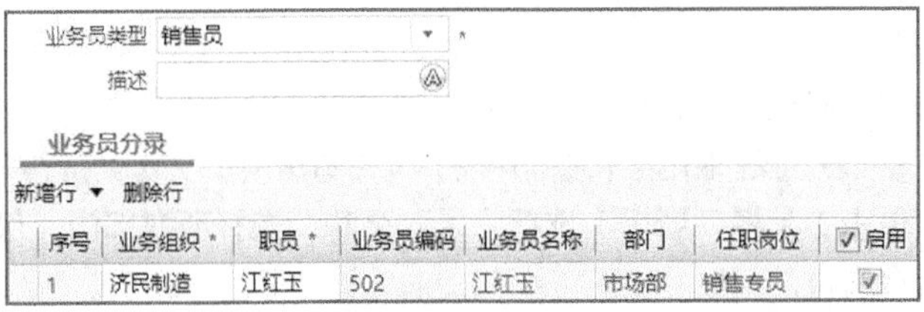

图3-3　业务员定义

> ➤ 部门与岗位被定义为分配型数据，并且指定由楚财集团创建。
>
> ➤ 员工、员工任岗被定义为共享型数据，且没有指定创建组织，所有组织都可增加、均可查看。
>
> ➤ 在定义员工时可同步完成员工任岗定义。可通过人员详细信息功能录入人员的详细数据，如出生地、身高等。
>
> ➤ 对任岗开始日期不做关联检查，业务中对人员的调用不受限制。
>
> ➤ 一个员工可同时从事多个岗位，可在多个组织同时任岗，但只能从事一个主岗位；一个员工可出现在多个业务员类型中，可跨组织、跨部门担任业务员。
>
> ➤ 业务员类型有销售员、采购员、仓管员、计划员、财务人员、质检员、服务人员、驾驶员、程序员九大类型，属于系统自带数据，不可修改。
>
> ➤ 业务员为私有数据，各组织机构独立使用。只有被指定为业务员，才能参加相关业务。

二、往来单位

（一）业务场景

（1）请增加客户，创建组织为楚财集团，具体信息如表 3-2 所示。

表 3-2　客户信息

客户名称	简称	客户类别	对应组织	分配目标
北京丰缘商贸有限公司	北京丰缘	普通销售客户		所有组织
广州佰盛商贸有限公司	广州佰盛	寄售客户		所有组织
西宁天友商贸有限公司	西宁天友	普通销售客户		所有组织
上海鲜源商贸有限公司	上海鲜源	普通销售客户		所有组织
武汉瑞华商贸有限公司	武汉瑞华	普通销售客户		所有组织
济民制造	济民制造	内部结算客户	济民制造	济民商贸
济民商贸	济民商贸	内部结算客户	济民商贸	济民制造

（2）请增加供应商，创建组织为楚财集团，具体信息如表 3-3 所示。

表 3-3　供应商信息

供应商名称	简称	对应组织	分配目标	备注
重庆鸿旺制造有限公司	重庆鸿旺		所有组织	启用供应商协同
长沙金诚制造有限公司	长沙金诚		所有组织	启用供应商协同
武汉美加传媒有限公司	武汉美加		所有组织	
武汉全通物流有限公司	武汉全通		所有组织	默认增值税税率 9%
武汉捷成不动产有限公司	武汉捷成		所有组织	
湖南中联设备有限公司	湖南中联		所有组织	
江苏宏威制造有限公司	江苏宏威		济民制造	委外
济民制造	济民制造	济民制造	济民商贸	
济民商贸	济民商贸	济民商贸	济民制造	

（3）请增加其他往来单位，具体信息如表 3-4 所示。

表 3-4　其他往来单位信息

创建组织	其他往来单位	分配目标
楚财集团	税务局	所有组织
楚财集团	第三方平台	所有组织

（二）操作步骤

1. 定义客户

（1）核对当前组织。确保当前组织为楚财集团。

（2）打开客户列表。操作路径：【基础管理】-【基础资料】-【主数据】-【客户列表】。

往来单位 1

（3）新增客户。单击工具栏"新增"选项，录入名称，保存，提交，审核。反复增加，直到录入完毕。

（4）分配客户。在客户列表中全选客户，单击工具栏"业务操作"-"分配"选项，选择所有组织，选中"分配后自动显示分配明细""分配后自动审核"复选框，单击"确定"按钮，系统自动分配并审核记录。

2. 定义供应商

（1）核对当前组织。确保当前组织为楚财集团。

（2）打开供应商列表。操作路径：【基础管理】-【基础资料】-【主数据】-【供应商列表】。

（3）新增供应商。单击工具栏"新增"选项，录入名称，保存，提交，审核。反复增加，直到录入完毕。

（4）分配供应商。在供应商列表中全选供应商，单击工具栏"业务操作"-"分配"选项，选择所有组织，选中"分配后自动显示分配明细""分配后自动审核"复选框，单击"确定"按钮，系统自动分配并审核记录。

3．定义其他往来单位

（1）核对当前组织。确保当前组织为楚财集团。

（2）打开其他往来单位列表。操作路径：【基础管理】-【基础资料】-【财务会计】-【其他往来单位】。

（3）新增其他往来单位。单击工具栏"新增"选项，录入名称，保存，提交，审核。反复增加，直到录入完毕。

（4）分配其他往来单位。在其他往来单位列表中全选其他往来单位，单击工具栏"业务操作"-"分配"选项，选择所有组织，选中"分配后自动显示分配明细""分配后自动审核"复选框，单击"确定"按钮，系统自动分配并审核记录。

> ➢ 可以进一步补充客户与供应商的开票信息。
> ➢ 其他往来单位只记录单位名称，无其他信息。

三、物料

（一）业务场景

（1）增加物料，要求由楚财集团定义，分配给所有组织。物料明细信息如表3-5、表3-6所示。

表3-5　物料明细-基本信息

物料分组	物料名称	物料属性	存货类别	默认税率	采购	库存	委外	销售	生产	资产
（01）原材料	R1 原材料	外购	原材料	13%	√	√		√		
	R2 原材料	外购	原材料	13%	√	√		√		
	R3 原材料	外购	原材料	13%	√	√		√		
	R4 原材料	外购	原材料	13%	√	√		√		
	R5 原材料	外购	原材料	13%	√	√		√		
（02）辅料	包装纸	外购	辅料	13%	√	√		√		
（03）库存商品	P1 半成品	自制	自制半成品	13%	√	√	√	√	√	
	P2 半成品	自制	自制半成品	13%	√	√	√	√	√	
	P3 产品	自制	产成品	13%	√	√		√	√	
	P4 产品	自制	产成品	13%	√	√	√	√	√	
	充电宝	外购	产成品	13%	√	√		√		
（04）固定资产	厂房	资产	资产	13%	√					√
	自动线	资产	资产	13%	√					√
（05）服务	租赁服务	服务	服务	6%	√			√		
（06）费用	广告费	费用	服务	13%	√					
	运输费	费用	服务	9%	√					

表 3-6　物料明细-生产与计划属性

物料分组	物料名称	生产类型	固定提前期	最小包装量	拆分批量	批量拆分间隔天数	安全库存（济民制造）	安全库存（济民商贸）
原材料	R1 原材料		7				1 000	0
	R2 原材料		7				1 000	0
	R3 原材料		7				2 000	0
	R4 原材料		7				1 000	0
	R5 原材料		7				1 000	0
库存商品	P1 半成品	工序汇报入库-普通生产	7	1 000	1 000	7	1 000	0
	P2 半成品		7	1 000	1 000	7	1 000	0
	P3 产品		7	1 000	1 000	7	1 000	0
	P4 产品		7	1 000	1 000	7	1 000	0

（2）请增加物料清单，要求由楚财集团定义，分配给所有组织。物料清单明细信息如表 3-7 所示。

表 3-7　物料清单明细

BOM 版本	父项物料名称	子项物料名称	用量：分子	用量：分母
P1_V1.0	P1 半成品	R1 原材料	1	1
		R3 原材料	1	1
P2_V1.0	P2 半成品	R2 原材料	1	1
		R3 原材料	1	1
P3_V1.0	P3 产品	P1 半成品	1	1
		R4 原材料	1	1
P4_V1.0	P4 产品	P2 半成品	1	1
		R5 原材料	1	1

（二）操作步骤

1．定义物料

（1）核对当前组织。确保当前组织为楚财集团。

（2）打开物料列表。操作路径：【基础管理】-【基础资料】-【主数据】-【物料列表】。

物料 1

（3）新增物料分组。单击"新增分组"选项，录入编码、名称，勾选"连续新增"复选框，保存。反复增加，直到录入完毕。

（4）新增物料。单击工具栏"新增"选项，录入名称，选择物料分组，选择物料属性，核对 6 项控制内容，核对默认税率，核对存货类别，选择生产类型，录入固定提前期，录入最小包装量、拆分批量、批量拆分间隔天数、安全库存，保存，提交，审核。反复增加，直到录入完毕。

（5）分配物料。在物料列表中全选物料，单击工具栏"业务操作"-"分配"选项，选择所有组织，选中"分配后自动显示分配明细"复选框，单击"确定"按钮，系统自动分配。

（6）修改安全库存。找到已打开的济民商贸物料页签，或把当前组织机构切换到"济民商贸"，然后打开物料列表，将所有物料的安全库存改为0。

（7）审核物料。将所有组织的物料信息保存、提交、审核。

2．定义物料清单

（1）核对当前组织。确保当前组织为楚财集团。

（2）打开物料清单列表。操作路径：【生产制造】-【工程数据】-【物料清单】-【物料清单列表】。

（3）新增物料清单。单击工具栏"新增"选项，录入 BOM 版本，在主产品中选择父项物料编码，在子项明细中批量选择子项物料编码，核对分子与分母用量，保存，提交，审核。反复增加，直到录入完毕。操作界面如图 3-4 所示。

图 3-4 物料清单定义

（4）分配物料清单。在物料清单列表中全选物料清单，单击工具栏"业务操作"-"分配"选项，选择所有组织，选中"分配后自动显示分配明细""分配后自动审核"复选框，单击"下一步"按钮，系统自动分配并审核记录。

> 针对不同组织机构，安全库存的设置不一样，只有在基础资料控制策略中允许修改该项，其他组织才能修改安全库存。
> 物料清单供生产时使用。

四、币别

（一）业务场景

（1）选择币别，具体信息如表 3-8 所示。

表 3-8 币别

名称	货币代码
人民币	CNY
美元	USD

（2）增加汇率体系，具体信息如表 3-9 所示。

表 3-9 汇率体系

汇率类型	原币	目标币	直接汇率	生效日期
固定汇率	美元	人民币	6.455 9	2021-1-1

（二）操作步骤

1．定义币别

（1）核对当前组织。确保当前组织为楚财集团。

（2）打开币别列表。操作路径：【基础管理】-【基础资料】-【公共资料】-【币别】。

（3）核对并审核币别。系统默认多国的币别，并已审核"人民币"。选中"美元"所在行，单击工具栏"提交"-"审核"选项，不要选择其他币别。

2．定义汇率体系

（1）核对当前组织。确保当前组织为楚财集团。

（2）打开汇率体系。操作路径：【基础管理】-【基础资料】-【财务会计】-【汇率体系】。

（3）新增汇率。选中左边的"固定汇率"分组，单击工具栏"新增"选项，选择原币、目标币，录入直接汇率，系统将自动计算间接汇率，修改生效日期，保存，提交，审核。

> 友情提示
>
> ➢ 币别与汇率体系为共享数据。
> ➢ 汇率体系的生效日期与失效日期的期间必须涵盖业务期间，可在此处定义每天的汇率。

五、税务

（一）业务场景

（1）核对税收制度，具体要求如表3-10所示。

表3-10 税收制度

名称	地区
中国税制	中国

（2）核对税种，具体要求如表3-11所示。

表3-11 税种

名称	税收制度	舍入规则	允许改写税率	允许改写和录入税额
增值税	中国税制	四舍五入	√	√

（3）核对税率，具体要求如表3-12所示。

表3-12 税率

编码	名称	税率（%）	税收制度	税种	卖方代扣代缴	默认费用项目
SL02_SYS	13%增值税	13.00	中国税制	增值税	√	
SL04_SYS	零税率的增值税	0.00	中国税制	增值税	√	
SL06_SYS	6%增值税	6.00	中国税制	增值税	√	运费
SL63_SYS	9%增值税	9.00	中国税制	增值税	√	运费

（4）核对税务规则，将税务规则分配给所有组织机构，具体要求如表3-13所示。

表3-13 税务规则

结果来源	名称	税收制度	单据范围
物料的税率	销售业务税率-物料	中国税制	应收单，销售合同，B2C订单，销售增值税专用发票，销售增值税普通发票，寄售结算单，发货通知单，期初销售出库单，销售出库单，销售报价单，退货通知单，销售退货单，销售订单，销售订单新变更单
供应商的税率	采购业务税率-供应商	中国税制	应付单，要货申请单，采购增值税专用发票，采购增值税普通发票，采购退料单，采购价目表，采购订单，收料通知单，期初采购入库单，采购入库单

（二）操作步骤

1．核对税收制度

（1）核对当前组织。确保当前组织为楚财集团。

（2）打开税收制度列表。操作路径：【基础管理】-【基础资料】-【税务管理】-【税收制度列表】。

税务

（3）核对税收制度。系统默认中国税制，并已审核。税收制度为共享数据，不需要分配。

2．核对税种

（1）核对当前组织。确保当前组织为楚财集团。

（2）打开税种列表。操作路径：【基础管理】-【基础资料】-【税务管理】-【税种列表】。

（3）核对税种。系统默认增值税，并已审核。税种为共享数据，不需要分配。

3．核对税率

（1）核对当前组织。确保当前组织为楚财集团。

（2）打开税率列表。操作路径：【基础管理】-【基础资料】-【税务管理】-【税率列表】。

（3）核对税率。系统默认多种增值税税率，并已审核。税率为共享数据，不需要分配。

4．核对并分配税务规则

（1）核对当前组织。确保当前组织为楚财集团。

（2）打开税务规则列表。操作路径：【基础管理】-【基础资料】-【税务管理】-【税务规则列表】。

（3）核对税务规则。系统默认已创建"物料的税率"与"供应商的税率"，并已审核。税务规则为共享数据，需要分配。

（4）分配税务规则。在税务规则列表中选择"物料的税率"与"供应商的税率"记录，单击工具栏"业务操作"-"分配"选项，选择所有组织，选中"分配后自动显示分配明细""分配后自动审核"复选框，单击"确定"按钮，系统自动分配并审核记录。

> ➢ 税收制度、税种、税率为共享数据，均具有默认值。
> ➢ 税务规则为分配型数据，有默认值，需要分配。如果不分配，在填写业务单据时，系统无法自动带出税率。

友情提示

六、单据类型

（一）业务场景

新增单据类型，具体要求如表 3-14 所示。

表 3-14　单据类型

来源	编码	名称、描述	默认单据类型	必录	不可维护
复制标准其他出库单	QTCKD01	福利发放出库单	否	基本信息.领料部门	基本信息.客户
复制标准销售出库单	XSCKD01	发出商品出库单	否		

（二）操作步骤

（1）核对当前组织。确保当前组织为楚财集团。

（2）打开单据类型列表。操作路径：【基础管理】-【基础资料】-【单据类型】-【单据类型列表】。

单据类型

（3）新建福利发放出库单。找到并选中"标准其他出库单"项目，单击工具栏"新增"-"复制"选项，录入编码、名称，修改描述、默认单据类型，修改描述、新增加时不可维护、修改时不可维护属性，保存，提交，审核。

（4）新建发出商品出库单。找到并选中"标准销售出库单"项目，单击工具栏"新增"-"复制"选项，录入编码、名称、修改描述、默认单据类型，保存、提交、审核。

> 只有定义了单据类型，才能在业务中选择单据类型。
> 单据类型中有大量个性化参数，如布局设置、业务流程设置、打印控制、参数设置。
> 单据类型只能引出，无法引入。

七、费用项目

（一）业务场景

新增费用项目，具体要求如表3-15所示。

表3-15　费用项目

名称	存货成本类别	税率	可用于报销
未确认融资费用	空	13%	是
使用权资产	空	13%	是
劳动保护费	空		是
其他	空		是

（二）操作步骤

（1）核对当前组织。确保当前组织为楚财集团。

（2）打开费用项目定义窗口。操作路径：【基础管理】-【基础资料】-【公共资料】-【费用项目】。

费用项目1

（3）新建费用项目。单击工具栏"新增"选项，录入名称，选择税率（默认选择13%），勾选"可用于报销"（默认勾选），保存，提交，审核。

（4）依次增加费用项目至全部录入。

> 系统的存货成本类别分为材料费用类、加工费用类、拆卸费用类、组装费用类，不属于任意一个类别时，为空值。
> 税率为对应费用项目的默认值，业务中自动带入，可以修改。

八、单据转换

（一）业务场景

增加单据类型映射，具体要求如表3-16所示。

表3-16　单据类型映射

源单	目标单	源单单据类型	目标单单据类型
销售订单	销售出库单	标准销售订单	发出商品出库单
发货通知单	销售出库单	标准发货通知单	发出商品出库单

（二）操作步骤

（1）启动集成开发平台。在主窗口右上角，单击当前操作员，单击菜单【下载中心】-【BOS设计器】。

（2）登录集成开发平台。选择数据中心，输入用户名"administrator"，密码"888888"，登录。

单据转换

（3）打开单据转换窗口。单击"取消"按钮，关闭系统视图选择窗口，单击菜单【文件】-【单据转换】，自动打开单据转换窗口。

（4）查找源单与目标单对应关系。在左边的列表第一行源单栏输入"销售订单"，目标单栏输入"销售出库单"。

（5）扩展单据转换。单击中间的"扩展"按钮，自动新增一行"销售订单至销售出库单"扩展记录。

（6）增加单据类型映射。先单击下方的"单据类型映射"项目，再单击右方的"添加"按钮，单据类型映射关系中自动增加一行，在新增行的源单单据类型中选择"标准销售订单"，目标单单据类型选择"发出商品出库单"，如图3-5所示。

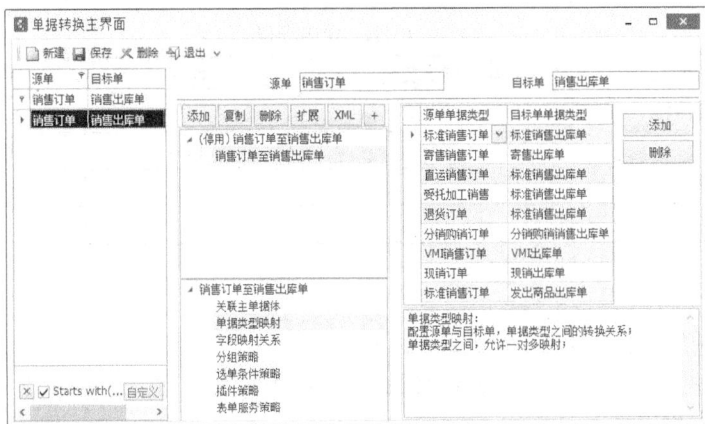

图3-5　增加单据类型映射

（7）启动扩展。单击下方的"销售订单至销售出库单"项目，勾选规则状态中的"启动"复选框。

（8）保存扩展。单击工具栏"保存"选项，扩展信息生效。

（9）重复第3步～第8步，依次定义其他单据类型映射。

> ➢ 单据转换可定义两个单据之间的数据逻辑关系，只有通过复制或扩展才能修改系统自带的设计。
>
> ➢ 单据转换无导入、导出功能。

第二节　业务系统基础档案

业务系统基础档案包括供应链、生产制造、资产管理、出纳管理、总账、成本管理等基础资料，是各领域的应用基础。用户在录入单据时，需要输入一些业务资料信息。单据由一些基础资料信息和具体的数量信息构成，使用之前，用户需要对基础资料信息进行规范定义，以便在日常业务工作中使用。

一、供应链

（一）业务场景

（1）定义仓库，信息如表3-17所示。

表 3-17 组织机构现有仓库明细

组织机构	仓库名称	仓库属性
济民制造	原料仓	普通仓库
	成品仓	普通仓库
	供应商仓	供应商仓库
	客户仓	客户仓库

（2）定义委外仓库，信息如表 3-18 所示。

表 3-18 委外仓库明细

委外组织	供应商	仓库
济民制造	江苏宏威	供应商仓

（3）定义供应商用户，信息如表 3-19 所示。

表 3-19 供应商用户明细

用户账号	用户名称	供应商	组织	角色	重置密码
cqhw	重庆鸿旺	重庆鸿旺	济民商贸	供应商业务员	123456
csjc	长沙金诚	长沙金诚	济民商贸	供应商业务员	123456

（4）启用供应商协同，服务器与站点名称选默认值。

（5）定义组织间结算价目表，分发给所有组织，信息如表 3-20 所示。

表 3-20 组织间结算价目表明细

名称	物料	不含税单价（元）	含税单价（元）	税率（%）
组织间结算价目	R1 原材料	450.00	508.50	13.00
	R2 原材料	900.00	1 017.00	13.00
	R3 原材料	450.00	508.50	13.00
	R4 原材料	450.00	508.50	13.00
	R5 原材料	450.00	508.50	13.00
	P3 产品	4 500.00	5 085.00	13.00
	P4 产品	5 400.00	6 102.00	13.00

（6）定义组织间结算关系，信息如表 3-21 所示。

表 3-21 组织间结算关系

会计核算体系	供货方	接收方	结算价目表
财务会计核算体系	济民制造	济民商贸	组织间结算价目
	济民商贸	济民制造	组织间结算价目

（7）定义销售价目表，分发给所有组织，信息如表 3-22 所示。

表 3-22 销售价目表明细

名称	是否含税	价目对象	物料	价格（元）
销售价目	不含	按物料	P3 产品	5 000
			P4 产品	6 000

（二）操作步骤

1. 定义仓库

（1）核对当前组织。以 manage 账号登录客户端，切换组织到济民制造。

（2）打开仓库列表。操作路径：【基础管理】-【基础资料】-【供应链】-

供应链 1

【仓库列表】。

（3）新增仓库。单击工具栏"新增"选项，核对组织机构，录入仓库名称，核对仓库属性，保存，提交，审核。反复增加，直到录入完毕。

2．定义委外仓库

（1）核对当前组织。将当前组织切换到济民制造。

（2）打开委外仓库设置窗口。操作路径：【生产制造】-【委外管理】-【基础资料】-【委外仓库设置】。

（3）新增委外仓库。单击工具栏"新增"选项，核对委外组织，选择供应商，选择仓库，保存。

3．定义供应商用户

（1）核对当前组织。将当前组织切换到济民商贸。

（2）打开供应商用户列表。操作路径：【供应链】-【供应商协同】-【基础资料】-【供应商用户】。

（3）新增供应商用户。单击工具栏"新增"选项，录入用户账号、用户名称，选择供应商，核对组织，选择角色，保存。操作界面如图3-6所示。

图3-6　新增供应商用户

（4）修改密码。在列表状态，选中用户，单击工具栏"密码策略"-"重置密码"选项，录入两次密码，保存。

4．启用供应商协同

（1）系统管理员登录。以管理员administrator登录客户端。

（2）打开参数设置功能。操作路径：【基础管理】-【公共设置】-【参数设置】-【参数设置】。

（3）打开供应商协同参数设置窗口。在左边的树状结构中单击"供应链"-"采购管理"选项，单击"供应商协同"页签。

（4）启用供应商协同平台。勾选"启用供应商协同平台"复选框，服务器选择默认值，站点名称选择默认值，保存。操作界面如图3-7所示。

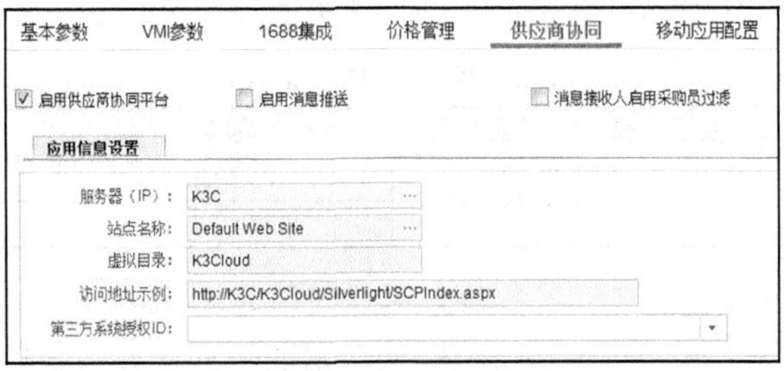

图3-7　启用供应商协同平台

（5）试用供应商协同平台。打开IE浏览器，输入地址"http://127.0.0.1/k3cloud/ Silverlight/scpindex.aspx"，或打开谷歌浏览器，输入地址"http://127.0.0.1/k3cloud/html5/scpindex.aspx"，按供应商用

户登录。

5．定义组织间结算价目表

（1）管理员登录。以 manage 账号登录客户端。

（2）打开组织间结算价目表列表。操作路径：【供应链】-【组织间结算】-【价格资料】-【组织间结算价目表列表】。

（3）新增组织间结算价目表。单击工具栏"新增"选项，勾选"含税"复选框，选择物料，录入含税单价、税率（也可不勾选"含税"复选框，录入不含税单价），保存，提交，审核。

（4）分发组织间结算价目表。单击工具栏"业务操作"-"分发"选项，单击"下一步"按钮，选择组织，单击"下一步"按钮，显示分发结果，单击"完成"按钮。

6．定义组织间结算关系

（1）打开组织间结算关系列表。操作路径：【供应链】-【组织间结算】-【价格资料】-【组织间结算关系】-【组织间结算关系列表】。

（2）新增组织间结算关系。单击工具栏"新增"选项，选择会计核算体系、供货方、接收方、结算价目表，保存，提交，审核（请按表 3-39 要求先完成会计核算体系的定义，否则，无法选择组织）。

7．定义销售价目表

（1）打开销售价目表列表。操作路径：【供应链】-【销售管理】-【价格管理】-【销售价目表列表】。

（2）新增销售价目表。单击工具栏"新增"选项，不勾选"含税"复选框，输入名称，核对价目对象，选择物料，录入价格，核对生效日期与失效日期，确保 2021 年 12 月全月有效，保存，提交，审核。

（3）分发销售价目表。单击工具栏"业务操作"-"分发"选项，单击"下一步"按钮，选择组织，单击"下一步"按钮，显示分发结果，单击"完成"按钮。

> ➢ 可以定义虚拟仓，将虚拟物料在仓库中进行归集管理。
> ➢ 仓库为私有数据，由各组织机构独立管理。
> ➢ 供应商用户由指定供应商使用，其他组织机构不得盗用。
> ➢ 供应商用户账号不能与已有的账号重复。
> ➢ 通过【系统管理】-【用户管理】-【查询用户】操作路径增加的供应商用户无供应商选择项。
> ➢ 只有勾选了"启用供应商协同平台"复选框的供应商才会出现在供应商列表中。
> ➢ 供应商协同用户由具有"供应商协同用户管理员"权限的用户创建，其他用户创建的供应商协同用户时无法保存。
> ➢ 供应商协同用户通过 IE 浏览器登录客户端时，需要按提示安装 Silverlight 插件。
> ➢ 所有组织都可以创建与分发组织间结算价目表，不受基础资料控制策略限制。

二、生产制造

（一）业务场景

（1）定义工作日历，信息如表 3-23 所示，要求延长关联日到 2030 年 12 月 31 日。所有组织机构采用相同工作日历。

表3-23　工作日历

周	日期类型	是否生产	班制
周日	工作日	√	默认班制
周一	工作日	√	默认班制
周二	工作日	√	默认班制
周三	工作日	√	默认班制
周四	工作日	√	默认班制
周五	工作日	√	默认班制
周六	工作日	√	默认班制

（2）调整工序控制码，信息如表3-24所示。

表3-24　工序控制码

名称	检验方式	参与工序排程	加工方式
质量+汇报	车间检验	√	厂内加工
委外+质量	车间检验	√	委外加工

（3）增加工作中心，分配给济民制造，信息如表3-25所示。

表3-25　工作中心

名称	所属部门	工序控制码	基本活动
P1 加工中心	一车间	质量+汇报	准备活动（3分钟） 加工活动（5分钟） 拆卸活动（2分钟）
P1 组装中心	一车间	质量+汇报	准备活动（2分钟） 加工活动（5分钟） 拆卸活动（2分钟）
P3 加工中心	一车间	质量+汇报	准备活动（3分钟） 加工活动（5分钟） 拆卸活动（2分钟）
P3 组装中心	一车间	质量+汇报	准备活动（2分钟） 加工活动（5分钟） 拆卸活动（2分钟）
P2 加工中心	二车间	质量+汇报	准备活动（3分钟） 加工活动（5分钟） 拆卸活动（2分钟）
P2 组装中心	二车间	质量+汇报	准备活动（2分钟） 加工活动（5分钟） 拆卸活动（2分钟）
P4 加工中心	二车间	质量+汇报	准备活动（3分钟） 加工活动（5分钟） 拆卸活动（2分钟）
P4 组装中心	二车间	质量+汇报	准备活动（2分钟） 加工活动（5分钟） 拆卸活动（2分钟）

（4）增加工艺路线，分配给济民制造，信息如表3-26所示。

表 3-26　工艺路线

工艺路线名称	物料	加工组织	工作中心	工序说明
P1 工艺路线	P1 半成品	济民制造	P1 加工中心	加工
		济民制造	P1 组装中心	组装
P2 工艺路线	P2 半成品	济民制造	P2 加工中心	加工
		济民制造	P2 组装中心	组装
P3 工艺路线	P3 产品	济民制造	P3 加工中心	加工
		济民制造	P3 组装中心	组装
P4 工艺路线	P4 产品	济民制造	P4 加工中心	加工
		济民制造	P4 组装中心	组装

（5）将排程模型分配给济民制造，排程模型如表 3-27 所示。

表 3-27　排程模型

名称	排程方法	默认排程模型	使用组织
标准正排	正排	√	济民制造

（6）指定济民制造的车间调度汇报权限，具体要求如表 3-28 所示。

表 3-28　车间调度汇报权限

加工组织	部门名称	工作中心名称	角色授权
济民制造	一车间	P1 加工中心	全功能
	一车间	P1 组装中心	全功能
	一车间	P3 加工中心	全功能
	一车间	P3 组装中心	全功能
	二车间	P2 加工中心	全功能
	二车间	P2 组装中心	全功能
	二车间	P4 加工中心	全功能
	二车间	P4 组装中心	全功能

（二）操作步骤

1．定义工作日历

（1）核对当前组织。确保当前组织为楚财集团。

（2）打开工作日历模板列表。操作路径：【生产制造】-【工程数据】-【工作日历】-【工作日历模板列表】。

生产制造 1

（3）修改默认模板。双击默认模板所在行，反审核，修改日期类型、班制，核对是否生产，保存，提交，审核。

（4）创建新日历。单击菜单【业务操作】-【套用】，选择"创建新日历"单选框，修改日期为2021/1/1，单击"确定"按钮。

（5）延长并更新日历。单击菜单【业务操作】-【套用】，选择"延长关联日历"单选框，修改日期为"2030/12/31"，核对是否已选中关联日历，单击"确定"按钮。

（6）更新关联日历。单击菜单【业务操作】-【套用】，选择"更新关联日历"单选框，核对是否已选中关联日历，单击"确定"按钮。

（7）打开工作日历设置窗口。操作路径：【生产制造】-【工程数据】-【工作日历】-【工作日历设置】。

（8）完成组织机构工作日历设置。在左边选择组织名称，在右边的标准日历编码中选择默认模板对应编码，系统自动按日历填充明细，得到每天是否生产以及默认班制，保存。操作界面如图 3-8 所示。

图 3-8　工作日历设置

（9）依次完成所有组织机构的工作日历设置。

2．调整工序控制码

（1）打开工序控制码列表。操作路径：【生产制造】-【车间管理】-【工艺建模】-【工序控制码列表】。

（2）修改工序控制码。将系统自带的两条记录取消审核，修改记录，将检验方式改为"车间检验"，保存，提交，审核。

3．定义工作中心

（1）核对当前组织。确保当前组织为楚财集团。

（2）打开工作中心列表。操作路径：【生产制造】-【车间管理】-【工艺建模】-【工作中心列表】。

（3）新增工作中心。单击工具栏"新增"选项，输入名称，选择所属部门，选择工序控制码，批量增加基本活动，输入时间，保存，提交，审核。反复增加，直到录入完毕。

（4）分配工作中心。在工作中心列表中全选工作中心，单击工具栏"业务操作"-"分配"选项，选择所有组织，选中"分配后自动显示分配明细""分配后自动审核"复选框，单击"确定"按钮，系统自动分配并审核记录。

4．定义工艺路线

（1）核对当前组织。确保当前组织为楚财集团。

（2）打开工艺路线列表。操作路径：【生产制造】-【车间管理】-【工艺建模】-【工艺路线列表】。

（3）新增工艺路线。单击工具栏"新增"选项，录入工艺路线名称，选择物料，选择加工组织，选择工作中心，填写工序说明，保存，提交，审核。反复增加，直到录入完毕。操作界面如图 3-9 所示。

图 3-9　新增工艺路线

（4）分配工艺路线。在工艺路线列表中全选工艺路线，单击工具栏"业务操作"-"分配"选项，选择所有组织，选中"分配后自动显示分配明细""分配后自动审核"复选框，单击"确定"按钮，系统自动分配并审核记录。

5．定义排程模型

（1）核对当前组织。确保当前组织为楚财集团。

（2）打开排程模型列表。操作路径：【生产制造】-【车间管理】-【车间作业计划】-【排程模型列表】。系统自带"标准正排"排程模型。

（3）分配排程模型。在排程模型列表中全选排程模型，单击工具栏"业务操作"-"分配"选项，选择组织"济民制造"，选中"分配后自动显示分配明细""分配后自动审核"复选框，单击"确定"按钮，系统自动分配并审核记录。

6．定义车间调度汇报权限

（1）核对当前组织。将当前组织切换为济民制造。

（2）打开车间调度汇报权限定义窗口。操作路径：【生产制造】-【车间管理】-【车间参数设置】-【车间调度汇报权限】。

（3）授权。核对加工组织，全选部门，单击工具栏"角色授权"选项，选择角色，单击"授权"按钮。

友情提示

➢ 工作日历为共享数据，只需要定义一份日历，供所有组织调用。

➢ 工作日历中日期的增加只能通过套用工作日历模板完成。

➢ 通过工作日历设置定义每个组织机构个性化的工作日历时，可以针对组织整体设置，也可以针对组织下的部门设置。个性化的工作日历为私有属性，不受工作日历公共属性的影响。

➢ 工作日历设置一旦完成，无法删除，只能修改；工作日历设置没完成，不能开展生产业务；可以对生成的日历明细进行微调，调整每一天的日期类型、生产情况、班制。

➢ "质量+汇报"是工序控制码的系统自带记录，是共享数据，涉及检验方式的定义。如果生产过程中质检无法通过，可修改工序控制码定义。

➢ 填写工艺路线时，务必修改加工组织与工作中心，然后分配，否则无法进行 MRP 运算。

➢ 车间调度汇报权限在工序汇报时调用。

三、资产管理

（一）业务场景

（1）新增资产位置，信息如表 3-29 所示。可根据需要定义个性化的地址。

表 3-29 资产位置信息

编码	地址
ZCWZ0001	公司指定场所

（2）修改资产类别，信息如表 3-30 所示。

表 3-30 资产类别信息

编码	类别名称	原值是否包含进项税
ZCLB01_SYS	房屋及建筑物	否
ZCLB02_SYS	生产设备	否

续表

编码	类别名称	原值是否包含进项税
ZCLB03_SYS	办公设备	否
ZCLB04_SYS	运输设备	否
ZCLB05_SYS	其他设备	否

（3）修改资产政策，信息如表3-31所示。

表3-31　资产政策信息

资产类别	折旧年限（年）	残值类型	残值率（%）	折旧方法	折旧政策
房屋及建筑物	20	百分比	0	平均年限法	常用折旧政策
生产设备	15	百分比	5	平均年限法	常用折旧政策
办公设备	10	百分比	5	平均年限法	常用折旧政策
运输设备	5	百分比	5	平均年限法	常用折旧政策
其他设备	5	百分比	5	平均年限法	常用折旧政策

（二）操作步骤

1．定义资产位置

（1）核对当前组织。确保当前组织为楚财集团。

（2）打开资产位置定义窗口。操作路径：【资产管理】-【固定资产】-【基础资料】-【资产位置】。

资产管理1

（3）新增资产位置。单击工具栏"新增"选项，录入地址，保存，提交，审核。

2．修改资产类别

（1）核对当前组织。确保当前组织为楚财集团。

（2）打开资产类别定义窗口。操作路径：【资产管理】-【固定资产】-【基础资料】-【资产类别】。

（3）修改资产类别。核对资产类别名称，选中需要修改名称的资产类别所在行，单击工具栏"反审核"选项，双击资产类别所在行，自动打开修改页签，修改名称，保存，提交，审核。

3．修改资产政策

（1）核对当前组织。确保当前组织为楚财集团。

（2）打开会计政策管理窗口。操作路径：【基础管理】-【基础资料】-【财务会计】-【会计政策】。

（3）核对资产政策。双击系统自带的"中国准则会计政策"记录，打开修改页签，核对并修改企业折旧年限、法定折旧年限、残值类型、企业残值率、法定残值率、折旧方法、折旧政策，保存。操作界面如图3-10所示。

资产类别	企业折旧年限	法定折旧年限	工作量单位	企业折旧工作量	法定折旧工作量	残值类型 *	企业残值率(%)	法定残值率(%)	残值额	折旧方法 *	折旧政策 *
房屋及建筑物	20.00	20.00				百分比				平均年限法	常用折旧政策
生产设备	15.00	15.00				百分比	5.00	5.00		平均年限法	常用折旧政策
运输设备	10.00	10.00				百分比	5.00	5.00		平均年限法	常用折旧政策
办公设备	5.00	5.00				百分比	5.00	5.00		平均年限法	常用折旧政策
其他设备	5.00	5.00				百分比	5.00	5.00		平均年限法	常用折旧政策

图3-10　资产政策修改

友情提示

> 当会计政策在审核状态下，用户可以修改名称、会计要素表、资产政策。
> 资产位置、资产类别、资产政策为共享数据，均有默认值。

四、出纳管理

（一）业务场景

（1）新增银行，具体要求如表 3-32 所示。

表 3-32 银行信息

编码	名称
001	中国工商银行藏龙岛支行

（2）新增银行账号，具体要求如表 3-33 所示。

表 3-33 银行账号信息

创建组织	银行账号	开户银行	账户名称	默认账号	分配组织
楚财集团	6222304024101011111	中国工商银行藏龙岛支行	楚财集团	√	
楚财集团	6222304024101011112	中国工商银行藏龙岛支行	济民制造	√	济民制造
楚财集团	6222304024101011113	中国工商银行藏龙岛支行	济民商贸	√	济民商贸

（3）新增收付款用途，信息如表 3-34 所示。将系统自带的"保证金收入"修改为"保证金收款"，计入往来属性改为"是"。

表 3-34 收付款用途信息

名称	收付款类型	业务类型	计入往来
未交增值税	付款	其他业务	否
应交消费税	付款	其他业务	否
应交资源税	付款	其他业务	否
应交所得税	付款	其他业务	否
应交土地增值税	付款	其他业务	否
应交城市维护建设税	付款	其他业务	否
应交房产税	付款	其他业务	否
应交土地使用税	付款	其他业务	否
应交车船税	付款	其他业务	否
应交教育费附加	付款	其他业务	否
应交矿产资源补偿费	付款	其他业务	否
代扣个人所得税	付款	其他业务	否
应交地方教育附加	付款	其他业务	否
应交印花税	付款	其他业务	否
应付短期借款利息	付款	其他业务	否
应付长期借款利息	付款	其他业务	否
融资租赁付款	付款	其他业务	是
出售专利权收入	收款	其他业务	否
支付固定资产清理费用	付款	其他业务	否
应付养老保险	付款	其他业务	否
应付医疗保险	付款	其他业务	否
应付失业保险	付款	其他业务	否
应付工伤保险	付款	其他业务	否
应付生育保险	付款	其他业务	否
应付住房公积金	付款	其他业务	否
预交增值税	付款	其他业务	否

（4）增加收款、付款条件，信息如表3-35、表3-36所示。

表3-35 收款条件

名称	多到期日设置标准	比例（%）	预收	到期日确定方式
预收50%	按比例	50	√	
		50		交易日

表3-36 付款条件

名称	多到期日设置标准	比例（%）	预付	到期日确定方式
预付全款	按比例	100	√	

（5）新增结算方式，信息如表3-37所示。

表3-37 结算方式

名称	结算方式类别	业务分类	支持网银付款
电子支付	电子支付	银行业务	√

（二）操作步骤

1．新增银行

（1）核对当前组织。确保当前组织为楚财集团。

（2）打开银行列表。操作路径：【基础管理】-【基础资料】-【财务会计】-【银行】。

（3）新增银行。单击工具栏"新增"选项，录入名称，保存，提交，审核。

2．新增银行账号

（1）核对当前组织。确保当前组织为楚财集团。

（2）打开银行账号列表。操作路径：【基础管理】-【基础资料】-【财务会计】-【银行账号】。

（3）增加银行账号。单击工具栏"新增"选项，录入银行账号，选择开户银行，录入账户名称，账户收支属性默认自动选择"收支"，保存，提交，审核。

（4）分配银行账号。单击工具栏"业务操作"-"分配"选项，根据账户名称选择待分配组织，选中"分配后自动显示分配明细"复选框，不选中"分配后自动审核"复选框，单击"确定"按钮，系统自动分配。

（5）设置默认银行账号。在分配页签中双击"自动生成的记录行"，打开银行账号修改窗口，勾选"默认银行账号"复选框，保存，提交，审核。

3．新增收付款用途

（1）核对当前组织。确保当前组织为楚财集团。

（2）打开收付款用途列表。操作路径：【财务会计】-【出纳管理】-【基础资料】-【收付款用途】。

（3）新增收付款用途。单击工具栏"新增"选项，录入名称，选择收付款类型，选择业务类型，核对计入往来属性，保存，提交，审核。反复增加，直到录入完毕。

（4）修改保证金收付款用途。找到保证金记录，反审核，修改名称，修改计入往来属性，保存，提交，审核。

4．新增收款条件与付款条件

（1）核对当前组织。确保当前组织为楚财集团。

（2）打开收款条件列表。操作路径：【财务会计】-【应收款管理】-【基础资料】-【收款条件】。

（3）新增收款条件。单击工具栏"新增"选项，录入名称，设置比例、是否预收、到期日确定方式，保存，提交，审核。

出纳管理1

（4）打开付款条件列表。操作路径：【财务会计】-【应付款管理】-【基础资料】-【付款条件】。

（5）新增付款条件。单击工具栏"新增"选项，录入名称，设置比例、是否预付、到期日确定方式，保存，提交，审核。

5. 新增结算方式

（1）核对当前组织。确保当前组织为楚财集团。

（2）打开结算方式列表。操作路径：【基础管理】-【基础资料】-【财务会计】-【结算方式】。

（3）新增结算方式。单击工具栏"新增"选项，录入名称，选择结算方式类别，选择业务分类，勾选"支持网银付款"复选框，保存，提交，审核。

> ➤ 系统自带网商银行与微众银行，无法反审核，但可以禁用。
>
> ➤ 银行账户名称可以用组织机构名称进行命名。
>
> ➤ 只有选中"资金上划"，银行账户才能在资金上划功能中使用。
>
> ➤ 银行账户只能由资金组织进行创建、分配，否则在资金管理中没有记录。
>
> ➤ 填写内部账户，有利于在其他业务中自动带出内部账户；若不填写，则不会自动带出，可手工选择，不影响业务完成。
>
> ➤ "全额上划"与"手工上划"都可以在资金上划功能中使用，暂未存在差别。
>
> ➤ 银行账户为分配数据，仅银行有权管理银行账户。
>
> ➤ 可以填写开户申请单，获取银行账号。
>
> ➤ 新建济民制造与济民商贸的银行账号时，不能直接选默认账号，应分配后再选默认账号，再审核。
>
> ➤ 修改或新增结算方式时，凭证模板中的资金科目需要做相应调整，否则，当选用新的结算方式时，无法获取资金科目。
>
> ➤ 系统预置的收付款用途可以修改，但无法删除。
>
> ➤ 采购业务和销售业务的收付款用途不允许反审核和禁用。
>
> ➤ 系统预置的个人借款、费用预支、销售收款、预收款、采购付款、预付款不允许反审核和禁用；系统预置的其他收付款用途可以修改，但不允许删除。
>
> ➤ 手工增加收付款用途：收付款类型为"收款"时，业务类型只能选择"其他业务"；收付款类型为"付款"时，业务类型只能选择"其他业务"或"工资发放"。

五、总账

（一）业务场景

（1）对默认会计政策进行修改，修改要求如表 3-38 所示。

表 3-38　会计政策

名称	中国准则会计政策
主币别	人民币
会计日历	系统预设会计日历
会计要素表	中国会计要素表
默认汇率类型	固定汇率
成本政策	成本以不含税金额进行核算；启用即时成本，启用的核算体系为财务会计核算体系

（2）对默认会计核算体系进行修改，修改要求如表3-39所示。

表3-39 会计核算体系

创建组织	会计核算体系名称	核算组织	适用会计政策	下级组织
楚财集团	财务会计核算体系 （默认核算体系：法人核算体系）	楚财集团	中国准则会计政策	楚财集团
		济民制造	中国准则会计政策	济民制造
		济民商贸	中国准则会计政策	济民商贸

（3）新增辅助资料，信息如表3-40所示。

表3-40 辅助资料

业务领域	类别编码	类别名称	编码	名称
基础管理	jrzc	交易性金融资产	01	火炬转债
			02	国开2003
	qtqygj	其他权益工具	01	贵州茅台
			02	烽火通信
	qtzq	其他债权		
	zjgc	在建工程	01	厂房
			02	生产线

（4）新增核算维度，信息如表3-41所示。

表3-41 核算维度

维度类型	名称	维度来源
基础资料	银行	银行
辅助资料	在建工程	在建工程
辅助资料	交易性金融资产	交易性金融资产
辅助资料	其他权益工具	其他权益工具
辅助资料	其他债权	其他债权

（5）参照表3-42所示的要求对默认会计科目明细进行编辑，对已存在的科目进行修改，对没有的科目进行增加，对没有提到的科目进行保留。

表3-42 会计科目明细

编码	科目名称	科目类别	方向	属性
1001	库存现金	流动资产	借方	现金
1002	银行存款	流动资产	借方	银行、核算所有币别
1012	其他货币资金	流动资产	借方	
1101	交易性金融资产	流动资产	借方	
1101.01	成本	流动资产	借方	交易性金融资产
1101.02	公允价值变动	流动资产	借方	交易性金融资产
1121	应收票据	流动资产	借方	客户
1122	应收账款	流动资产	借方	客户、核算所有币别
1123	预付账款	流动资产	借方	供应商
1131	应收股利	流动资产	借方	
1132	应收利息	流动资产	借方	交易性金融资产
1221	其他应收款	流动资产	借方	
1221.01	客户往来	流动资产	借方	客户
1221.02	供应商往来	流动资产	借方	供应商

编码	科目名称	科目类别	方向	属性
1221.03	员工往来	流动资产	借方	员工
1221.04	统收款	流动资产	借方	组织机构
1221.05	其他	流动资产	借方	
1231	坏账准备	流动资产	贷方	
1321	代理业务资产	流动资产	借方	
1401	材料采购	流动资产	借方	
1402	在途物资	流动资产	借方	物料
1403	原材料	流动资产	借方	物料、数量（Pcs）
1404	材料成本差异	流动资产	借方	
1405	库存商品	流动资产	借方	物料、数量（Pcs）
1406	发出商品	流动资产	借方	物料、数量（Pcs）
1407	商品进销差价	流动资产	贷方	
1408	委托加工物资	流动资产	借方	
1411	周转材料	流动资产	借方	物料、数量（Pcs）
1471	存货跌价准备	流动资产	贷方	
1481	持有待售资产	流动资产	借方	
1482	持有待售资产减值准备	流动资产	贷方	
1501	债权投资	非流动资产	借方	
1502	债权投资减值准备	非流动资产	贷方	
1503	其他债权投资	非流动资产	借方	
1503.01	成本	非流动资产	借方	其他债权
1503.02	公允价值变动	非流动资产	借方	其他债权
1504	其他权益工具投资	非流动资产	借方	
1504.01	成本	非流动资产	借方	其他权益工具
1504.02	公允价值变动	非流动资产	借方	其他权益工具
1511	长期股权投资	非流动资产	借方	
1512	长期股权投资减值准备	非流动资产	贷方	
1521	投资性房地产	非流动资产	借方	资产类别
1522	投资性房地产累计折旧	非流动资产	贷方	资产类别
1531	长期应收款	非流动资产	借方	
1532	未实现融资收益	非流动资产	贷方	
1601	固定资产	非流动资产	借方	资产类别
1602	累计折旧	非流动资产	贷方	资产类别
1603	固定资产减值准备	非流动资产	贷方	
1604	在建工程	非流动资产	借方	
1604.01	安装工程	非流动资产	借方	在建工程
1604.02	建筑工程	非流动资产	借方	在建工程
1605	工程物资	非流动资产	借方	物料
1606	固定资产清理	非流动资产	借方	
1612	使用权资产	非流动资产	借方	资产类别
1613	使用权资产累计折旧	非流动资产	贷方	资产类别
1621	生产性生物资产	非流动资产	借方	
1622	生产性生物资产累计折旧	非流动资产	贷方	
1623	公益性生物资产	非流动资产	借方	

编码	科目名称	科目类别	方向	属性
1631	油气资产	非流动资产	借方	
1632	累计折耗	非流动资产	贷方	
1701	无形资产	非流动资产	借方	
1701.01	商标权	非流动资产	借方	
1701.02	专利权	非流动资产	借方	
1702	累计摊销	非流动资产	贷方	
1703	无形资产减值准备	非流动资产	贷方	
1711	商誉	非流动资产	借方	
1801	长期待摊费用	非流动资产	借方	
1811	递延所得税资产	非流动资产	借方	
1901	待处理财产损溢	非流动资产	借方	
2001	短期借款	流动负债	贷方	银行
2101	交易性金融负债	流动负债	贷方	
2201	应付票据	流动负债	贷方	供应商
2202	应付账款	流动负债	贷方	
2202.01	暂估应付款	流动负债	贷方	
2202.02	明细应付款	流动负债	贷方	供应商
2203	预收账款	流动负债	贷方	客户
2211	应付职工薪酬	流动负债	贷方	
2211.01	工资	流动负债	贷方	
2211.02	非货币性福利	流动负债	贷方	
2211.03	应付养老保险	流动负债	贷方	
2211.04	应付失业保险	流动负债	贷方	
2211.05	应付医疗保险	流动负债	贷方	
2211.06	应付工伤保险	流动负债	贷方	
2211.07	应付生育保险	流动负债	贷方	
2211.08	应付住房公积金	流动负债	贷方	
2211.09	工会经费	流动负债	贷方	
2211.10	职工教育经费	流动负债	贷方	
2221	应交税费	流动负债	贷方	
2221.01	应交增值税	流动负债	贷方	
2221.01.01	进项税额	流动负债	借方	
2221.01.02	销项税额	流动负债	贷方	
2221.01.03	出口退税	流动负债	贷方	
2221.01.04	进项税额转出	流动负债	贷方	
2221.01.05	已交税金	流动负债	借方	
2221.01.06	转出未交增值税	流动负债	借方	
2221.02	未交增值税	流动负债	贷方	
2221.03	应交消费税	流动负债	贷方	
2221.04	应交资源税	流动负债	贷方	
2221.05	应交所得税	流动负债	贷方	
2221.06	应交土地增值税	流动负债	贷方	
2221.07	应交城市维护建设税	流动负债	贷方	
2221.08	应交房产税	流动负债	贷方	

编码	科目名称	科目类别	方向	属性
2221.09	应交土地使用税	流动负债	贷方	
2221.10	应交车船税	流动负债	贷方	
2221.11	应交教育费附加	流动负债	贷方	
2221.12	应交矿产资源补偿费	流动负债	贷方	
2221.13	代扣个人所得税	流动负债	贷方	
2221.14	应交地方教育附加	流动负债	贷方	
2221.15	应交印花税	流动负债	贷方	
2231	应付利息	流动负债	贷方	
2231.01	应付短期借款利息	流动负债	贷方	银行
2231.02	应付长期借款利息	流动负债	贷方	银行
2232	应付股利	流动负债	贷方	
2241	其他应付款	流动负债	贷方	
2241.01	客户往来	流动负债	贷方	客户
2241.02	供应商往来	流动负债	贷方	供应商
2241.03	员工往来	流动负债	贷方	员工
2241.04	统支款	流动负债	贷方	组织机构
2245	持有待售负债	流动负债	贷方	
2314	代理业务负债	流动负债	贷方	
2401	递延收益	流动负债	贷方	
2501	长期借款	非流动负债	贷方	银行
2502	应付债券	非流动负债	贷方	
2701	长期应付款	非流动负债	贷方	
2702	未确认融资费用	非流动负债	借方	
2711	专项应付款	非流动负债	贷方	
2801	预计负债	非流动负债	贷方	
2810	租赁负债	非流动负债	贷方	
2810.01	租赁付款额	非流动负债	贷方	供应商
2810.02	未确认融资费用	非流动负债	借方	供应商
2901	递延所得税负债	非流动负债	贷方	
3101	衍生工具	共同	借方	
3201	套期工具	共同	借方	
3202	被套期项目	共同	借方	
4001	实收资本	所有者权益	贷方	
4002	资本公积	所有者权益	贷方	
4002.01	资本溢价	所有者权益	贷方	
4003	其他综合收益	所有者权益	贷方	
4101	盈余公积	所有者权益	贷方	
4101.01	法定盈余公积	所有者权益	贷方	
4101.02	任意盈余公积	所有者权益	贷方	
4103	本年利润	所有者权益	贷方	
4104	利润分配	所有者权益	贷方	
4104.01	提取法定盈余公积	所有者权益	贷方	
4104.02	提取任意盈余公积	所有者权益	贷方	
4104.03	未分配利润	所有者权益	贷方	

编码	科目名称	科目类别	方向	属性
4104.04	应付现金股利	所有者权益	贷方	
4201	库存股	所有者权益	贷方	
4401	其他权益工具	所有者权益	贷方	
5001	生产成本	成本	借方	部门、物料
5001.01	直接材料	成本	借方	部门、物料
5001.02	直接人工	成本	借方	部门、物料
5001.03	制造费用	成本	借方	部门、物料
5101	制造费用	成本	借方	部门、费用项目
5201	劳务成本	成本	借方	部门
5301	研发支出	成本	借方	部门
6001	主营业务收入	营业收入	贷方	物料
6051	其他业务收入	其他收益	贷方	
6051.01	租金	其他收益	贷方	
6051.02	销售材料	其他收益	贷方	
6051.03	其他	其他收益	贷方	
6101	公允价值变动损益	其他收益	贷方	
6111	投资收益	其他收益	贷方	
6111.01	交易费	其他收益	借方	
6111.02	股票收益	其他收益	贷方	
6111.03	债券收益	其他收益	贷方	
6115	资产处置损益	其他收益	贷方	
6117	其他收益	其他收益	贷方	
6301	营业外收入	其他收益	贷方	
6301.01	现金溢余	其他收益	贷方	
6301.02	罚没收入	其他收益	贷方	
6301.03	无形资产利得	其他收益	贷方	
6301.04	固定资产利得	其他收益	贷方	
6301.05	其他	其他收益	贷方	
6401	主营业务成本	营业成本及税金	借方	物料
6402	其他业务支出	其他损失	借方	
6402.01	租金	其他损失	借方	
6402.02	销售材料	其他损失	借方	
6402.03	其他	其他损失	借方	
6403	税金及附加	营业成本及税金	借方	
6601	销售费用	期间费用	借方	部门、费用项目
6602	管理费用	期间费用	借方	部门、费用项目
6603	财务费用	期间费用	借方	
6603.01	利息支出	期间费用	借方	
6603.02	利息收入	期间费用	贷方	
6603.03	汇兑损益	期间费用	借方	
6603.04	手续费	期间费用	借方	
6603.06	其他	期间费用	借方	
6604	勘探费用	期间费用	借方	
6701	资产减值损失	其他损失	借方	

编码	科目名称	科目类别	方向	属性
6711	营业外支出	其他损失	借方	
6711.01	罚款	其他损失	借方	
6711.02	固定资产净损失	其他损失	借方	
6711.03	其他	其他损失	借方	
6801	所得税费用	所得税	借方	
6901	以前年度损益调整	以前年度损益调整	贷方	

（二）操作步骤

1．定义会计政策

（1）核对当前组织。确保当前组织为楚财集团。

（2）打开会计政策列表。操作路径：【基础管理】-【基础资料】-【财务会计】-【会计政策】。

总账1

（3）修改会计政策。双击系统自带的"中国准则会计政策"所在行，进入修改状态，系统默认不勾选"成本以含税金额进行核算"复选框，在成本政策处勾选"即时成本"复选框，在启用核算体系中选择"财务会计核算体系"，保存。

2．定义会计核算体系

（1）核对当前组织。确保当前组织为楚财集团。

（2）打开会计核算体系列表。操作路径：【基础管理】-【基础资料】-【财务会计】-【会计核算体系】。

（3）修改会计核算体系。双击系统自带的"财务会计核算体系"所在行，进入修改状态，批量增加核算组织，批量填充适用会计政策，使各下级组织与各自对应的核算组织相同，保存。

3．定义辅助资料

（1）核对当前组织。确保当前组织为楚财集团。

（2）打开辅助资料列表。操作路径：【基础管理】-【基础资料】-【辅助资料】-【辅助资料列表】。

（3）新增辅助资料类别。在左边的分组中选中"基础管理"项目，单击上方的"新增分组"按钮，录入类别编码、类别名称，保存。反复增加，直到录入完毕。

（4）新增辅助资料名称。在左边的分组中找到对应类别名称，单击工具栏"新增"选项，录入编码、名称，保存，提交，审核。反复增加，直到录入完毕。

4．定义核算维度

（1）核对当前组织。确保当前组织为楚财集团。

（2）打开核算维度列表。操作路径：【财务会计】-【总账】-【基础资料】-【核算维度】。

（3）新增核算维度。单击工具栏"新增"选项，选择维度类型，选择维度来源，输入名称，保存，提交，审核。反复增加，直到录入完毕。

5．定义会计科目

（1）核对当前组织。确保当前组织为楚财集团。

（2）打开会计科目列表。操作路径：【财务会计】-【总账】-【基础资料】-【科目】。

（3）修改会计科目。双击"科目"所在行，打开修改界面，取消审核，核对核算维度、外币核算、数量金额核算以及其他属性，保存，提交，审核。

（4）新增会计科目。单击工具栏"新增"选项，录入编码、科目名称，选择方向，核对科目类别，选择属性，保存，提交，审核。反复增加，直到录入完毕。

> ➤ 会计政策在审核状态下，用户可以修改即时成本参数。
>
> ➤ 会计核算体系在审核状态下，用户可以新增核算组织。
>
> ➤ 会计科目默认核算维度包括供应商、部门、客户、员工、物料、费用项目、资产类别、组织机构、物料分组、客户分组。核算维度无法引入，使用后无法反审核。
>
> ➤ 财务会计核算体系已被会计政策的启用即时成本与存货核算中的核算范围调用，不能反审核。财务会计核算体系在已审核状态下，用户仍可新增核算组织与下级组织，可批量填充适用会计政策。

六、成本管理

（一）业务场景

完成核算范围的定义，具体要求如表 3-43 所示。

表 3-43　核算范围

核算范围名称	计价方法	核算组织	会计政策	划分依据	货主
楚财集团核算范围	先进先出法	楚财集团	中国准则会计政策	货主	楚财集团
济民制造核算范围	先进先出法	济民制造	中国准则会计政策	货主	济民制造
济民商贸核算范围	先进先出法	济民商贸	中国准则会计政策	货主	济民商贸

（二）操作步骤

（1）核对当前组织。确保当前组织为楚财集团。

（2）打开核算范围列表。操作路径：【成本管理】-【存货核算】-【基础资料】-【核算范围】。

成本管理 1

（3）修改楚财集团核算范围。双击"默认"记录，修改核算范围名称，选择计价方法，核对核算组织、会计政策、划分依据，核对货主，保存，提交，审核。

（4）新增济民制造核算范围。单击工具栏"新增"选项，录入核算范围名称，选择计价方法，修改核算组织，选择会计政策，核对划分依据，选择货主，保存，提交，审核。

（5）新增济民商贸核算范围。单击工具栏"新增"选项，录入核算范围名称，选择计价方法，修改核算组织，选择会计政策，核对划分依据，选择货主，保存，提交，审核。

> ➤ 每个核算组织均采用先进先出法，并确定货主。
>
> ➤ 核算范围为采购入库与销售出库的成本计算服务。
>
> ➤ 每个核算组织都需要单独添加。只有先切换核算组织，才能添加货主组织。

第三节　凭证模板

凭证模板用于设置凭证各要素的取值规则，如凭证日期、凭证字、摘要、科目、借贷方向及金额等。系统预置了日常经营活动常用的凭证模板，用户可以根据企业的实际情况修改或细化。

一、分录类型

（一）业务场景

增加或修改分录类型，科目表为新会计准则科目表，其他具体要求如表3-44、表3-45所示。

表3-44 新增分录类型

名称	科目影响因素设置	科目取值	优先级
未交增值税		未交增值税	1
应交消费税		应交消费税	1
应交资源税		应交资源税	1
应交所得税		应交所得税	1
应交土地增值税		应交土地增值税	1
应交城市维护建设税		应交城市维护建设税	1
应交房产税		应交房产税	1
应交土地使用税		应交土地使用税	1
应交车船税		应交车船税	1
应交教育费附加		应交教育费附加	1
应交矿产资源补偿费		应交矿产资源补偿费	1
代扣个人所得税		代扣个人所得税	1
应交地方教育附加		应交地方教育附加	1
应交印花税		应交印花税	1
非货币性福利		非货币性福利	1
应付短期借款利息		应付短期借款利息	1
应付长期借款利息		应付长期借款利息	1
租赁付款额		租赁付款额	1
使用权资产		使用权资产	1
未确认融资费用		未确认融资费用	1
资产处置损益		资产处置损益	1
应付养老保险		应付养老保险	1
应付医疗保险		应付医疗保险	1
应付失业保险		应付失业保险	1
应付工伤保险		应付工伤保险	1
应付生育保险		应付生育保险	1
应付住房公积金		应付住房公积金	1
已交税金		已交税金	1

表3-45 修改分录类型

名称	科目影响因素设置	科目取值	优先级
费用	部门属性（辅助资料）等于 '管理部门' OR 部门属性（辅助资料）等于 '采购部门'	管理费用	1
	部门属性（辅助资料）等于 '销售部门'	销售费用	2
	部门属性（辅助资料）等于 '辅助生产部门' OR 部门属性（辅助资料）等于 '基本生产部门'	制造费用	3
	部门属性（辅助资料）等于 '研发部门'	研发支出	4
资产	变动方式 等于 '融资租入'	使用权资产	1
		固定资产	2

续表

名称	科目影响因素设置	科目取值	优先级
累计折旧	变动方式 等于 '融资租入'	使用权资产累计折旧	1
		累计折旧	2
财务费用		手续费	1
		利息支出	2

（二）操作步骤

（1）核对当前组织。确保当前组织为楚财集团。

（2）打开分录类型列表。操作路径：【财务会计】-【智能会计平台】-【基础资料】-【分录类型】。

分录类型

（3）新增分录类型。单击工具栏"新增"选项，录入名称，选择科目表，选择科目取值，保存。依此增加所有分录类型。

（4）修改分录类型。双击"分录类型"所在行，打开修改界面，核对科目影响因素设置，补充科目取值，保存。依此修改所有分录类型。

友情提示

➢ 在业务单据生成凭证时需要用到的会计科目，需要在分录类型中定义。

➢ 可将科目影响因素设置视作科目取值的前提条件。

➢ 优先级是指生成凭证过程中判断科目取值的先后顺序，可以调整。

➢ 分录类型只能引出，不能引入。

二、资产卡片模板

（一）业务场景

按以下要求完成资产卡片凭证模板的定义。

（1）复制资产卡片模板，适用账簿：济民制造、济民商贸。

（2）将业务分类中的分类条件"（卡片来源 = 手工建卡 OR 卡片来源 = 资产调拨 OR 卡片来源 = 采购收货）"改为"（ 单据头-卡片来源 等于 手工建卡 OR 单据头-卡片来源等于 调拨建卡 OR 单据头-卡片来源 等于 采购收货 ） AND 单据头-初始化 等于 False"。

（3）重新设置分录类型，具体要求如表3-46所示。

表3-46 资产、累计折旧科目设置

分录类型	科目核算维度来源	科目影响因素来源
资产	资产类别：单据头.资产类别	单据头.变动方式
累计折旧	资产类别：单据头.资产类别	单据头.变动方式

（二）操作步骤

（1）打开凭证模板。操作路径：【财务会计】-【智能会计平台】-【基础资料】-【凭证模板】。

资产卡片模板

（2）复制资产卡片模板。选中系统自带的资产卡片模板，单击工具栏"复制"选项。

（3）选择适用账簿。先新增并提交、审核济民制造与济民商贸的账簿，然后选择账簿。

（4）修改业务分类条件。将初始化卡片排除在符合条件的范围之外，不生成凭证。

（5）重新设置资产科目。将"资产"分录类型对应的单元格清空，重新选择"资产"项目，科目核算维度来源资产类别核算维度为"单据头.资产类别"，科目影响因素来源为"单据头.变动方式"。

（6）重新设置累计折旧科目。将"累计折旧"分录类型对应的单元格清空，重新选择"累计折旧"分录类型，科目核算维度来源资产类别核算维度为"单据头.资产类别"，科目影响因素来源为"单据头.变动方式"。

（7）保存。

> 凭证模板分为通用凭证模板与专用凭证模板。通用凭证模板指在表头中不定义适用账簿，适用于所有账簿的模板；专用凭证模板指在表头中定义适用账簿，只适用于指定账簿的模板。

> 生成凭证时，专用凭证模板调用的优先级高于通用凭证模板。

> 凭证模板为共享数据，由所有组织共同维护，所有组织都可以修改和删除。系统预置模板无法删除，可修改，可恢复成系统预置状态。实习过程中，请不要删除凭证模板。

> 不建议直接修改系统预置模板，建议复制后再编辑，并保存为专用凭证模板。

> 可通过辅助引出与辅助引入，对指定凭证模板进行备份与恢复。

> "分类条件"用于将业务单据拆分成不同的类别，生成不同的凭证，单据头的任意字段可作为分类依据，单据体不能参与业务分类。分类条件说明自动生成。

> 若勾选"必须生成总账凭证"复选框，总账结账时会检查该类单据是否已生成总账凭证，若未生成总账凭证则不允许结账。

> 固定资产卡片中的暂估应付款分录行报错时，删除或重新修改分录类型即可。

> 固定资产卡片模板分录币别固定为记账本位币，无法调整。

> 摘要可以由表达式组成，如"支付"+付款单明细.收付款用途.名称；可自动生成摘要，当摘要取值为空时，系统自动取业务单据编号。

三、其他出库单模板

（一）业务场景

按以下要求完成其他出库单凭证模板的定义。

（1）复制其他出库单模板，适用账簿：济民制造、济民商贸。

（2）将业务分类中的分类条件"业务类型=（"物料领用" OR "VMI 业务"） AND 货主类型="业务组织" AND 库存方向="普通" AND 部门 "不为空" AND 客户 "为空""改为"业务类型=（"物料领用" OR "VMI 业务"） AND 单据类型＜＞"福利发放出库单" AND 货主类型="业务组织" AND 库存方向="普通" AND 部门 "不为空" AND 客户 "为空""。分录明细按表 3-47 的要求进行修改。

表3-47　分录明细（1）

分录类型	科目	单位	数量	借贷
费用	管理费用 / 销售费用 / 制造费用 / 研发支出			借方
物料估价	原材料 / 库存商品/周转材料物料：明细信息.物料编码	明细信息.基本单位	明细信息.实发数量（基本单位）	贷方

（3）将业务分类条件"业务类型="固定资产领用" AND 货主类型="业务组织" AND 库存方向="普通""与"业务类型="固定资产领用" AND 货主类型="业务组织" AND 库存方向="退货""中的模板分录"物料估价"改为"应付暂估"。

（4）增加业务分类条件"业务类型=（"物料领用" OR "VMI业务"） AND 单据类型="福利发放出库单" AND 货主类型="业务组织" AND 库存方向="普通" AND 部门 "不为空" AND 客户 "为空""。在此业务分类中增加应付分录明细，信息如表 3-48～表 3-52 所示，其中，币别固定为"记账本位币"，汇率固定为"1"，原币金额固定为"系统自动计算"，本位币金额选择"明细信息.总成本（费用明细）"，摘要选择" '单据号'+FBillNo+'的其他出库单，部门'+ FDeptId"。

表 3-48　分录明细（2）

分录类型	科目	单位	数量	借贷
费用	管理费用 / 销售费用 / 制造费用 / 研发支出 / 直接人工 / 直接人工			借方
非货币性福利	非货币性福利			贷方
非货币性福利	非货币性福利			借方
物料估价	原材料 / 库存商品物料：明细信息.物料编码	明细信息.基本单位	明细信息.实发数量（基本单位）	贷方

表 3-49　费用科目影响因素设置明细

序号	科目影响因素设置	科目取值
1	部门属性（辅助资料）等于 '管理部门' OR 部门属性（辅助资料）等于 '采购部门'	管理费用
2	部门属性（辅助资料）等于 '销售部门'	销售费用
3	部门属性（辅助资料）等于 '辅助生产部门'	制造费用
4	部门属性（辅助资料）等于 '研发部门'	研发支出
5	部门属性（辅助资料）等于 '基本生产部门' AND 部门 等于 '一车间'	直接人工
6	部门属性（辅助资料）等于 '基本生产部门' AND 部门 等于 '二车间'	直接人工

表 3-50　费用科目核算维度来源

序号	科目取值	核算维度	取单据上的字段	取固定值
1	管理费用	部门	基本信息.领料部门	
		费用项目		工资、福利费、社保
2	销售费用	部门	基本信息.领料部门	
		费用项目		工资、福利费、社保
3	制造费用	部门	基本信息.领料部门	
		费用项目		工资、福利费、社保
4	研发支出	部门	基本信息.领料部门	
5	直接人工	部门	基本信息.领料部门	
		物料		P3 产品
6	直接人工	部门	基本信息.领料部门	
		物料		P4 产品

表 3-51　费用科目影响因素来源

分录类型	部门属性（辅助资料）	部门
费用	基本信息.领料部门	基本信息.领料部门

表 3-52　物料估价科目影响因素来源

分录类型	存货类别
物料估价	明细信息.物料编码.存货类别

（5）将所有业务分类对应的模板分录中的物料估价分录类型按表 3-53 的要求进行修改。

表 3-53　物料估价科目设置

分录类型	单位	数量	科目核算维度来源
物料估价	明细信息.基本单位	明细信息.实发数量（基本单位）	明细信息.物料编码

（二）操作步骤

（1）打开凭证模板。操作路径：【财务会计】-【智能会计平台】-【基础资料】-【凭证模板】。

其他出库单模板

（2）复制其他出库单模板。选中系统自带的其他出库单模板，单击工具栏"复制"选项。

（3）选择适用账簿。

（4）将福利发放出库单从原有分类条件中分离。将业务分类中的分类条件"业务类型=（"物料领用" OR "VMI 业务"） AND 货主类型="业务组织" AND 库存方向="普通" AND 部门 "不为空" AND 客户 "为空""改为"业务类型=（"物料领用" OR "VMI 业务"） AND 单据类型<＞"福利发放出库单" AND 货主类型="业务组织" AND 库存方向="普通" AND 部门 "不为空" AND 客户 "为空""。分录明细按表 3-47 的要求进行修改。

（5）修改业务分类条件。将业务分类条件"业务类型="固定资产领用" AND 货主类型="业务组织" AND 库存方向="普通""与"业务类型="固定资产领用" AND 货主类型="业务组织" AND 库存方向="退货""中的模板分录"物料估价"改为"应付暂估"，单击科目栏更新科目。

（6）增加福利发放出库单业务分类条件。增加业务分类条件"业务类型=（"物料领用" OR "VMI 业务"） AND 单据类型="福利发放出库单" AND 货主类型="业务组织" AND 库存方向="普通" AND 部门 "不为空" AND 客户 "为空""。按要求完成应付分录设置。

（7）重新设置物料估价科目。将所有业务分类对应的模板分录中的物料估价分录类型的单位改为"明细信息.基本单位"，将数量改为"明细信息.实发数量（基本单位）"，将科目核算维度来源改为"明细信息.物料编码"。

（8）保存。

> 按业务类型分类不能区分发出商品业务，按单据类型分类，则区分得更精准。

> 模板调整的目的是便于处理福利发放出库单业务。

> "科目影响因素设置"是科目取值的前提条件，科目取值依据优先级按科目影响因素设置进行条件匹配，取满足条件的第一个科目，无满足条件的科目时，会返回一个空科目并报错。

> "科目影响因素设置"与分录行是否生成无关。

> 系统提供 1 339 项影响因素，可以使用单据头或单据体部分关键字段的扩展属性设置条件，如存货类别、结算方式、部门属性、单据类型等。

> 单位与数量：当会计科目设置了数量属性时，需要选择单位与数量的来源。

四、折旧调整单模板

（一）业务场景

按以下要求完成折旧调整单凭证模板的定义。

（1）复制折旧调整单模板，适用账簿：济民制造、济民商贸。

（2）重新设置分录类型，具体要求如表3-54所示。

表3-54　累计折旧、费用科目设置

分录类型	科目核算维度来源	科目影响因素来源
累计折旧	资产类别：折旧汇总.卡片编码.资产类别	折旧汇总.卡片编码.变动方式
费用	部门：折旧分配.使用部门 费用项目：折旧分配.费用项目	折旧分配.使用部门.部门属性

（二）操作步骤

（1）打开凭证模板。操作路径：【财务会计】-【智能会计平台】-【基础资料】-【凭证模板】。

（2）复制折旧调整单模板。选中系统自带的折旧调整单模板，单击工具栏"复制"选项。

折旧调整单模板

（3）选择适用账簿。

（4）重新设置累计折旧科目。将"累计折旧"分录类型对应的单元格清空，重新选择"累计折旧"分录类型，科目核算维度来源资产类别核算维度为"折旧汇总.卡片编码.资产类别"，科目影响因素来源为"折旧汇总.卡片编码.变动方式"。

（5）重新设置费用科目。科目核算维度来源部门核算维度为"折旧分配.使用部门"，费用项目核算维度为"折旧分配.费用项目"，科目影响因素来源为"折旧分配.使用部门.部门属性"。

（6）保存。

> ➢ 费用分录类型可以按重新设置的方式进行设置。
> ➢ 重新调整是为了获取最新的累计折旧，以满足融资租赁业务的需要。

友情提示

五、其他应付单模板

（一）业务场景

按以下要求完成其他应付单凭证模板的定义。

（1）复制其他应付单模板，适用账簿：济民制造、济民商贸。

（2）在业务分类"往来单位类型<>员工"中补充、修改或复制新增科目，具体要求如表3-55所示。

表3-55　补充、修改或复制新增的科目信息

分录类型	科目	方向	原币金额	本位币金额	分录行生成条件
应付暂估	暂估应付款	借	单据体.不含税金额	单据体.不含税金额本位币	单据头-往来单位类型 等于 供应商 AND 单据体-费用项目名称 等于 使用权资产
未确认融资费用	未确认融资费用 供应商：单据头.往来单位	借	单据体.不含税金额	单据体.不含税金额本位币	单据头-往来单位类型 等于 供应商 AND 单据体-费用项目名称 等于 未确认融资费用

分录类型	科目	方向	原币金额	本位币金额	分录行生成条件
费用	管理费用/销售费用/制造费用/研发支出 部门：单据体.费用承担部门 费用项目：单据体.费用项目编码 部门属性（辅助资料）：单据体.费用承担部门.部门属性	借	单据体.不含税金额	单据体.不含税金额本位币	单据头-往来单位类型 不等于 供应商 OR（单据头-往来单位类型 等于 供应商 AND 单据体-费用项目名称 不等于 未确认融资费用 AND 单据体-费用项目名称 不等于 使用权资产）
其他应付款	供应商往来 供应商：单据头.往来单位	贷	单据体.总金额	单据体.总金额本位币	单据头-往来单位类型 等于 供应商 AND（单据体-费用项目名称 不等于 未确认融资费用 AND 单据体-费用项目名称 不等于 使用权资产）
租赁付款额	租赁付款额 供应商：单据头.往来单位	贷	单据体.总金额	单据体.总金额本位币	单据头-往来单位类型 等于 供应商 AND（单据体-费用项目名称 等于 未确认融资费用 OR 单据体-费用项目名称 等于 使用权资产）

注："费用"的科目影响因素来源为"单据体.费用承担部门.部门属性"。

（3）在业务分类"往来单位类型＝员工"中完善科目信息，具体要求如表3-56所示。

表3-56　完善科目信息

分录类型	科目影响因素设置	科目取值	科目核算维度来源
费用	部门属性为基本生产部门或辅助生产部门	制造费用	部门：单据体.费用承担部门 费用项目：单据体.费用项目编码

（二）操作步骤

（1）打开凭证模板。操作路径：【财务会计】-【智能会计平台】-【基础资料】-【凭证模板】。

（2）复制其他应付单模板。选中系统自带的其他应付单模板，单击工具栏"复制"选项。

其他应付单模板

（3）选择适用账簿。

（4）复制新增暂估应付款科目。选择分类条件"往来单位类型< >员工"，在模板分录中选中"费用"行，单击"复制行"按钮，修改分录类型为"应付暂估"，单击科目按钮，在科目设置中直接单击"确定"按钮。将分录行生成条件改为"单据头-往来单位类型 等于 供应商 AND 单据体-费用项目名称 等于 使用权资产"。将当前行上移到第一行。

（5）复制新增未确认融资费用科目。选中"应付暂估"行，单击"复制行"按钮，修改分录类型为"未确认融资费用"，单击科目按钮，在科目核算维度来源中，将供应商的取单据上的字段设置为"单据头.往来单位"，单击"确定"按钮。将分录行生成条件改为"单据头-往来单位类型 等于 供应商 AND 单据体-费用项目名称 等于 未确认融资费用"。将当前行上移到第二行。

（6）补充费用科目。将"管理费用／销售费用／制造费用／研发支出"所在行的"费用"分录类型对应的单元格清空，重新选择"费用"项目，科目核算维度来源部门核算维度为"单据体.费用承担部门"，费用项目核算维度为"单据体.费用项目编码"，部门属性（辅助资料）为"单据体.费用承担部门.部门属性"。将分录行生成条件改为"单据头-往来单位类型 不等于 供应商 OR（单据头-往来单位类型 等于 供应商 AND 单据体-费用项目名称 不等于 未确认融资费用

AND　单据体-费用项目名称 不等于 使用权资产)"。

（7）修改供应商往来科目。选中"供应商往来"行，修改原币金额为"单据体.总金额"，本位币金额为"单据体.总金额本位币"，分录行生成条件为"单据头-往来单位类型 等于 供应商　AND（单据体-费用项目名称 不等于 未确认融资费用　AND　单据体-费用项目名称 不等于 使用权资产）"。

（8）复制新增租赁付款额科目。选中"供应商往来"行，单击"复制行"按钮，修改分录类型为"租赁付款额"项目，单击科目按钮，在科目核算维度来源中，将供应商的取单据上的字段设置为"单据头.往来单位"，单击"确定"按钮。将分录行生成条件改为"单据头-往来单位类型 等于 供应商　AND（单据体-费用项目名称 等于 未确认融资费用　OR　单据体-费用项目名称 等于 使用权资产）"。

（9）在业务分类"往来单位类型=员工"中完善科目信息。选择分类条件"往来单位类型=员工"，单击费用分录类型对应科目按钮，在科目设置中补填科目取值及对应的科目核算维度来源。

（10）保存。

> ➤ 费用分录类型可以按重新设置的方式进行设置。
> ➤ 使用复制的方式可减少录入工作量。
> ➤ 模板调整的目的是更好地处理融资租赁业务。

六、其他应收单模板

（一）业务场景

按以下要求完成其他应收单凭证模板的定义。

（1）复制其他应收单模板，适用账簿：济民制造、济民商贸。

（2）重新设置科目，具体要求如表3-57所示。

表3-57　新设科目信息

分录类型	科目	科目核算维度来源	科目影响因素来源
费用	管理费用/销售费用/制造费用/研发支出	部门：单据体.费用承担部门 费用项目：单据体.费用项目编码	单据体.费用承担部门.部门属性

（二）操作步骤

（1）打开凭证模板。操作路径：【财务会计】-【智能会计平台】-【基础资料】-【凭证模板】。

（2）复制其他应收单模板。选中系统自带的其他应收单模板，单击工具栏"复制"选项。

其他应收单模板

（3）选择适用账簿。

（4）补充费用科目。将"管理费用 / 销售费用 / 制造费用 / 研发支出"所在行的"费用"分录类型对应的单元格清空，重新选择"费用"项目，科目核算维度来源部门核算维度为"单据体.费用承担部门"，费用项目核算维度为"单据体.费用项目编码"，科目影响因素来源为"单据体.费用承担部门.部门属性"。

（5）保存。

> ➤ 费用分录类型的科目影响因素设置通过清空后重新选择，自动填充。
> ➤ 使用复制的方式可减少录入工作量。
> ➤ 模板调整的目的是修正默认模板中费用分录类型对应科目中的错误。

七、付款单模板

（一）业务场景

按以下要求完成付款单凭证模板的定义。

（1）复制付款单模板，适用账簿：济民制造、济民商贸。

（2）在业务分类"结算组织与付款组织相同且非资金单据"中增加应付分录明细，信息如表 3-58 所示。其中，借贷方向选择"借方"，币别选择"单据头.币别"，汇率选择"系统自动计算"，原币金额选择"付款单明细.表体-应付金额"，本位币金额选择"付款单明细.表体-应付金额本位币"，摘要选择"付款单明细.备注"。

表 3-58　应付分录明细

分录类型	分录行生成条件
未交增值税	付款单明细-付款用途 等于 未交增值税
应交消费税	付款单明细-付款用途 等于 应交消费税
应交资源税	付款单明细-付款用途 等于 应交资源税
应交所得税	付款单明细-付款用途 等于 应交所得税
应交土地增值税	付款单明细-付款用途 等于 应交土地增值税
应交城市维护建设税	付款单明细-付款用途 等于 应交城市维护建设税
应交房产税	付款单明细-付款用途 等于 应交房产税
应交土地使用税	付款单明细-付款用途 等于 应交土地使用税
应交车船税	付款单明细-付款用途 等于 应交车船税
应交教育费附加	付款单明细-付款用途 等于 应交教育费附加
应交矿产资源补偿费	付款单明细-付款用途 等于 应交矿产资源补偿费
代扣个人所得税	付款单明细-付款用途 等于 代扣个人所得税
应交地方教育附加	付款单明细-付款用途 等于 应交地方教育附加
应交印花税	付款单明细-付款用途 等于 应交印花税
应付短期借款利息 银行：付款单明细.我方银行账号.开户银行	付款单明细-付款用途 等于 应付短期借款利息
应付长期借款利息 银行：付款单明细.我方银行账号.开户银行	付款单明细-付款用途 等于 应付长期借款利息
租赁付款额 供应商：单据头.往来单位	付款单明细-付款用途 等于 融资租赁付款
费用 部门：付款单明细.费用承担部门 费用项目：付款单明细.费用项目 部门属性（辅助资料）：付款单明细.费用承担部门.部门属性	付款单明细-付款用途 等于 融资租赁付款
固定资产清理	付款单明细-付款用途 等于 支付固定资产清理费用
应付养老保险	付款单明细-付款用途 等于 应付养老保险
应付医疗保险	付款单明细-付款用途 等于 应付医疗保险
应付失业保险	付款单明细-付款用途 等于 应付失业保险
应付工伤保险	付款单明细-付款用途 等于 应付工伤保险
应付生育保险	付款单明细-付款用途 等于 应付生育保险
应付住房公积金	付款单明细-付款用途 等于 应付住房公积金
已交税金	付款单明细-付款用途 等于 预交增值税

（3）修改其他应收款科目设置，信息如表 3-59 所示。

表3-59　其他应收款科目设置（付款单模板）

科目影响因素设置			科目全名	科目影响因素来源
往来单位类型（多类别基础资料）	等于	'员工'	其他应收款——员工往来	往来单位类型（多类型基础资料）=单据头.往来单位类型
往来单位类型（多类别基础资料）	等于	'客户'	其他应收款——客户往来	
往来单位类型（多类别基础资料）	等于	'供应商'	其他应收款——供应商往来	

（4）修改资金科目设置，如表3-60所示。

表3-60　资金科目核算维度来源

科目全名	核算维度	取单据上的字段
银行存款	银行	付款单明细.我方银行账号.开户银行

（二）操作步骤

（1）打开凭证模板。操作路径：【财务会计】-【智能会计平台】-【基础资料】-【凭证模板】。

（2）复制付款单模板。选中系统自带的付款单模板，单击工具栏"复制"选项。

付款单模板

（3）选择适用账簿。

（4）复制新增应付分录。选中业务分类"结算组织与付款组织相同且非资金单据"，选中"其他应收款"行，单击"复制行"按钮，修改分录类型，单击科目按钮，如有核算维度就选择维度，单击"确定"按钮。修改分录行生成条件。依此复制新增其他应付分录。

（5）修改其他应收款科目设置。单击其他应收款科目按钮，按要求修改。

（6）修改资金科目设置。单击资金科目按钮，按要求修改。

（7）保存。

友情提示

➤ "分录行生成条件"是当前分录行生成的前提条件，当不满足条件或分录金额为 0 时，不生成该分录行。可以使用单据头或单据体的任何字段设置分录行生成条件。

➤ 借贷方向分为借方、贷方、系统自动计算，只有过渡分录、汇兑损益和核销差异才能使用"系统自动计算"。

➤ 结算方式与结算号：当会计科目设置了银行科目属性时，需要选择结算方式与结算号的来源。

八、收款单模板

（一）业务场景

按以下要求完成收款单凭证模板的定义。

（1）复制收款单模板，适用账簿：济民制造、济民商贸。

（2）对业务分类"结算组织与收款组织相同且非资金单据"的模板分录，修改其他应收款科目设置，信息如表3-61所示；复制其他应收款科目分录行，按表3-62的要求修改为资产处置损益科目分录行；复制其他应收款科目分录行，按表3-63的要求修改为保证金科目分录行。

表3-61　其他应收款科目设置（收款单模板）

科目影响因素设置			科目全名	科目影响因素来源
往来单位类型（多类别基础资料）	等于	'员工'	其他应收款——员工往来	往来单位类型（多类型基础资料）=单据头.往来单位类型
往来单位类型（多类别基础资料）	等于	'客户'	其他应收款——客户往来	
往来单位类型（多类别基础资料）	等于	'供应商'	其他应收款——供应商往来	

表3-62　资产处置损益科目设置

分录类型	科目全名	分录行生成条件
资产处置损益	资产处置损益	收款单明细-收款用途 等于 出售专利权收入

表3-63　保证金科目设置

分录类型	科目全名	分录行生成条件
其他应付款	其他应付款——客户往来 客户：单据头.往来单位	收款单明细-收款用途 等于 保证金收款

（3）对所有业务分类，修改资金科目设置，如表3-64所示。

表3-64　资金科目设置

科目全名	核算维度	取单据上的字段
银行存款	银行	收款单明细.我方银行账号.开户银行

（二）操作步骤

（1）打开凭证模板。操作路径：【财务会计】-【智能会计平台】-【基础资料】-【凭证模板】。

（2）复制收款单模板。选中系统自带的收款单模板，单击工具栏"复制"选项。

收款单模板

（3）选择适用账簿。

（4）修改其他应收款科目设置。单击其他应收款科目按钮，按要求修改。

（5）复制新增资产处置损益科目。选中"其他应收款"行，单击"复制行"按钮，修改分录类型，单击科目按钮，单击"确定"按钮。修改分录行生成条件。

（6）复制新增保证金科目。选中"其他应收款"行，单击"复制行"按钮，修改分录类型，单击科目按钮，单击"确定"按钮。修改分录行生成条件。

（7）修改资金科目设置。单击资金科目按钮，按要求修改。

（8）保存。

> ➤ 在科目设置中，根据科目影响因素设置选择满足条件的第一个科目，当没有满足条件的科目时，将返回一个空值，导致总账凭证无法生成。
>
> ➤ "分录行生成条件"的优先级高于"科目影响因素设置"，业务分类中"分类条件"的优先级高于"分录行生成条件"。
>
> ➤ 系统自带的凭证模板有核算维度与科目影响因素设置缺失等错误，建议对可能用到的系统自带凭证模板进行检查并修改错误。

友情提示

九、销售出库单模板

（一）业务场景

按以下要求完成销售出库单凭证模板的定义。

（1）复制销售出库单模板，适用账簿：济民制造、济民商贸。

（2）将业务分类中的分类条件"业务类型="寄售""改为"基本信息-单据类型 等于 寄售出库单"，模板分录按表3-65的要求修改，其他参照原有模板分录。

表3-65　模板分录明细（1）

分录类型	单位	数量	科目核算维度来源
主营业务成本			明细信息.物料编码
委托代销商品	明细信息.基本单位	明细信息.实发数量	明细信息.物料编码

（3）新增业务分类条件"基本信息-单据类型 等于 发出商品出库单"，模板分录按表3-66的要求修改，其他参照原有模板分录。

表3-66　模板分录明细（2）

分录类型	科目	方向	币别	单位	数量	原币金额	本位币金额
委托代销商品	发出商品 物料：明细信息.物料编码	借	记账本位币	明细信息.基本单位	明细信息.实发数量	系统自动计算	明细信息.金额（本位币）（费用明细）
物料估价	原材料/库存商品 物料：明细信息.物料编码	贷	记账本位币	明细信息.基本单位	明细信息.实发数量	系统自动计算	明细信息.总成本（本位币）（费用明细）

（4）将业务分类中的分类条件"业务类型< >"寄售" OR 业务类型="VMI业务""改为"基本信息-单据类型 不等于 寄售出库单 AND 基本信息-单据类型 不等于 发出商品出库单"，模板分录按表3-67的要求修改，其他参照原有模板分录。

表3-67　模板分录明细（3）

分录类型	单位	数量	科目核算维度来源
主营业务成本			明细信息.物料编码
物料估价	明细信息.基本单位	明细信息.实发数量	明细信息.物料编码

（二）操作步骤

（1）打开凭证模板。操作路径：【财务会计】-【智能会计平台】-【基础资料】-【凭证模板】。

（2）复制销售出库单模板。选中系统自带的销售出库单模板，单击工具栏"复制"选项。

销售出库单模板

（3）选择适用账簿。

（4）修改寄售单据类型条件与分录。将业务分类中的分类条件"业务类型="寄售""改为"基本信息-单据类型 等于 寄售出库单"，按要求设置分录类型、单位、数量、科目核算维度来源。

（5）新增发出商品单据类型条件与分录。在业务分类中复制行，修改业务分类条件为"基本信息-单据类型 等于 发出商品出库单"，按要求修改分录类型、科目、方向、币别、单位、数量、原币金额、本位币金额。

（6）修改其他单据类型条件与分录。将业务分类中的分类条件"业务类型< >"寄售" OR 业务类型="VMI业务""改为"基本信息-单据类型 不等于 寄售出库单 AND 基本信息-单据类型 不等于 发出商品出库单"，按要求设置分录类型、单位、数量、科目核算维度来源。

（7）保存。

友情提示

➤ 按业务类型分类不能区分发出商品业务，按单据类型分类区分可以更精准过滤得到发出商品业务。

➤ 模板调整的目的是便于处理发出商品业务中的商品出库环节。

十、应收单模板

（一）业务场景

按以下要求完成应收单凭证模板的定义。

（1）复制应收单模板，适用账簿：济民制造、济民商贸。

（2）将业务分类中的分类条件"单据类型=标准应收单"改为"单据头-单据类型 等于 标准应收单 AND（单据头-立账类型 等于 业务应收 OR 单据头-立账类型 等于 财务应收）"。

（3）新增业务分类条件"单据头-单据类型 等于 标准应收单 AND 单据头-立账类型 等于

暂估应收 AND 单据头-生成方式 等于 空"，模板分录按表 3-68 的要求修改，其他参照原有模板分录。

表 3-68 模板分录明细（4）

分录类型	科目	方向	币别	原币金额	本位币金额
应收账款	应收账款 客户：单据头.客户	借	单据头.币别	表头财务.税额	表头财务.税额本位币
应交增值税（销项）	销项税额	贷	单据头.币别	表头财务.税额	表头财务.税额本位币

（4）新增业务分类条件"单据头-单据类型 等于 标准应收单 AND 单据头-立账类型 等于 暂估应收 AND 单据头-生成方式 等于 暂估红冲"，模板分录按表 3-69 的要求修改，其他参照原有模板分录。

表 3-69 模板分录明细（5）

分录类型	科目	方向	币别	单位	数量	原币金额	本位币金额
应收账款	应收账款 客户：单据头.客户	借	单据头.币别			表头财务.税额	表头财务.税额本位币
应交增值税（销项）	销项税额	贷	单据头.币别			表头财务.税额	表头财务.税额本位币
主营业务成本	主营业务成本 物料：成本明细.物料编码	借	记账本位币			系统自动计算	-成本明细.成本金额
委托代销商品	发出商品 物料：成本明细.物料编码	贷	记账本位币	成本明细.基本单位	-成本明细.基本单位数量	系统自动计算	-成本明细.成本金额

（5）业务分类"单据类型=费用应收单"中费用分录类型按表 3-70 的要求修改。

表 3-70 费用分录类型核算维度设置（1）

分录类型	核算维度	科目核算维度来源	科目影响因素来源
费用	部门	明细.费用承担部门	明细.费用承担部门.部门属性
	费用项目	明细.费用项目编码	

（二）操作步骤

（1）打开凭证模板。操作路径：【财务会计】-【智能会计平台】-【基础资料】-【凭证模板】。

（2）复制应收单模板。选中系统自带的应收单模板，单击工具栏"复制"选项。

应收单模板

（3）选择适用账簿。

（4）修改业务应收或财务应收类型条件。将业务分类中的分类条件"单据类型=标准应收单"改为"单据头-单据类型 等于 标准应收单 AND（单据头-立账类型 等于 业务应收 OR 单据头-立账类型 等于 财务应收）"。

（5）新增暂估应收业务类型条件。复制新增业务分类，将分类条件改为"单据头-单据类型 等于 标准应收单 AND 单据头-立账类型 等于 暂估应收 AND 单据头-生成方式 等于 空"，按要求设置分录类型、科目、方向、币别、原币金额、本位币金额。

（6）新增暂估红冲类型条件。复制新增业务分类，将分类条件改为"单据头-单据类型 等于 标准应收单 AND 单据头-立账类型 等于 暂估应收 AND 单据头-生成方式 等于 暂估红冲"，按要求设置分录类型、科目、方向、币别、单位、数量、原币金额、本位币金额。

（7）重新设置费用应收单的费用分录类型。将"费用"分录类型对应的单元格清空，重新选择"费用"项目，科目核算维度来源部门核算维度为"明细信息.需求部门"，费用项目核算维度为"明细信息.费用项目"，科目影响因素来源为"明细信息.需求部门.部门属性"。

（8）保存。

> ➤ 按立账类型将业务分为三类。
> ➤ 模板调整的目的是便于处理发出商品业务中的暂估应收款环节。

十一、收料通知单模板

（一）业务场景

按以下要求完成收料通知单凭证模板的定义。

（1）复制收料通知单模板，适用账簿：济民制造、济民商贸。

（2）重新设置费用分录类型，具体要求如表3-71所示。

表3-71　费用分录类型核算维度设置（2）

分录类型	核算维度	科目核算维度来源	科目影响因素来源
费用	部门	明细信息.需求部门	明细信息.需求部门.部门属性
	费用项目	明细信息.费用项目	

（二）操作步骤

（1）打开凭证模板。操作路径：【财务会计】-【智能会计平台】-【基础资料】-【凭证模板】。

（2）复制收料通知单模板。选中系统自带的收料通知单模板，单击工具栏"复制"选项。

收料通知单模板

（3）选择适用账簿。

（4）重新设置费用分录类型。将"费用"分录类型对应的单元格清空，重新选择"费用"项目，科目核算维度来源部门核算维度为"明细信息.需求部门"，费用项目核算维度为"明细信息.费用项目"，科目影响因素来源为"明细信息.需求部门.部门属性"。

（5）保存。

> ➤ 费用科目影响因素来源表可以不用设置，生成凭证时系统会自动匹配。
> ➤ 如果要将科目影响因素设置与科目取数恢复到与分录类型的定义相同，可以清空分录类型，重新选择一次。
> ➤ 调整收料通知单模板的目的是便于处理费用采购业务。

十二、其他模板

（一）业务场景

按以下要求完成其他模板的定义。

（1）复制来源单据模板，适用账簿：济民制造、济民商贸。

（2）将指定来源单据按表3-72的要求修改。

表 3-72　来源单据修改明细

来源单据	分录类型	单位	数量	科目核算维度来源
采购入库单	物料估价	明细信息.基本单位	明细信息.实收数量	明细信息.物料编码
采购退料单	物料估价	明细信息.基本单位	明细信息.实退数量	明细信息.物料编码
盘盈单	物料估价	明细信息.基本单位	明细信息.盘盈数量	明细信息.物料编码
盘亏单	物料估价	明细信息.基本单位	明细信息.实亏数量	明细信息.物料编码
委外领料单	物料估价	明细.基本单位	明细.基本单位实发数量	明细.物料编码
销售退货单	物料估价	明细信息.基本单位	明细信息.实退数量	明细信息.物料编码
	委托代销商品	明细信息.基本单位	明细信息.实退数量	明细信息.物料编码
	主营业务成本			明细信息.物料编码
生产领料单	物料估价	明细.基本单位	明细.基本单位库存实发数量	明细.物料编码
	生产成本			部门：明细.车间 物料：明细.产品编码
生产入库单	物料估价	明细.基本单位	明细.基本单位库存实收数量	明细.物料编码
	生产成本			部门：明细.车间 物料：明细.产品编码
直接调拨单	物料估价	明细信息.基本单位	明细信息.调拨数量（基本单位）	明细信息.物料编码
	委托代销商品	明细信息.基本单位	明细信息.调拨数量（基本单位）	明细信息.物料编码
其他入库单	物料估价	明细信息.基本单位	明细信息.实收数量（基本单位）	明细信息.物料编码

（二）操作步骤

（1）打开凭证模板。操作路径：【财务会计】-【智能会计平台】-【基础资料】-【凭证模板】。

（2）复制指定来源单据模板。选择系统自带的来源单据模板，单击工具栏"复制"选项。

（3）选择适用账簿。

（4）修改物料估价分录类型。选择单位、数量、科目核算维度来源。

（5）修改委托代销商品分录类型。选择单位、数量、科目核算维度来源。

（6）修改主营业务成本分录类型。将对应的科目取值行删除，新增行，科目取值为主营业务成本（6401），选择科目核算维度来源。

（7）修改生产成本分录类型。选择科目核算维度来源。

> ➢ 对未列举出来的模板可根据需要按上述操作步骤进行修改，当生成凭证报错时，可针对报错的模板进行修改。
>
> ➢ 模板中，当科目对应的核算维度与科目定义不相符时，可以删除科目行，重新录入科目。
>
> ➢ 如果在模板中无法找到生成凭证报错提示中的维度信息，可清空分录类型重新选择。

第四节　业务系统期初数据

开始日常业务之前，需要进行初始化设置，具体内容包括启用业务模块、录入业务系统期初数据、结束初始化等。其中，业务系统期初数据的录入是重点工作，其特点是录入的数据量大，对录入的准确性有要求。录入时除手工录入外，还可通过导入的方式批量录入。

一、启用模块

（一）业务场景

启用相关模块，具体模块启用时间如表3-73所示。

表3-73　模块对应启用时间

序号	模块	启用时间	要求
1	库存管理	2021-12-1	启用所有组织
2	存货核算	2021-12	启用所有组织
3	应收款管理	2021-12-1	启用所有组织
4	应付款管理	2021-12-1	启用所有组织
5	出纳管理	2021-12-1	启用所有组织
6	费用管理	2021-12-1	启用所有组织
7	固定资产	2021-12	启用所有组织
8	总账	2021-12	创建所有组织的账簿

（二）操作步骤

1．启用库存管理

（1）打开功能窗口。操作路径：【供应链】-【库存管理】-【初始化】-【启用库存管理】。

（2）启用模块。选择所有组织机构，修改启用日期，保存。

2．启用存货核算

（1）打开功能窗口。操作路径：【成本管理】-【存货核算】-【初始化】-【存货核算初始化】。

（2）启用模块。选择所有核算体系，修改启用时间，启用。

3．启用应收款管理

（1）打开功能窗口。操作路径：【财务会计】-【应收款管理】-【初始化】-【启用日期设置】。

（2）启用模块。选择所有结算组织，修改启用日期，启用。

4．启用应付款管理

（1）打开功能窗口。操作路径：【财务会计】-【应付款管理】-【初始化】-【启用日期设置】。

（2）启用模块。选择所有结算组织，修改启用日期，启用。

5．启用出纳管理

（1）打开功能窗口。操作路径：【财务会计】-【出纳管理】-【初始化】-【启用日期设置】。

（2）启用模块。选择所有组织，修改启用日期，启用。

6．启用费用管理

（1）打开功能窗口。操作路径：【财务会计】-【费用管理】-【初始化】-【启用日期设置】。

（2）启用模块。选择所有业务组织，修改启用日期，启用。

7．启用固定资产

（1）打开功能窗口。操作路径：【资产管理】-【固定资产】-【启用期间设置】-【启用固定资产系统】。

（2）启用模块。选择所有货主组织，修改启用时间，启用。

8．创建账簿

（1）打开功能窗口。操作路径：【财务会计】-【总账】-【基础资料】-【账簿】。

（2）创建账簿。在左边选中组织机构，单击工具栏"新增"选项，录入核算组织名称，选择启用期间为2021-12。

> ➢ 库存管理不支持反启用，如果没有期初库存，可以修改库存启用日期。
>
> ➢ 如果无法启用存货，可能的原因有两点：一是没有定义核算范围，二是所有组织机构的库存没有全部启用。
>
> ➢ 库存管理、存货核算最好在期初生产领料后启用。
>
> ➢ 账簿中财务应付与应收确认方式分别默认为"应付单确认"和"应收单确认"，也可以以发票进行确认。

二、订单期初

（一）业务场景

（1）2021 年 11 月 15 日，济民制造销售员贾露遇与北京丰缘签订销售合同，要货日期为 2021-12-1，货到收款，货物由第三方物流运输，济民制造承担运费，订单明细如表 3-74 所示。

表 3-74　期初销售订单

物料	销售数量（Pcs）	无税单价（元）	税率（%）	价税合计（元）	要货日期
P3 产品	980	5 000	13	5 537 000.00	2021-12-1
P4 产品	920	6 000	13	6 237 600.00	2021-12-1

（2）2021 年 11 月 20 日，济民制造与重庆鸿旺签订采购合同，交货日期为 2021-12-1，货到付款，货物由第三方物流运输，运费由济民制造承担，由重庆鸿旺先行垫付，订单明细如表 3-75 所示。

表 3-75　期初采购订单

物料	采购数量（Pcs）	无税单价（元）	税率（%）	价税合计（元）	交货日期
R1 原材料	2 000	500	13	1 130 000.00	2021-12-1
R2 原材料	2 000	1 000	13	2 260 000.00	2021-12-1
R3 原材料	4 000	500	13	2 260 000.00	2021-12-1
R4 原材料	2 000	500	13	1 130 000.00	2021-12-1
R5 原材料	2 000	500	13	1 130 000.00	2021-12-1

（二）操作步骤

1．录入期初销售订单

（1）核对当前组织。确保当前组织为济民制造。

（2）打开期初销售订单列表。操作路径：【供应链】-【销售管理】-【初始化】-【期初订单】。

订单期初 1

（3）新增订单。单击工具栏"新增"选项，修改日期、选择客户、选择销售员、选择收款条件、在财务信息中不勾选"含税"复选框；在明细信息中批量选择物料编码，录入各物料的销售数量、单价，修改要货日期，保存，提交，审核。操作界面如图 3-11 所示。

图 3-11　新增销售订单

2．录入期初采购订单

（1）核对当前组织。确保当前组织为济民制造。

（2）打开采购订单列表。操作路径：【供应链】-【采购管理】-【订单处理】-【采购订单列表】。

（3）新增订单。单击工具栏"新增"选项，修改采购日期、选择供应商，在财务信息中选择付款条件，在财务信息中不勾选"含税"复选框。在明细信息中批量选择物料编码，录入各物料的采购数量、单价，修改交货日期，保存，提交，审核。操作界面如图3-12所示。

图 3-12　新增采购订单

> 如果在查询过程中无法看到以前录入的记录，需要到过滤条件中删除条件，默认只显示当月录入的订单。
>
> 新增销售订单时，可以通过选择价目表自动带出单价。
>
> 期初录入的销售订单，在订单处理的销售订单列表中可以显示。
>
> 保存后，可自行增加订单条件，记录物流跟踪信息。
>
> 未特别说明时，以后操作的当前组织均为济民制造，不再在操作步骤中写出。

三、生产期初

（一）业务场景

2021年11月24日，济民制造已开工生产一批产品，如表3-76所示。生产物料已全部领取，计划于12月1日全部完工入库，单据类型为"汇报入库-普通生产"，具体生产进度不详。

表 3-76　期初生产订单

物料	生产车间	生产数量（Pcs）	计划开工时间	计划完工时间	业务状态
P1 半成品	一车间	1 000	2021-11-24	2021-12-1	开工
P2 半成品	二车间	1 000	2021-11-24	2021-12-1	开工
P3 产品	一车间	1 000	2021-11-24	2021-12-1	开工
P4 产品	二车间	1 000	2021-11-24	2021-12-1	开工

（二）操作步骤

1．增加期初生产订单

（1）打开期初生产订单。操作路径：【生产制造】-【生产管理】-【初始化】-【期初生产订单】。

（2）录入生产订单数据。单击工具栏"新增"选项，修改单据类型、单据

生产期初 1

日期；在明细中批量选择物料编码，录入各物料的生产车间、数量、计划开工时间、计划完工时间，保存，提交，审核。操作界面如图 3-13 所示。

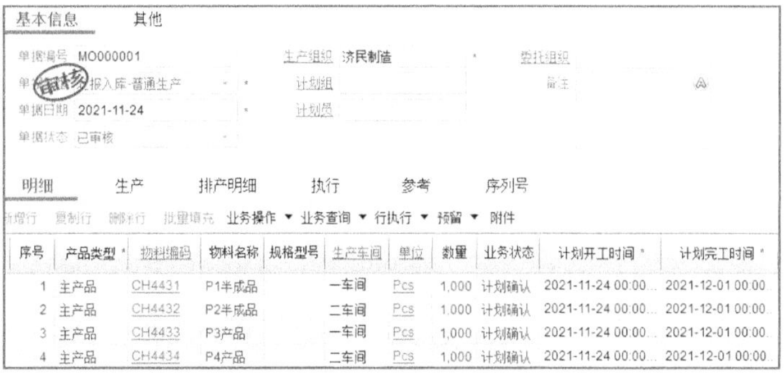

图 3-13　录入生产订单

2．修改生产用料清单

（1）打开生产用料清单列表。操作路径：【生产制造】-【生产管理】-【生产订单】-【生产用料清单列表】。

（2）核对生产用料清单。逐一双击列表中的单据，进入修改状态，将所有单据的分子改为 0，保存，提交，审核。期初生产用料清单如图 3-14 所示。

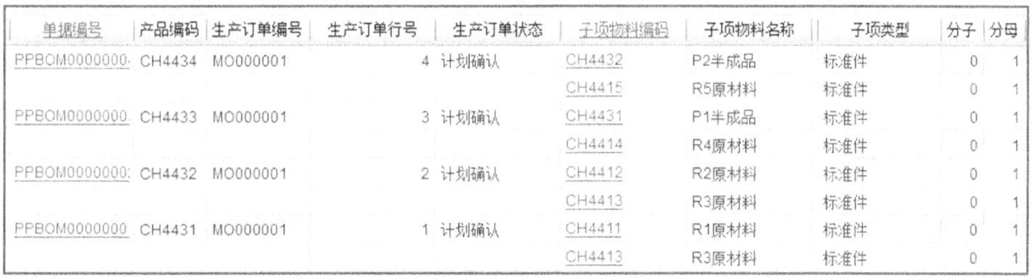

图 3-14　期初生产用料清单

3．修改生产订单参数

（1）打开生产订单选项。回到期初生产订单列表，单击工具栏"选项"-"选项"选项。

（2）将执行日期改为"手工指定"。将业务参数中的执行日期改为"手工指定"，保存。操作界面如图 3-15 所示。

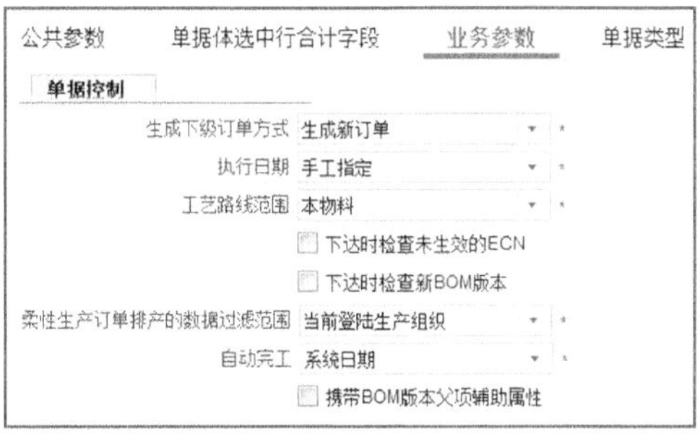

图 3-15　修改生产订单参数

4．生产订单执行至下达、开工

（1）执行至下达。列表状态下全选生产订单，单击工具栏"行执行"-"执行至下达"选项，在弹出的对话框中填写下达日期 2021-11-24，单击"确定"按钮。如无法通过，请填写 2021-12-1。

（2）执行至开工。列表状态下全选生产订单，单击工具栏"行执行"-"执行至开工"选项，在弹出的对话框中填写开工日期2021-11-24，单击"确定"按钮。如无法通过，请填写2021-12-1。

友情提示

➤ 务必将执行日期改为"手工指定"，否则系统会自动取服务器上的当前日期。

➤ 将生产用料清单分子改为0，回避领料，或通过强制结案实现回避。

➤ 由于领料日期必须大于存货关账日期且不小于库存启用日期，所以，需要先完成期初生产订单与生产领料单，然后启用库存与存货，或提前一个月启用库存与存货。

➤ 如果提前一个月启用"库存与存货"，需要录入该月"库存与存货"的期初值，因为此数据不好整理，所以不建议使用该方法。此业务可采用修改BOM分子数的方式处理，回避以上条件限制。

➤ 期初如已全部领料，可以将生产用料清单中的BOM分子数改为0，表示不需要原材料，这样可以省略领料环节，回避以上条件限制。

➤ 期初如已部分领料，可同时修改分子与分母，将已领料数扣除，并在日常业务开始时，领取剩余部分物料。

➤ 生产订单在列表状态下，用户可进行批量行执行操作。

➤ 必须在启用存货前完成下达，如果订单开始前已启用存货，下达日期只能使用月初日期，即2021-12-1。

四、物料期初

（一）业务场景

济民制造期初物料明细如表3-77所示。

表3-77 期初物料明细

货主	仓库	物料	期初数量（Pcs）	单价（元）	金额（元）
济民制造	原料仓	R1原材料	1 220	503.00	613 660.00
		R2原材料	1 350	1 020.00	1 377 000.00
		R3原材料	2 230	504.00	1 123 920.00
		R4原材料	1 250	501.00	626 250.00
		R5原材料	1 320	502.00	662 640.00
		包装纸	5 000	3.50	17 500.00
	成品仓	P1半成品	1 210	1 150.00	1 391 500.00
		P2半成品	1 220	1 650.00	2 013 000.00
		P3产品	1 250	1 760.00	2 200 000.00
		P4产品	1 260	2 270.00	2 860 200.00
		充电宝	70	200.00	14 000.00

（二）操作步骤

1．期初库存录入

（1）打开功能窗口。操作路径：【供应链】-【库存管理】-【初始化】-【初始库存列表】。

物料期初1

（2）录入期初库存。单击工具栏"新增"选项，选择原料仓，在明细信息的物料编码中选择物料，输入期初数量，保存，提交，审核，如图3-16所示。依次增加其他仓库明细。

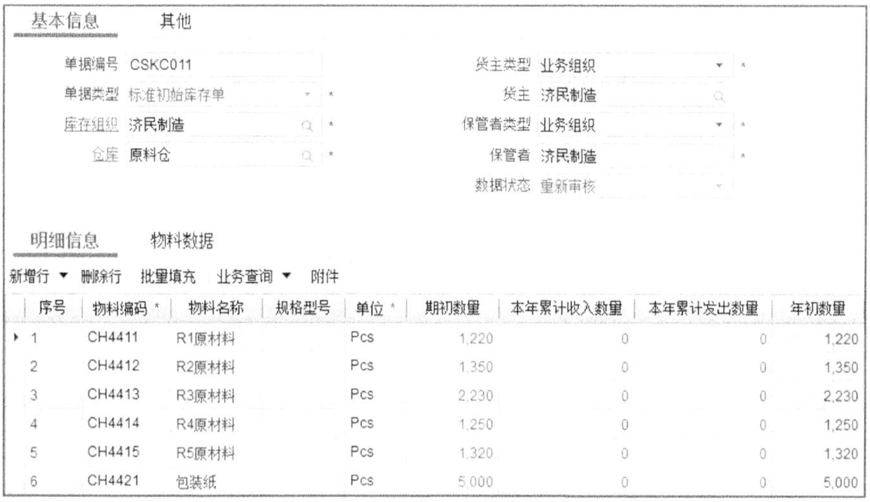
基本信息 其他

单据编号	CSKC011	货主类型	业务组织
单据类型	标准初始库存单	货主	济民制造
库存组织	济民制造	保管者类型	业务组织
仓库	原料仓	保管者	济民制造
		数据状态	重新审核

明细信息 物料数据

新增行 ▼ 删除行 批量填充 业务查询 ▼ 附件

序号	物料编码	物料名称	规格型号	单位	期初数量	本年累计收入数量	本年累计发出数量	年初数量
1	CH4411	R1原材料		Pcs	1,220	0	0	1,220
2	CH4412	R2原材料		Pcs	1,350	0	0	1,350
3	CH4413	R3原材料		Pcs	2,230	0	0	2,230
4	CH4414	R4原材料		Pcs	1,250	0	0	1,250
5	CH4415	R5原材料		Pcs	1,320	0	0	1,320
6	CH4421	包装纸		Pcs	5,000	0	0	5,000

图 3-16 期初库存数据录入

友情提示

- 期初库存只需要录入数量，不需要录入金额。
- 货主类型与保管者类型都分为业务组织、供应商、客户。

2. 期初存货录入

（1）打开功能窗口。操作路径：【成本管理】-【存货核算】-【初始化】-【初始核算数据录入】。

（2）录入期初存货。单击工具栏“新增”选项，选择核算组织，单击工具栏“获取库存期初数据”选项，在物料数据中输入期初单价，保存。操作界面如图 3-17 所示。

物料编码	物料名称	规格型号	批号	BOM版本	库存状态	基本单位	期初数量	期初单价	期初金额	零成本	仓库
CH4411	R1原材料				可用	Pcs	1,220	¥503.000000	¥613,660.00		原料仓
CH4412	R2原材料				可用	Pcs	1,350	¥1,020.000000	¥1,377,000.00		原料仓
CH4413	R3原材料				可用	Pcs	2,230	¥504.000000	¥1,123,920.00		原料仓
CH4414	R4原材料				可用	Pcs	1,250	¥501.000000	¥626,250.00		原料仓
CH4415	R5原材料				可用	Pcs	1,320	¥502.000000	¥662,640.00		原料仓
CH4421	包装纸				可用	Pcs	5,000	¥3.500000	¥17,500.00		原料仓
CH4433	P3产品				可用	Pcs	1,250	¥1,760.000000	¥2,200,000.00		成品仓
CH4434	P4产品				可用	Pcs	1,260	¥2,270.000000	¥2,860,200.00		成品仓
CH4471	充电宝				可用	Pcs	70	¥200.000000	¥14,000.00		成品仓
CH4431	P1半成品				可用	Pcs	1,210	¥1,150.000000	¥1,391,500.00		成品仓
CH4432	P2半成品				可用	Pcs	1,220	¥1,650.000000	¥2,013,000.00		成品仓

图 3-17 期初存货数据录入

友情提示

- 可以按库存组织、仓库进行组合，分别录入物料数据。
- 存货为账面数，需要记录数量与金额。

五、信贷期初

（一）业务场景

（1）济民制造分三期借入短期贷款，共计 3 000 000 元，详细贷款信息如表 3-78 所示，上月贷款利息已计提，年利率 4.8%。

表 3-78　短期贷款明细

业务日期	2021-11-30	币别	人民币
银行	中国工商银行	借款金额（元）	3 000 000
银行账号	6222304024101011112	起始日期	2020-12-1
担保方式	信用	到期日期	2021-12-1
借款组织	济民制造		
发放		还款	
计划发放日期	计划发放金额（元）	计划还款日期	计划还本金额（元）
2020-12-1	1 000 000	2021-12-1	1 000 000
2021-4-1	1 000 000	2022-4-1	1 000 000
2021-8-1	1 000 000	2022-8-1	1 000 000
预提利息			
年利率（%）	起始日期	终止日期	利息金额（元）
4.8	2021-11-1	2021-11-30	12 000

（2）济民制造借入长期贷款 12 000 000 元，详细贷款信息如表 3-79 所示，上月贷款利息已计提，年利率 9.1%。

表 3-79　长期贷款明细

业务日期	2021-11-30	币别	人民币
银行	中国工商银行	借款金额（元）	12 000 000
银行账号	6222304024101011112	起始日期	2021-1-1
担保方式	信用	到期日期	2031-1-1
借款组织	济民制造		
发放		还款	
计划发放日期	计划发放金额（元）	计划还款日期	计划还本金额（元）
2021-1-1	12 000 000	2031-1-1	12 000 000
预提利息			
年利率（%）	起始日期	终止日期	应付利息（元）
9.1	2021-11-1	2021-11-30	91 000

（二）操作步骤

1．录入期初短期贷款

（1）打开信贷单列表。操作路径：【财务会计】-【资金管理】-【日常处理】-【信贷单】。

（2）录入短期贷款。单击工具栏"新增"选项，选择业务日期，选择银行账号，录入借款金额，设置起始日与到期日，填写计划发放日期与计划发放金额，填写计划还款日期与计划还本金额，保存，提交，审核。操作界面如图 3-18 所示。

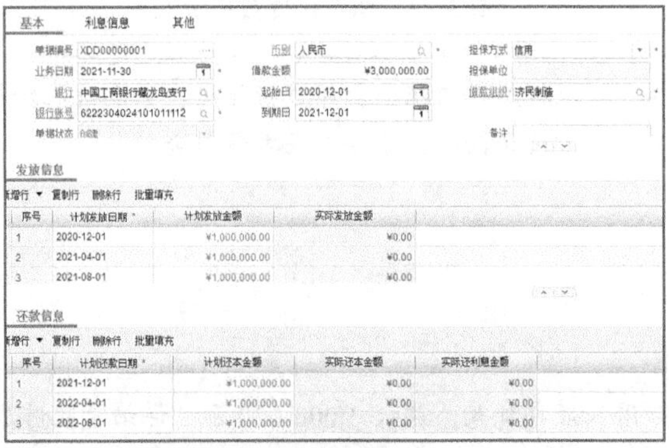

信贷期初 1

图 3-18　期初短期贷款录入

（3）修改利率。单击工具栏“业务操作”-“修改利率”选项，录入利率，单击“确定”按钮。

（4）预提利息。单击工具栏“业务操作”-“预提利息”选项，修改起始日期与终止日期，单击“确定”按钮。系统自动计算后，提示生成借款利息单。

（5）打开借款利息单列表。操作路径：【财务会计】-【资金管理】-【日常处理】-【借款利息单】。

（6）审核借款利息单。找到生成的外部借款利息单，双击所在行，进入编辑状态，修改业务日期为 2021-11-30，保存，提交，审核。期初借款利息单如图 3-19 所示。

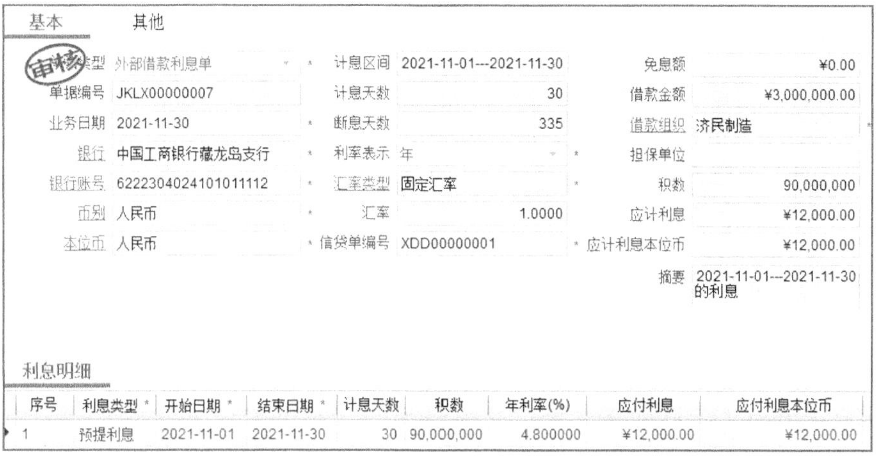
基本　其他

审核

单据类型 外部借款利息单　计息区间 2021-11-01---2021-11-30　免息额 ¥0.00
单据编号 JKLX00000007　计息天数 30　借款金额 ¥3,000,000.00
业务日期 2021-11-30　断息天数 335　借款组织 济民制造
银行 中国工商银行藕龙岛支行　利率表示 年　担保单位
银行账号 6222304024101011112　汇率类型 固定汇率　积数 90,000,000
币别 人民币　汇率 1.0000　应计利息 ¥12,000.00
本位币 人民币　信贷单编号 XDD00000001　应计利息本位币 ¥12,000.00
摘要 2021-11-01---2021-11-30的利息

利息明细

序号	利息类型	开始日期	结束日期	计息天数	积数	年利率(%)	应付利息	应付利息本位币
1	预提利息	2021-11-01	2021-11-30	30	90,000,000	4.800000	¥12,000.00	¥12,000.00

图 3-19　期初借款利息单

2．录入期初长期贷款

（1）打开信贷单列表。操作路径：【财务会计】-【资金管理】-【日常处理】-【信贷单】。

（2）录入长期贷款。单击工具栏“新增”选项，修改业务日期，选择银行账号，录入借款金额，设置起始日与到期日，填写计划发放日期与计划发放金额，填写计划还款日期与计划还本金额，保存，提交，审核。

（3）修改利率。单击工具栏“业务操作”-“修改利率”选项，录入利率，单击“确定”按钮。

（4）预提利息。单击工具栏“业务操作”-“预提利息”选项，修改起始日期与终止日期，单击“确定”按钮。系统自动计算后，提示生成借款利息单。

（5）打开借款利息单列表。操作路径：【财务会计】-【资金管理】-【日常处理】-【借款利息单】。

（6）审核借款利息单。找到生成的外部借款利息单，双击所在行，进入编辑状态，修改业务日期为 2021-11-30，保存，提交，审核。

友情提示

➢ 信贷单并没有字段用于区分长期贷款与短期贷款，只能根据贷款的时间进行判断。

➢ 期初值已计提利息，但未支付，因此可以进行预提利息业务处理。

六、往来期初

（一）业务场景

（1）济民制造期初应收单如表 3-80 所示。

表 3-80 期初应收单明细

结算组织	业务日期	客户	到期日	应收价税合计（元）
济民制造	2021-11-30	西宁天友	2021-12-1	580 000.00

（2）济民制造期初应付单如表 3-81 所示。

表 3-81 期初应付单明细

结算组织	业务日期	供应商	到期日	应付价税合计（元）
济民制造	2021-11-30	长沙金诚	2021-12-1	651 000.00

（二）操作步骤

1. 录入期初应收单

（1）打开期初应收单列表。操作路径：【财务会计】-【应收款管理】-【初始化】-【期初应收单】。

（2）录入期初应收单。单击工具栏"新增"选项，选择客户，修改到期日，在明细中填写不含税金额，保存，提交，审核。操作界面如图 3-20 所示。

往来期初 1

图 3-20 期初应收单录入

2. 录入期初应付单

（1）打开期初应付单列表。操作路径：【财务会计】-【应付款管理】-【初始化】-【期初应付单】。

（2）录入期初应付单。单击工具栏"新增"选项，选择供应商，修改到期日，在明细中填写不含税金额，保存，提交，审核。操作界面如图 3-21 所示。

图 3-21 期初应付单录入

> ➢ 期初往来单据除了应收单、应付单外，还有期初其他应收单（含个人其他应收）、期初收款单、期初收款退款单、期初其他应付单、期初付款单、期初付款退款单。

> ➢ 期初付款单等价于红字期初应付单或期初应收单，期初收款单等价于红字期初应收单或期初应付单。

> ➢ 期初往来账单据不能推送发票，可以推送收款单、付款单。

> ➢ 期初应收单、应付单中的明细可以不录入物料。

> ➢ 个人往来需要在费用报销中录入历史借款余额信息。历史借款余额审核完成后，会同步生成一张期初付款单。

> ➢ 预收款期初值的录入方法有两种，一种是在期初应收单中录入负数，另一种是在期初收款单中录入，并将单据属性切换为预收单。如果总账中将预收计入应收，则采用第一种方式；如果计入预收，则采用第二种方式，不建议将预收款期初值通过期初应付单录入。预付款期初录入原理与此方法相同。

七、票据期初

（一）业务场景

济民制造期初应收票据如表 3-82 所示。

表 3-82　期初应收票据明细

收款组织	济民制造
收票日	2021-11-2
付款单位	北京丰缘商贸有限公司
票据类型	银行承兑汇票
票据号	20211102011
币别	人民币
签发日	2021-11-2
到期日	2021-12-2
票面金额（元）	3 800 000.00
票面利率	0
承兑日期	2021-12-2
出票人	张三
承兑人	银行

（二）操作步骤

（1）打开应收票据列表。操作路径：【财务会计】-【出纳管理】-【日常处理】-【应收票据】。

（2）录入期初应收票据。单击工具栏"新增"选项，选择票据类型，输入票据号，修改签发日、到期日，输入票面金额、出票人、承兑人，修改承兑日期，勾选"期初"复选框，选择付款单位，修改收票日，保存，提交，审核。操作界面如图 3-22 所示。

票据期初 1

图 3-22　期初应收票据录入

> 在应收票据录入界面与应付票据录入界面里有"期初"复选框，用于区分期初与日常业务。

> 应收票据的业务操作支持到期收款、退票、取消处理、贴现、背书、质押、托管。

> 应付票据的业务操作支持到期付款、退票、取消处理。

> 取消处理包括取消应付票据到期付款、退票等结算的误操作，相当于撤销。

> 票据录入完成后，会自动弹出收款单或付款单，可以保存，但不要提交审核，待正式收款、付款时再提交审核。可以在票据的选项中将"审核自动生成收款单"的选项改为"否"。

> 票据号与票据流水号不能重复。

八、资金期初

（一）业务场景

（1）济民制造期初现金如表 3-83 所示。

表 3-83　济民制造期初现金明细

账号	币别	期初余额	汇率
无	人民币	35 012.00	1

（2）济民制造期初银行存款如表 3-84 所示，无企业未达金额与银行未达金额。

表 3-84　济民制造期初银行存款明细

账号	币别	汇率	企业方期初余额	银行方期初余额
6222304024101011112	人民币		5 272 832.67	5 272 832.67
6222304024101011112	美元	6.455 9	100 000.00	100 000.00

（3）济民商贸期初银行存款如表 3-85 所示，无企业未达金额与银行未达金额。

表 3-85　济民商贸期初银行存款明细

账号	币别	汇率	企业方期初余额	银行方期初余额
6222304024101011113	人民币		10 000 000.00	10 000 000.00

（4）楚财集团期初银行存款如表3-86所示，无企业未达金额与银行未达金额。

表3-86　楚财集团期初银行存款明细

账号	币别	汇率	企业方期初余额	银行方期初余额
6222304024101011111	人民币		49 150 000.00	49 150 000.00

（二）操作步骤

各组织机构录入出纳模块的现金与银行存款期初值，应与现金科目与银行存款科目的期初余额相同。

资金期初1

1. 录入济民制造期初资金

（1）切换当前组织为济民制造。

（2）打开期初现金录入窗口。操作路径：【财务会计】-【出纳管理】-【初始化】-【现金期初】。

（3）录入期初现金。选择币别，录入期初余额，如图3-23所示。

图3-23　现金期初余额录入

（4）打开期初银行存款录入窗口。操作路径：【财务会计】-【出纳管理】-【初始化】-【银行存款期初】。

（5）录入期初银行存款。录入银行、银行账号，录入企业方期初余额与银行方期初余额，如图3-24所示。

图3-24　银行存款期初余额录入

2. 录入济民商贸期初资金

（1）切换当前组织为济民商贸。

（2）打开期初银行存款录入窗口。操作路径：【财务会计】-【出纳管理】-【初始化】-【银行存款期初】。

（3）录入期初银行存款。录入银行、银行账号，录入企业方期初余额与银行方期初余额。

3. 录入楚财集团期初资金

（1）切换当前组织为楚财集团。

（2）打开期初银行存款录入窗口。操作路径：【财务会计】-【出纳管理】-【初始化】-【银行存款期初】。

（3）录入期初银行存款。录入银行、银行账号，录入企业方期初余额与银行方期初余额。

> ➤ 如果有未达账项，还需要录入企业未达金额与银行未达金额。
> ➤ 期初银行存款必须平衡。
> ➤ 如果提示汇率必须大于 0，则表示无法获取当前币别的汇率，需要检查汇率体系的定义，如检查生效日期。

友情提示

九、资产期初

（一）业务场景

济民制造固定资产卡片期初信息如表 3-87～表 3-89 所示。

表 3-87　固定资产卡片期初基本明细

资产名称	资产类别	单位	数量	资产状态	变动方式	开始使用日期
办公楼（出租）	房屋及建筑物	栋	1	经营性租出	购入	2021-01-01
办公楼（自用）	房屋及建筑物	栋	1	正常使用	购入	2021-01-01
大厂房	房屋及建筑物	套	2	正常使用	购入	2021-01-01
自动组装生产线	生产设备	套	4	正常使用	购入	2021-02-28
自动加工生产线	生产设备	套	4	正常使用	购入	2021-02-28
辅助生产设备	生产设备	套	1	正常使用	购入	2021-11-01
惠普打印机	办公设备	台	9	正常使用	购入	2021-02-28
联想计算机	办公设备	台	27	正常使用	购入	2021-02-28
普拉多越野车	运输设备	辆	4	正常使用	购入	2021-01-01
宝马小轿车	运输设备	辆	1	正常使用	购入	2021-01-01
奔驰小轿车	运输设备	辆	1	正常使用	购入	2021-11-18

表 3-88　固定资产卡片期初财务明细

资产名称	未税成本（元）	初始累计折旧（元）	预计残值（元）	折旧方法	预计使用期间
办公楼（出租）	2 500 000	104 166.67		平均年限法	240
办公楼（自用）	2 500 000	104 166.67		平均年限法	240
大厂房	8 000 000	33 333.33		平均年限法	240
自动组装生产线	6 000 000	285 000	300 000	平均年限法	180
自动加工生产线	6 000 000	285 000	300 000	平均年限法	180
辅助生产设备	760 500			平均年限法	120
惠普打印机	90 000	12 825	4 500	平均年限法	60
联想计算机	216 000	30 780	10 800	平均年限法	60
普拉多越野车	2 000 000	158 333.33	100 000	平均年限法	120
宝马小轿车	700 000	55 416.67	35 000	平均年限法	120
奔驰小轿车	1 270 000		63 500	平均年限法	120

表 3-89　固定资产卡片期初分配明细

资产名称	数量（Pcs）	使用部门	费用项目
办公楼（出租）	1	管理部（1）	折旧费用
办公楼（自用）	1	管理部（1）	折旧费用
大厂房	2	一车间（1），二车间（1）	折旧费用
自动组装生产线	4	一车间（2），二车间（2）	折旧费用
自动加工生产线	4	一车间（2），二车间（2）	折旧费用

续表

资产名称	数量（Pcs）	使用部门	费用项目
辅助生产设备	1	生产部（1）	折旧费用
惠普打印机	9	管理部（1），财务部（1），采购部（1） 生产部（1），一车间（1），二车间（1） 市场部（1），工程部（1），研发部（1）	折旧费用
联想计算机	27	管理部（5），财务部（5），采购部（2） 生产部（1），一车间（4），二车间（4） 市场部（3），工程部（2），研发部（1）	折旧费用
普拉多越野车	4	采购部（2），市场部（2）	折旧费用
宝马小轿车	1	管理部（1）	折旧费用
奔驰小轿车	1	管理部（1）	折旧费用

（二）操作步骤

（1）将当前组织切换到济民制造。

（2）打开资产初始化卡片列表。操作路径：【资产管理】-【固定资产】-【日常管理】-【初始化卡片】。

资产期初 1

（3）录入固定资产卡片。单击工具栏"新增"选项，选择资产类别，输入资产名称，选择计量单位，输入资产数量，选择资产状态、变动方式，修改开始使用日期。在财务信息中修改入账日期，输入未税成本、累计折旧、预计残值、折旧方法、预计使用期间、累计使用期间数、累计折旧期间数。在实物信息中选择资产位置，在使用分配中选择资产编码、使用部门、费用项目，保存，提交，审核。操作界面如图 3-25 所示。

图 3-25　固定资产卡片期初录入

> 期初固定资产卡片的录入务必在【初始化卡片】功能中进行，如果在【资产卡片】中录入，系统会将录入的资产作为本月增加的资产进行处理，无法在当月计提折旧。

> 可以在一张卡片中录入相同的固定资产。

> 卡片支持拆分、合并、变更。

> 累计使用期间数、累计折旧期间数是变动值，每成功计提一期折旧会自动增加一期。

> 当数量大于 1 时，"未税成本"为总价。

> 对辅助生产设备，需要将预计残值改为 0，将预计使用期间改为 120。

十、科目期初

（一）业务场景

（1）济民制造科目期初如表 3-90 所示。

表 3-90　济民制造科目期初

科目编码	科目名称	余额方向	期初余额
1001	库存现金	借	¥35 012.00
1002	银行存款	借	¥5 918 422.67
	人民币（工商银行）		¥5 272 832.67
	美元（工商银行）	汇率 6.455 9	$100 000.00
1101	交易性金融资产	借	¥3 491 600.00
1101.01	成本	借	¥3 300 000.00
	债券 A		¥2 400 000.00
	债券 B		¥900 000.00
1101.02	公允价值变动	借	¥191 600.00
	债券 A		¥91 600.00
	债券 B		¥100 000.00
1121	应收票据	借	¥3 800 000.00
	北京丰缘商贸有限公司		¥3 800 000.00
1122	应收账款	借	¥580 000.00
	西宁天友商贸有限公司		¥580 000.00
1231	坏账准备	贷	¥180 200.00
1403	原材料	借	¥4 403 470.00
	R1 原材料	数量：1 220	¥613 660.00
	R2 原材料	数量：1 350	¥1 377 000.00
	R3 原材料	数量：2 230	¥1 123 920.00
	R4 原材料	数量：1 250	¥626 250.00
	R5 原材料	数量：1 320	¥662 640.00
1405	库存商品	借	¥8 478 700.00
	P1 半成品	数量：1 210	¥1 391 500.00
	P2 半成品	数量：1 220	¥2 013 000.00
	P3 产品	数量：1 250	¥2 200 000.00
	P4 产品	数量：1 260	¥2 860 200.00
	充电宝	数量：70	¥14 000.00
1411	周转材料	借	¥17 500.00
	包装纸	数量：5 000	¥17 500.00
1504	其他权益工具投资	借	¥2 964 500.00
1504.01	成本	借	¥2 964 500.00
	贵州茅台	数量：500	¥1 156 500.00
	烽火通信	数量：100 000	¥1 808 000.00
1521	投资性房地产	借	¥2 500 000.00
	房屋及建筑物		¥2 500 000.00
1522	投资性房地产累计折旧	贷	¥104 166.67
	房屋及建筑物		¥104 166.67
1601	固定资产	借	¥27 536 500.00

科目编码	科目名称	余额方向	期初余额
	房屋及建筑物		¥10 500 000.00
	生产设备		¥12 760 500.00
	办公设备		¥306 000.00
	运输设备		¥3 970 000.00
1602	累计折旧	贷	¥1 264 855.00
	房屋及建筑物		¥437 500.00
	生产设备		¥570 000.00
	办公设备		¥43 605.00
	运输设备		¥213 750.00
1701	无形资产	借	¥1 030 000.00
1701.01	商标权	借	¥520 000.00
1701.02	专利权	借	¥510 000.00
1702	累计摊销	贷	¥47 208.33
2001	短期借款	贷	¥3 000 000.00
	工商银行		¥3 000 000.00
2202	应付账款	贷	¥651 000.00
2202.02	明细应付款	贷	¥651 000.00
	长沙金诚制造有限公司		¥651 000.00
2211	应付职工薪酬	贷	¥460 881.06
2211.01	工资	贷	¥448 576.92
2211.09	工会经费	贷	¥12 304.14
2221	应交税费	贷	¥178 595.34
2221.02	未交增值税	贷	¥84 320.23
2221.07	应交城市维护建设税	贷	¥5 342.83
2221.08	应交房产税	贷	¥53 650.00
2221.09	应交土地使用税	贷	¥5 000.00
2221.11	应交教育费附加	贷	¥2 289.78
2221.13	代扣个人所得税	贷	¥27 992.50
2231	应付利息	贷	¥103 000.00
2231.01	应付短期借款利息	贷	¥12 000.00
	工商银行		¥12 000.00
2231.02	应付长期借款利息	贷	¥91 000.00
	工商银行		¥91 000.00
2501	长期借款	贷	¥12 000 000.00
	工商银行		¥12 000 000.00
4001	实收资本	贷	¥40 850 000.00
4002	资本公积	贷	¥1 756 709.65
4002.01	资本溢价	贷	¥1 756 709.65
4103	本年利润	贷	¥6 567 345.00
5001	生产成本	借	¥6 408 256.38
5001.01	直接材料	借	¥6 334 000.00
	一车间；P1 半成品		¥1 007 000.00
	一车间；P3 产品		¥1 651 000.00
	二车间；P2 半成品		¥1 524 000.00

科目编码	科目名称	余额方向	期初余额
	二车间；P4 产品		¥2 152 000.00
5001.02	直接人工	借	¥46 256.38
	一车间；P1 半成品		¥11 469.73
	一车间；P3 产品		¥11 469.73
	二车间；P2 半成品		¥11 658.46
	二车间；P4 产品		¥11 658.46
5001.03	制造费用	借	¥28 000.00
	一车间；P1 半成品		¥7 000.00
	一车间；P3 产品		¥7 000.00
	二车间；P2 半成品		¥7 000.00
	二车间；P4 产品		¥7 000.00

（2）济民商贸科目期初如表 3-91 所示。

表 3-91　济民商贸科目期初

科目编码	科目名称	余额方向	期初余额
1002	银行存款	借	¥10 000 000.00
	人民币（工商银行）		¥10 000 000.00
4001	实收资本	贷	¥10 000 000.00

（3）楚财集团科目期初如表 3-92 所示。

表 3-92　楚财集团科目期初

科目编码	科目名称	余额方向	期初余额
1002	银行存款	借	¥49 150 000.00
	人民币（工商银行）		¥49 150 000.00
4001	实收资本	贷	¥49 150 000.00

（二）操作步骤

（1）按要求切换当前组织。

（2）打开科目初始数据录入窗口。操作路径：【财务会计】-【总账】-【初始化】-【科目初始数据录入】。

科目期初 1

（3）选择币别。根据期初货币选择币别。

（4）录入科目余额。没有定义核算维度的科目，找到对应科目所在行，直接录入余额。

（5）录入核算维度、余额。选中有核算维度的科目，单击核算维度单元格，再单击单元格右边的按钮，弹出"核算维度初始数据录入"窗口，分别录入核算维度与期初余额，如图 3-26 所示。

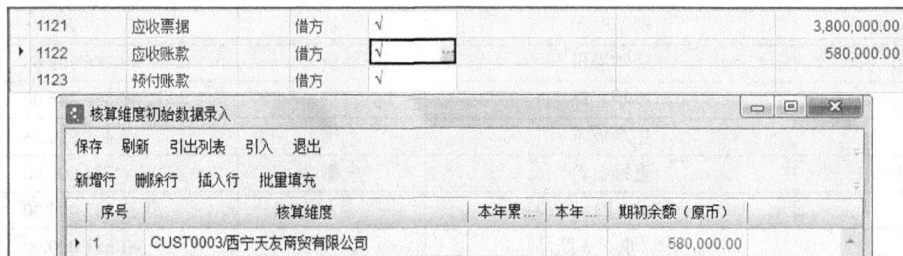

图 3-26　核算维度和初始数据录入

（6）试算平衡。选择币别"综合本位币"，单击工具栏"试算平衡"选项，显示结果。

> 只能录入末级科目或科目对应核算维度的期初余额。
> 可以将期初值引出、引入。
> 引入时只会增加空的核算维度对应的期初余额。如果期初值录入了具体核算维度，引入时会导致科目余额翻倍，需要手工删除引入的空维度。
> 在科目初始数据录入窗口右上角可以选择币别，如果是有多个币别的期初科目，应选择"综合本位币"进行试算平衡。

十一、结束初始化

（一）业务场景

各组织机构完成相关模块的结束初始化工作，具体要求如表3-93所示。

表3-93　各模块启用、期初录入、结束初始化关系的要求

序号	模块名称	启用	期初录入	结束初始化
1	生产管理		√	
2	采购管理		√	
3	销售管理		√	
4	库存管理	√	√	√
5	存货核算	√	√	√
6	应收款管理	√	√	√
7	应付款管理	√	√	√
8	出纳管理	√	√	√
9	费用管理	√		
10	人人报销		√	
11	固定资产	√	√	
12	资金管理		√	
13	总账（账簿）	√	√	√

（二）操作步骤

1．库存管理结束初始化

（1）打开功能窗口。操作路径：【供应链】-【库存管理】-【初始化】-【库存管理结束初始化】。

（2）结束初始化。选择所有库存组织，单击工具栏"结束初始化"选项。

结束初始化

2．存货核算结束初始化

（1）打开功能窗口。操作路径：【成本管理】-【存货核算】-【初始化】-【存货核算初始化】。

（2）结束初始化。选择所有核算体系，单击工具栏"结束初始化"选项。

3．应收款管理结束初始化

（1）打开功能窗口。操作路径：【财务会计】-【应收款管理】-【初始化】-【应收款结束初始化】。

（2）结束初始化。选择所有结算组织，单击工具栏"结束初始化"选项。

4．应付款管理结束初始化

（1）打开功能窗口。操作路径：【财务会计】-【应付款管理】-【初始化】-【应收款结束初始化】。

（2）结束初始化。选择所有结算组织，单击工具栏"结束初始化"选项。

5．出纳管理结束初始化

（1）打开功能窗口。操作路径：【财务会计】-【出纳管理】-【初始化】-【出纳管理结束初始化】。

（2）结束初始化。选择所有组织，单击工具栏"结束初始化"选项。

6．费用管理结束初始化

（1）打开功能窗口。操作路径：【财务会计】-【费用管理】-【初始化】-【结束初始化】。

（2）结束初始化。选择所有组织，单击工具栏"结束初始化"选项。

7．总账结束初始化

（1）打开功能窗口。操作路径：【财务会计】-【总账】-【初始化】-【总账初始化】。

（2）结束初始化。选择所有账簿，单击工具栏"结束初始化"选项。

> ➤ 结束初始化后，不能进行初始化数据录入。
> ➤ 结束初始化后，可以反初始化。
> ➤ 各模块结束初始化无先后顺序。
> ➤ 固定资产无结束初始化功能。

十二、期初对账

（一）业务场景

建立对账方案，并完成期初对账工作。其中对账方案名称为"对账"，适用全部账簿，科目表为新会计准则科目表，具体要求如表3-94所示。

表3-94　对账方案明细

对账项目	方向	科目	核算维度	业务报表	往来单位类型	核算维度对应报表字段
应收款	借	应收账款	客户	应收款明细表	客户	往来单位
应收款	借	其他应收款——员工往来	员工	应收款明细表	员工	往来单位
应付款	贷	应付账款——明细应付	供应商	应付款明细表	供应商	往来单位
应付款	贷	其他应付款——员工往来	员工	应付款明细表	员工	往来单位
存货	借	原材料,库存商品,周转材料	物料	存货收发存汇总表		物料
资金	借	库存现金		现金日记账		
资金	借	银行存款	银行	银行存款日记账		银行账号.开户银行
资金	借	应收票据	客户	应收票据余额表	客户	往来单位
资金	贷	应付票据	供应商	应付票据余额明细表	供应商	往来单位
资产原值	借	投资性房地产,固定资产	资产类别	资产价值变动表		资产卡片.资产类别
累计折旧	贷	投资性房地产累计折旧,累计折旧	资产类别	资产价值变动表		资产卡片.资产类别
减值准备	贷	固定资产减值准备		资产价值变动表		

（二）操作步骤

1．定义对账方案

（1）打开业务报表对账方案列表。操作路径：【财务会计】-【智能会计平台】-【对账管理】-【对账方案】。

（2）录入对账方案明细。单击工具栏"新增"选项，输入对账方案名称，

期初对账1

选择科目表、适用账簿，在对账方案设置中设置对账方案明细参数，如图3-27所示，保存。

序号	对账项目 *	余额方向 *	科目 *	核算维度	业务报表	往来单位类型	报表过滤	核算维度对应报表字段
1	应收款	借	应收账款	客户	应收款明细表	客户		往来单位
2	应收款	借	其他应收款_员工往来	员工	应收款明细表	员工		往来单位
3	应付款	贷	应付账款_明细应付款	供应商	应付款明细表	供应商		往来单位
4	应付款	贷	其他应付款_员工往来	员工	应付款明细表	员工		往来单位
5	存货	借	原材料.库存商品.周转材料	物料	存货收发存汇总表			物料
6	资金	借	库存现金		现金日记账			
7	资金	借	银行存款	银行	银行存款日记账			银行账号.开户银行
8	资金	借	应收票据	客户	应收票据余额表	客户		往来单位
9	资金	贷	应付票据	供应商	应付票据余额明细表	供应商		往来单位
10	资产原值	借	投资性房地产.固定资产	资产类别	资产价值变动表			资产卡片.资产类别
11	累计折旧	贷	投资性房地产累计折旧.累计折旧	资产类别	资产价值变动表			资产卡片.资产类别
12	减值准备	贷	固定资产减值准备		资产价值变动表			

图 3-27 对账方案明细参数

2.业务报表对账

（1）打开业务报表对账窗口。操作路径：【财务会计】-【智能会计平台】-【对账管理】-【业务报表对账】。

（2）开始对账。选择账簿、对账方案、币别，单击工具栏"对账"选项，出现与总账的对账结果。期初对账结果如图 3-28 所示。

科目编码	科目名称	核算维度编码	核算维度名称	币别	总账	业务系统	差异
1122	应收账款	CUST0003	西宁天友商贸..	人民币	580,000.00	580,000.00	
2202.02	应付账款_明细应付款	VEN00002	长沙金诚制造..	人民币	651,000.00	651,000.00	
1403,1405,1411	原材料.库存商品.周转材料	CH4411	R1原材料	人民币	613,660.00	613,660.00	
1403,1405,1411	原材料.库存商品.周转材料	CH4412	R2原材料	人民币	1,377,000.00	1,377,000.00	
1403,1405,1411	原材料.库存商品.周转材料	CH4413	R3原材料	人民币	1,123,920.00	1,123,920.00	
1403,1405,1411	原材料.库存商品.周转材料	CH4414	R4原材料	人民币	626,250.00	626,250.00	
1403,1405,1411	原材料.库存商品.周转材料	CH4415	R5原材料	人民币	662,640.00	662,640.00	
1403,1405,1411	原材料.库存商品.周转材料	CH4421	包装纸	人民币	17,500.00	17,500.00	
1403,1405,1411	原材料.库存商品.周转材料	CH4431	P1半成品	人民币	1,391,500.00	1,391,500.00	
1403,1405,1411	原材料.库存商品.周转材料	CH4432	P2半成品	人民币	2,013,000.00	2,013,000.00	
1403,1405,1411	原材料.库存商品.周转材料	CH4433	P3产品	人民币	2,200,000.00	2,200,000.00	
1403,1405,1411	原材料.库存商品.周转材料	CH4434	P4产品	人民币	2,860,200.00	2,860,200.00	
1403,1405,1411	原材料.库存商品.周转材料	CH4471	充电宝	人民币	14,000.00	14,000.00	
1001	库存现金			人民币	35,012.00	35,012.00	
1002	银行存款	001	中国工商银行...	人民币	5,272,832.67	5,272,832.67	
1121	应收票据	CUST0001	北京丰缘商贸...	人民币	3,800,000.00	3,800,000.00	
1521,1601	投资性房地产.固定资产	ZCLB01_SYS	房屋及建筑物	人民币	13,000,000.00	13,000,000.00	
1521,1601	投资性房地产.固定资产	ZCLB02_SYS	生产设备	人民币	12,760,500.00	12,760,500.00	
1521,1601	投资性房地产.固定资产	ZCLB03_SYS	办公设备	人民币	306,000.00	306,000.00	
1521,1601	投资性房地产.固定资产	ZCLB04_SYS	运输设备	人民币	3,970,000.00	3,970,000.00	
1602,1522	投资性房地产累计折旧.累...	ZCLB01_SYS	房屋及建筑物	人民币	541,666.67	541,666.67	
1602,1522	投资性房地产累计折旧.累...	ZCLB02_SYS	生产设备	人民币	570,000.00	570,000.00	
1602,1522	投资性房地产累计折旧.累...	ZCLB03_SYS	办公设备	人民币	43,605.00	43,605.00	
1602,1522	投资性房地产累计折旧.累...	ZCLB04_SYS	运输设备	人民币	213,750.00	213,750.00	
1603	固定资产减值准备			人民币			

图 3-28 期初对账结果

友情提示

> 对账是将业务模块与总账模块进行核对。
> 核算维度为非必填项目，如果不设置维度，则只对项目的总额进行核对。
> 选择多个科目时，如果维度不一致，不能指定核算维度。
> 不输入适用账簿表示对所有账簿都可以使用。
> 可以选择多个科目进行合并对账。
> 存货只能在结束初始化后才能成功对账。
> 出纳模块有专门的出纳期末对账。
> 可通过财务共享的对账中心进行批量对账。
> 在对日常业务对账的过程中，可勾选"包含未过账凭证"复选框。

第四章　日常业务

本章的主要内容是处理企业本期发生的日常经营业务，涉及采购、销售、库存、生产、人力、资产、融资、税金、费用报销、往来账管理等各方面。业务的发生组织未特别说明，均为济民制造。

第一节　月初业务

月初业务涵盖了标准采购、标准销售、费用采购、资产采购、库存管理、费用报销、按订单生产、计划运算、往来账结算、人员招聘、资金管理等业务，重在对各模块的学习。掌握各模块标准业务的处理流程，有利于提升多岗位协作完成业务处理的能力。

一、支付上月税费与工资

（一）业务场景

12 月 1 日，财务部用银行转账支票支付上月应缴纳的增值税、城市维护建设税、房产税、土地使用税、教育费附加、地方教育附加、代扣个人所得税。

12 月 1 日，用银行转账支票支付上月工资。当日将上月购买的充电宝（收到增值税普通发票）以部门为单位发放，公司每位员工发一个。此次福利当日计提，具体数据如表4-1所示。

表4-1　非货币性福利分配情况

部门	人数	发放数量（Pcs）	非货币性福利（元）
管理部	5	5	1 000
财务部	5	5	1 000
采购部	2	2	400
生产部	1	1	200
一车间	4	4	800
二车间	4	4	800
市场部	3	3	600
工程部	2	2	400
研发部	1	1	200
总计	27	27	5 400

（二）业务解析

此业务场景由三笔业务构成，一是支付上月已计提的税费，二是支付上月工资，三是通过出库发放并计提本月福利。

（1）支付上月已计提的税费。已在期初总账中计提税费，查科目初始数据可以得到计提金额，分别为增值税 84 320.23 元、城市维护建设税 5 342.83 元、房产税 53 650 元、土地使用税 5 000 元、教育费附加 2 289.78 元、地方教育附加 0 元、代扣个人所得税 27 992.50 元。

此业务属于不需要核销的付款业务，通过填写其他付款单实现。填写付款单时，根据应交税费相关科目期末余额填写，然后会计根据业务单据生成凭证。

由于系统在收付款用途中只自带了"缴纳税费"项目，且对应凭证模板作为费用化生成凭证，为区分应交税费的种类，需要在收付款用途中根据税费种类增加定义，并增加对应凭证模板（第三章中已增加）。

（2）支付上月工资。工资发放金额已在上月计算，查科目初始数据可以得到工资发放金额为448 576.92 元。此业务通过填写其他付款单实现。

（3）通过出库发放并计提本月福利。由于有出库动作，业务层面上需要填写其他出库单。计提福利与发放福利同时进行，发放人数与期初员工数对应，非货币性福利金额成本可通过查存货金额得到。通过其他出库单完成出库并同步完成非货币性福利计提。基础数据中已增加福利发放出库单，并已补充计提福利凭证模板。

业务处理流程如图 4-1 所示。

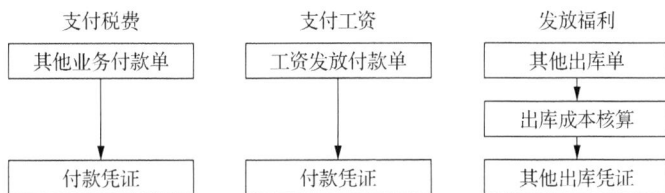

支付税费   支付工资   发放福利

其他业务付款单 → 付款凭证

工资发放付款单 → 付款凭证

其他出库单 → 出库成本核算 → 其他出库凭证

图 4-1 业务处理流程

（三）岗位分工

出纳填写付款单；总账会计生成付款凭证；仓管经理填写出库单；成本会计进行出库成本核算、生成其他出库凭证；总经理审核所有业务单据。

（四）操作步骤

1．填写其他业务付款单

（1）打开付款单列表。操作路径：【财务会计】-【出纳管理】-【日常处理】-【付款单】。

支付上月税费与工资

（2）新增付款单。单击工具栏"新增"选项，在基本栏中，单据类型选择"其他业务付款单"，修改业务日期，往来单位类型选择"其他往来单位"，往来单位选择"税务局"。在明细栏中，付款用途分别选择"未交增值税""应交城市维护建设税""应交房产税""应交土地使用税""应交教育费附加""代扣个人所得税"；结算方式选择"转账支票"，批量填充；应付金额分别录入 84 320.23、5 342.83、53 650、5 000、2 289.78、27 992.50，保存，提交，审核。付款单内容如图 4-2 所示。

图 4-2 付款单

2．生成支付税费凭证

（1）打开付款单列表。操作路径：【财务会计】-【出纳管理】-【日常处理】-【付款单】。

（2）选择需要生成凭证的业务单据。

（3）生成总账凭证。单击工具栏"凭证"-"生成凭证"选项，自动打开凭证生成界面，选择账簿"济民制造"，单击"凭证生成"按钮，显示凭证生成报告列表。如未生成凭证，可根据列表中的提示信息排查错误。

（4）查看并完善凭证。选择单据，单击工具栏"查看总账凭证"选项，自动打开凭证列表，双击凭证某一行，自动进入凭证修改状态，可根据需要修改摘要、科目（需要在总账管理参数中勾选"业务系统生成的总账凭证允许修改"复选框）等，但总金额必须保持一致，修改完成后，保存。凭证内容如图 4-3 所示。

记账凭证

			凭证字	付	
账簿 济民制造	日期 2021-12-01 2021年第12期		凭证号	1	
核算组织 济民制造			附件数		1

新增行　删除行　插入行　复制行　上移　下移

序号	摘要	科目编码	科目全名	核算维度	借方金额	贷方金额	结算方式	结算号
1	支付税费	1002	银行存款			¥178,595.34	转账支票	
2	支付税费	2221.02	应交税费_未交增值税		¥84,320.23			
3	支付税费	2221.07	应交税费_应交城市维护建设税		¥5,342.83			
4	支付税费	2221.08	应交税费_应交房产税		¥53,650.00			
5	支付税费	2221.09	应交税费_应交土地使用税		¥5,000.00			
6	支付税费	2221.11	应交税费_应交教育费附加		¥2,289.78			
7	支付税费	2221.13	应交税费_代扣个人所得税		¥27,992.50			

图 4-3　记账凭证

（5）指定现金流量。在凭证修改状态或凭证列表中选择凭证对象，单击工具栏"现金流量"选项，自动打开现金流量项目指定界面，单击"自动指定"按钮，自动完成对方科目的填写，在主表项目中选中"支付的各项税费"按钮，单击"批量填充"按钮，再单击"确定"按钮进行保存，完成指定现金流量操作。

3．填写工资发放付款单

（1）打开付款单列表。操作路径：【财务会计】-【出纳管理】-【日常处理】-【付款单】。

（2）新增付款单。单击工具栏"新增"选项，在基本栏中，单据类型选择"工资发放付款单"，修改业务日期，往来单位类型选择"部门"，往来单位选择"财务部"。在明细栏中，付款用途已自动填写"工资发放"，结算方式选择"转账支票"，应付金额录入 448 576.92，保存，提交，审核。

4．生成工资发放凭证

（1）打开付款单列表。操作路径：【财务会计】-【出纳管理】-【日常处理】-【付款单】。

（2）选择需要生成凭证的业务单据。

（3）生成总账凭证。单击工具栏"凭证"-"生成凭证"选项，自动打开凭证生成界面，选择账簿"济民制造"，单击"凭证生成"按钮，显示凭证生成报告列表。如未生成凭证，可根据列表中的提示信息排查错误。

（4）查看并完善凭证。选择单据，单击工具栏"查看总账凭证"选项，自动打开凭证列表，双击凭证某一行，自动进入凭证修改状态，可根据需要修改摘要、科目（需要在总账管理参数中勾选"业务系统生成的总账凭证允许修改"复选框）等，但总金额必须保持一致，修改完成后，保存。

（5）指定现金流量。在凭证修改状态或凭证列表中选择凭证对象，单击工具栏"现金流量"选项，自动打开现金流量项目指定界面。单击"自动指定"按钮，自动完成对方科目的填写，在主表项目中选中"支付给职工以及为职工支付的现金"项目，单击"确定"按钮进行保存，完成指定现金流量操作。

5．填写其他出库单

（1）打开其他出库单列表。操作路径：【供应链】-【库存管理】-【杂收杂发】-【其他出库单列表】。

（2）填写其他出库单。单击工具栏"新增"选项，选择单据类型"福利发放出库单"，修改日期，选择领料部门，选择物料编码，录入实发数量，选择发货仓库，保存，提交，审核。依此复制新增，录入所有部门的其他出库单。

6．出库成本核算

（1）打开出库成本核算窗口。操作路径：【成本管理】-【存货核算】-【存货核算】-【出库成本核算】。

（2）开始核算。单击"下一步"按钮，检查基本参数设置，单击"下一步"按钮，自动开始核算，几秒后，核算自动完成。可通过单击"核算"按钮、单击"查询"按钮，查看单价与金额。

7．生成福利发放与计提凭证

（1）打开凭证生成界面。操作路径：【成本管理】-【存货核算】-【财务处理】-【凭证生成】。

（2）生成总账凭证。选择账簿、其他出库单，单击"凭证生成"按钮，生成9张凭证。

> 对于不需要核销的付款业务，付款用途必须选择记入往来为否的项目，否则会参与往来核销，凭证生成时，不同的收付款用途会调用不同的科目。

> 系统自带"缴纳税费"付款用途，用户可按税费种类增加付款用途，在凭证模板中增加相关定义，可实现自动生成全部凭证。

> 凭证生成有三种方式，一是在单据列表中通过【凭证】-【生成凭证】功能生成，二是在单据对应的模块中通过【凭证生成】或【凭证生成情况查询】功能生成，三是统一通过【财务会计】-【智能会计平台】-【账务处理】-【凭证生成】或【凭证生成情况查询】功能生成。这些方式的操作方法基本相同，此业务操作步骤详细讲述了前两种操作方法。

> 指定现金流量可在业务发生时完成，也可在期末处理时一次性批量完成。以后的业务在发生时不再指定现金流量，待期末处理时处理。

> 凭证生成后，务必检查凭证科目与辅助项是否正确，进行对账，如果发现问题，即时优化凭证模板。以后的业务都需要这个环节，不再提示。

> 业务操作过程中的操作员切换，请根据训练需要自主安排。

> 如果不进行出库成本核算，将无法获取出库单的成本。

> 凭证模板个性化强，用户对业务的理解不同，做出的模板不一样。

> 业务处理并非只有一种思路，在财务中可以通过填写凭证实现计提业务。

> 对账不平，有可能是因为凭证模板中的维度取值没有填写导致生成的凭证没有维度，可通过修改凭证模板重新生成凭证，修复对账不平的错误。

> 如果作为福利发放的存货的购买价格包含进项税，则生成的福利发放凭证还需要进行对应的进项税额转出。

二、在产品完工入库

（一）业务场景

12月1日，所有产品生产完工，合格品入成品仓，报废品不入库，信息如表4-2所示。

表 4-2　完工入库产品成本明细

产品	生产数量（Pcs）	合格入库数量（Pcs）	报废数量（Pcs）	直接材料（元）	直接人工（元）	制造费用（元）	入库成本（元）
P1 半成品	1 000	995	5	1 007 000			
P2 半成品	1 000	995	5	1 524 000			
P3 产品	1 000	995	5	1 651 000			
P4 产品	1 000	995	5	2 152 000			

（二）业务解析

此业务为订单级别汇报入库的生产管理业务，以生产订单状态为主线，对生产进行管理。此业务流程上月已进行到生产订单的开工，已全部领料，未汇报，未入库。按业务流程完成剩下业务的处理即可，生产订单操作流程如图 4-4 所示，图中虚线框表示上月已完成的业务。

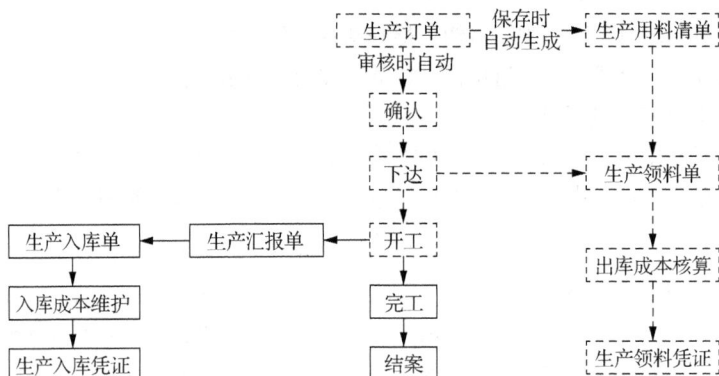

图 4-4　生产订单操作流程（汇报、入库）

生产订单是企业为满足客户的需求，由计划部门向生产车间下达，并要求生产车间执行的生产任务。车间管理人员根据计划部门下达的生产订单，领用物料和组织生产，并进行车间资源的调度、分配。

生产订单保存时，根据 BOM 版本中的信息自动生成生产用料清单。生产订单下达后，可以推送生产领料单。生产订单开工后，可以推送生产入库单。

生产领料单、生产入库单是处理生产订单的领料、入库业务类型的库存单据，是确认生产车间和仓库货物出入库的书面证明，也是财务人员记账、核算成本的重要原始凭证。

生产汇报是生产车间在执行生产订单时，对生产情况实时进度的反映。生产任务单汇报用于汇报生产任务的开工和完工时间、生产数量、生产工时、生产质量等数据。

结案是指所有流程全部完成，只有满足原材料全部领料、产品全部入库、生产全部完工三个条件才能结案。

由于直接人工与制造费用需要到月末才能得到，此业务的入库成本维护、生成生产入库凭证需要在月末进行。

（三）岗位分工

生产经理完成生产汇报、生产入库、完工、结案；仓管经理修改生产入库单；成本会计月末完成入库成本维护、生成生产入库凭证；总经理审核所有业务单据。

（四）操作步骤

1. 生成生产汇报单

（1）选择生产订单。操作路径：【生产制造】-【生产管理】-【生产订单】-【生产订单列表】。

在产品完工入库

（2）下推生产汇报单。在列表状态下可下推全部行，在修改状态下只能下推一行，无法下推多行。

（3）修改生产汇报单。修改单据日期；选择生产汇报类型为"正常生产"，批量填充；填写对应物料的合格数量与报废数量，如图 4-5 所示。保存，提交，审核，退出。

基本信息	其他								
单据编号				生产组织	济民制造				
单据类型	入库汇报			生产车间					
单据状态	暂存			备注					
单据日期	2021-12-01		1						

| 明细 | 汇报 | 参考 | 辅助属性(序列号) | | | | | | |
| 新增行 | 复制行 | 删除行 | 批量填充 | 业务操作 | 业务查询 | | | | |

序号	物料编码	物料名称	规格型号	产品类型	生产汇报类型	单位	合格数量	不合格数量	待返修数量	报废数量	返工数量	完成数量
1	CH4431	P1半成品		主产品	正常生产	Pcs	995			5		1,000
2	CH4432	P2半成品		主产品	正常生产	Pcs	995			5		1,000
▶ 3	CH4433	P3产品		主产品	正常生产	Pcs	995			5		1,000
4	CH4434	P4产品		主产品	正常生产	Pcs	995			5		1,000

图 4-5　生产汇报单

2．生成生产入库单

（1）下推生产入库单。打开生产汇报单列表，选择当前生产汇报单所有行，单击【下推】按钮，选择单据类型"生产入库单"，自动新增生产入库单。

（2）修改生产入库单。修改入库单日期，删除入库类型为"报废品入库"的行，选择其他行的仓库为"成品仓"并批量填充，勾选完工，保存，提交，审核，退出。

3．完工、结案

（1）修改生产订单参数。在生产订单列表状态下，单击工具栏"选项"-"选项"选项，将业务参数中的执行日期改为"手工指定"，保存。

（2）生产订单完工。在生产订单列表状态下，执行至完工，填写日期 2021-12-1，自动完工。

（3）生产订单结案。在生产订单列表状态下，执行至结案，填写日期 2021-12-1，自动结案。

友情提示

➤ 可直接结案，跳过完工，这样系统根据结案日期自动填写完工日期。

➤ 凭证生成结束后将弹出凭证生成报告，显示执行的结果；对于生成失败的单据，用户可以根据系统提示的原因进行修改，重新执行凭证生成。

➤ 完工入库时，可不用删除不合格品，可建一个虚拟的不合格品仓库，并使不合格品入此仓库。

三、新录用人员到岗

（一）业务场景

12 月 1 日，管理部人力经理汪雪收到多份应聘简历，这是因为公司上月在广州人才市场发布了招聘信息。经领导同意，汪雪借款 5 000 元（预计机票费 3 000 元、市内交通费 300 元、住宿费 300 元、出差补助 400 元、其他费用 1 000 元，其个人银行账户信息为：开户银行中国农业银行，账户名称汪雪，银行账号 6228480058499123401）。汪雪当天到广州人才市场面试员工，第 2 天返回，财务部以转账支票支付。

12 月 2 日，经面试，汪雪录用 6 名员工，信息如表 4-3 所示。公司为新员工办理了入职手续，并进行入职培训，新员工暂时进入对应的市场部、车间实习，试用期 1 个月，试用期工资4 000 元，人力经理核定五险一金标准，转正后补交。

表 4-3　新录用员工信息

使用组织	工号	姓名	所属部门	就任岗位	业务员
济民制造	410	吴昊	生产部/一车间	生产技工	
	411	鲍华	生产部/一车间	生产技工	
	412	黄文祥	生产部/二车间	生产技工	
	413	梁利光	生产部/二车间	生产技工	
	504	卢锐	市场部	销售专员	销售员
	505	黄小梅	市场部	销售专员	销售员

12 月 3 日，汪雪报销来回实名机票费 2 800 元，市内交通费 160 元（普票），住宿费 320 元（普票），出差补助 450 元（无票），其他招聘费用 1 600 元（普票），财务部以现金支付 330 元。

（二）业务解析

此业务包含两个内容，一是增加新员工业务，需要完成新员工定义、新员工就任岗位定义、新员工业务员定义。二是费用报销业务，涵盖出差费用申请与费用报销两个环节。

费用报销业务在应付与付款之间，增加了费用，分别与应付和付款进行对接。

应将费用报销系统参数"报销单同步其他应付单时机"改为"审核"，不改系统会报日期的错。

业务处理流程如图 4-6 所示。

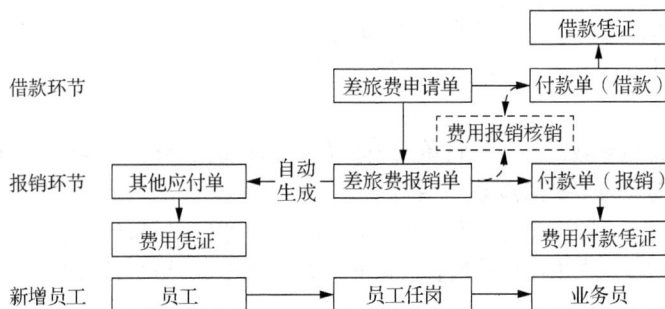

图 4-6　借款、报销和新增员工业务处理流程

（三）岗位分工

新增员工，由人力经理操作，完成员工、员工任岗、业务员的信息录入，总经理审核。

借款环节，出差人填写出差申请单，总经理审批，总账会计审核，出纳付款，总账会计生成凭证。

报销环节，出差人填写差旅费报销单，总经理审批，总账会计审核，出纳付款，总账会计生成凭证。

（四）操作步骤

1. 增加新员工

（1）增加员工。操作路径：【基础管理】-【基础资料】-【主数据】-【员工列表】。操作步骤参见第三章第一节。

（2）定义员工就任岗位。操作路径：【基础管理】-【基础资料】-【公共资料】-【员工任岗明细】。操作步骤参见第三章第一节。

（3）定义业务员。操作路径：【基础管理】-【基础资料】-【公共资料】-【业务员列表】。操作步骤参见第三章第一节。

新录用人员到岗

2. 借款

（1）填写出差申请单。操作路径：【财务会计】-【人人报销】-【费用申请】-【出差申请单列表】，单击工具栏"新增"选项，填写申请日期、申请人、事由，勾选"申请借款"复选框，选择结算方式（转账支票）、填写申请人开户银行、账户名称、银行账号，填写费用项目、申请金额（5 000元）（分别填写机票费、市内交通费、住宿费、出差补助、其他费用，报销时可修改）等，保存。

（2）审批检查出差申请单，提交，出差申请单如图4-7所示。

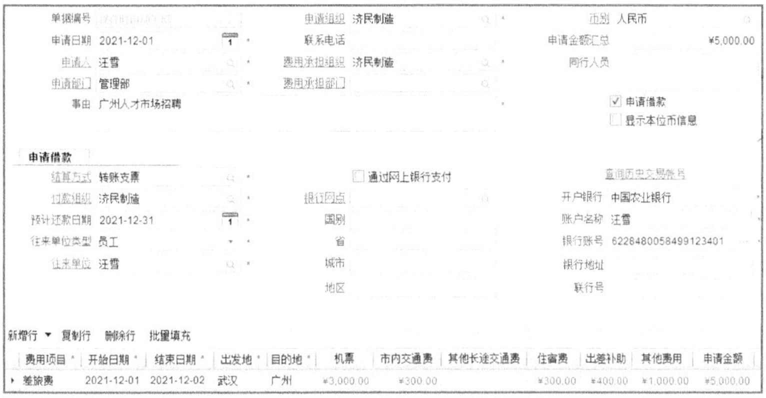

图 4-7　出差申请单

（3）审核出差申请单，下推付款单。

（4）修改审核付款单。

（5）生成借款凭证。依据付款单生成凭证。

3. 报销

（1）修改参数。修改费用报销系统参数，将"报销单同步其他应付单时机"改为"审核"。

（2）生成差旅费报销单。依据出差申请单推送"差旅费报销单（2019新政）"。

（3）完善差旅费报销单。补充费用承担部门，勾选"申请付款"复选框，通过查询历史交易账号完善付款信息。在明细信息中填写费用项目、差旅费类型、差旅费金额、是否实名、发票类型、税率、税额，在明细信息行可以通过单击"拆分行"按钮或"删除行"按钮进行行数调整。差旅费报销单（2019新政）具体内容如图4-8所示。保存。

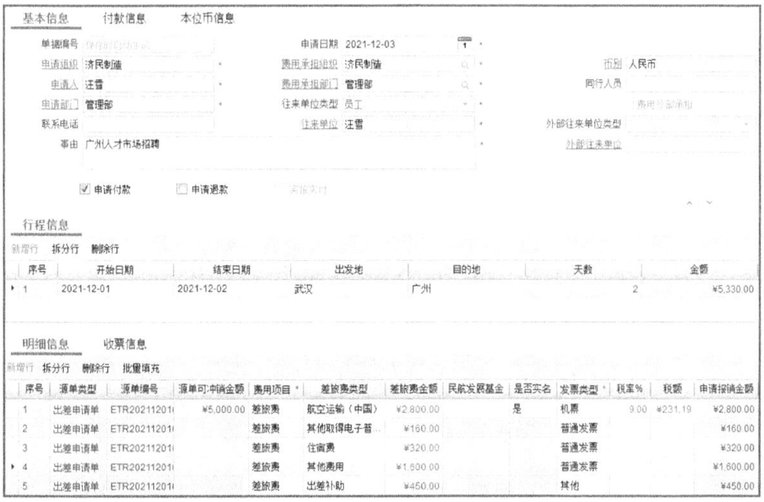

图 4-8　差旅费报销单（2019新政）

（4）审核差旅费报销单。提交、审核差旅费报销单。依据差旅费报销单手动下推付款单，保存付款单。差旅费报销单审核后，后台自动生成已审核的其他应付单，列示在其他应付单列表中。

（5）审核付款单。修改付款单日期，保存，提交，审核。

（6）生成费用凭证与付款凭证。依据其他应付单与付款单生成凭证。

友情提示

➤ 差旅费通过出差申请单与差旅费报销单进行业务处理，其他费用都通过费用申请单与费用报销单进行业务处理。

➤ 费用申请单如果需要审批两次，可以将提交与审核各作为一个审批环节。

➤ 当付款单差值大于 0 时，需要勾选"申请付款"复选框，当付款单差值小于 0 时，需要勾选"申请退款"复选框，否则，不会生成付款凭证。

➤ 如果需要将款项打到其他单位账户，可以在往来单位类型中选择该单位。

➤ 报销单提交后，后台自动生成可以修改的核定报销金额与核定付款金额。

➤ 费用报销单自动生成的其他应付单不能推送付款单。

➤ 可先填写费用申请单，再下推差旅费报销单。

➤ 差旅费报销单如果是手工填写的，不是通过费用申请单推送的，需要与借款付款单进行核销。

四、上月销售订单交货

（一）业务场景

12 月 1 日，根据上月销售合同约定，市场部贾露遇向北京丰缘发 P3 产品 980 台（不含税单价为 5 000 元）、P4 产品 920 台（不含税单价为 6 000 元），当日出库并开具增值税专用发票。根据约定，物流工作与相关费用由济民制造承担，市场部贾露遇联系武汉全通物流公司承运，商定运费（含税价）为 28 700 元，运输单号 801245831128，当日收到物流公司运费增值税专用发票。

12 月 3 日，财务部收到转账支票一张，系本次销售货款 11 774 600 元，用转账支票支付本次运费 28 700 元。

（二）业务解析

此业务由标准销售业务与费用采购业务组成。标准销售业务是期初销售订单业务的延续。从业务场景可以看到，标准销售业务已出库、已开票、已收款，费用采购业务已收票、已付款，数量与金额均保持一致。

标准销售业务主要从物流、资金流、信息流角度完成业务处理，业务处理流程如图 4-9 所示。

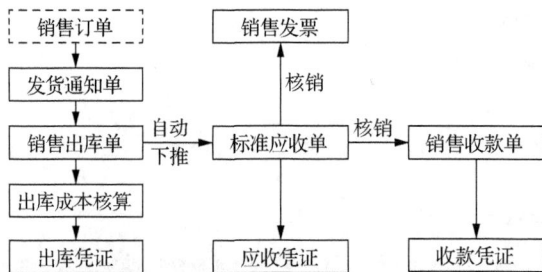

图 4-9　标准销售业务处理流程

费用采购业务主要从物流、资金流、信息流角度完成业务处理，业务处理流程如图 4-10 所示。

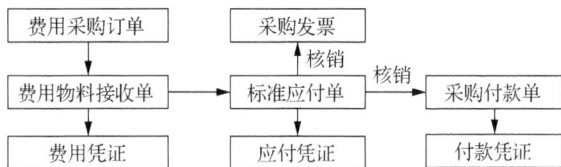

图 4-10　费用采购业务处理流程

查即时库存可知，期初库存 P3 产品为 1 250 台，P4 产品为 1 260 台，依据先进先出法，本次出库的物料为期初库存，已计算入库成本，因此可以进行出库成本核算。

（三）岗位分工

销售经理填写发货通知单；仓管经理填写销售出库单；采购经理填写费用采购单、费用物料接收单；往来会计填写应收单、应付单、销售发票、采购发票、应收凭证、应付凭证；成本会计完成出库成本核算、生成出库凭证；出纳填写收款单、付款单；总账会计生成费用凭证、收款凭证、付款凭证；所有业务单据的审核由总经理完成。

（四）操作步骤

1．销售货物

（1）填写发货通知单。操作路径：【供应链】-【销售管理】-【订单处理】-【销售订单列表】。期初销售订单推送发货通知单，保存，提交，审核。

上月销售订单交货

（2）填写销售出库单。发货通知单推送销售出库单，保存，提交，审核。

（3）填写应收单。销售出库单默认自动下推应收单，保存，提交，审核。

（4）填写收款单。应收单推送收款单，保存，提交，审核，自动产生核销记录。

（5）填写销售发票。应收单推送销售增值税专用发票，保存，提交，审核，自动产生核销记录。

（6）完成出库成本核算。操作路径：【成本管理】-【存货核算】-【存货核算】-【出库成本核算】。按提示操作。

（7）生成出库凭证。依据销售出库单生成凭证。

（8）生成应收凭证。依据应收单生成凭证。

（9）生成收款凭证。依据收款单生成凭证。

2．费用采购

（1）填写费用采购订单。操作路径：【供应链】-【采购管理】-【订单处理】-【采购订单】。单据类型选择"费用采购订单"类型，修改采购日期，选择物料，填写采购数量、交货日期、含税单价，填写费用项目，在交货安排中填写需求部门"市场部"（一定要填写，用于明确费用去向，否则无法生成凭证），保存，提交，审核。

（2）填写费用物料接收单。费用采购订单推送费用物料接收单（收料通知单的一种类型）。

（3）填写应付单。费用物料接收单推送应付单，保存，提交，审核。

（4）填写付款单。应付单推送付款单，保存，提交，审核，自动产生核销记录。

（5）填写采购发票。应付单推送采购增值税专用发票，保存，提交，审核，自动产生核销记录。

（6）生成费用凭证。依据费用物料接收单生成凭证。

（7）生成应付凭证。依据应付单生成凭证。

（8）生成付款凭证。依据付款单生成凭证。

> ➤ 应收模块有"出库单审核时自动生成应收单""收款单与应收单具有关联关系时自动核销""应收单与发票具有关联关系时自动核销"选项。
>
> ➤ 发票模块有"应收单审核时自动生成销售发票"选项。
>
> ➤ 出纳模块有"应收单审核时自动生成付款单"选项。
>
> ➤ 出库成本核算需要手动完成。
>
> ➤ 物料允许采购业务中，物料属性为"费用"时，物料控制属性自动设置为"可采购"。如果物料需要进行库存管理，物料控制属性还要设置为"可库存"。
>
> ➤ 费用化物料不计入存货成本，但计入使用部门的期间费用。
>
> ➤ 根据费用物料接收单做应付单确认应付。根据费用物料接收单进行费用处理（凭证处理）。
>
> ➤ 费用物料做费用处理后就没有价值了。费用物料可以做实物的出入库，但只处理数量，不处理金额。
>
> ➤ 如果在列表中无法看到原有记录，需要删除过滤条件。
>
> ➤ 生成凭证时，可通过智能会计平台中的【凭证生成】或【凭证生成情况查询】功能一次性批量生成凭证。

五、上月采购订单到货

（一）业务场景

12 月 1 日，根据上月采购合同约定，采购部收到重庆鸿旺的一批货物。经清点，货物与订单一致，全部验收入库，运费已由对方垫付，含税价为 12 000 元。

12 月 3 日，收到重庆鸿旺开具的增值税发票与武汉全通的运费增值税发票，财务部开出一张转账支票，全额支付货款与运费 7 922 000 元。

（二）业务解析

此业务由标准采购业务、费用应付业务、费用分摊计算、垫付业务组合而成。根据采购成本计算原理，运费需要分摊到产品成本中。需要分摊的费用不能作为物料进行采购，只能手工填写费用应付单。垫付业务是指往来单位与收款方不是同一单位的业务。组合后的业务流程如图 4-11 所示。其中，两张付款单合并为一张，一次性录入，需要手工核销。

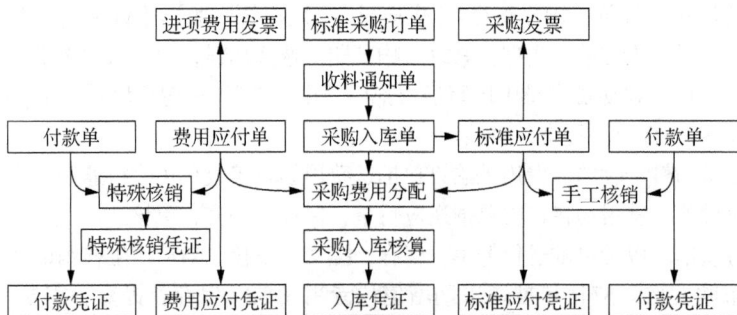

图 4-11　组合业务流程

（三）岗位分工

采购经理填写到货单；仓管经理填写采购入库单；出纳填写付款单；往来会计填写费用应付

单、标准应付单、进项费用发票、采购发票，进行手工核销、特殊核销，生成费用应付凭证、标准应付凭证、特殊核销凭证；成本会计完成采购费用分配、采购入库核算、生成入库凭证；总账会计生成付款凭证；所有业务单据的审核由总经理完成。

（四）操作步骤

1．原材料采购

（1）填写收料通知单。操作路径：【供应链】-【采购管理】-【订单处理】-【采购订单列表】。期初采购订单推送收料通知单。

上月采购订单到货

（2）填写采购入库单。收料通知单推送采购入库单，修改，提交，审核。

（3）填写标准应付单。默认采购入库单自动推送标准应付单，修改，提交，审核。

（4）填写采购发票。标准应付单推送采购增值税专用发票。

2．费用应付

（1）填写费用应付单。操作路径：【财务会计】-【应付款管理】-【采购应付】-【应付单】。单据类型选择"费用应付单"，供应商选择"武汉全通"，收款方选择"重庆鸿旺"，费用项目选择"运费"，录入计价数量"1"，录入含税价"12 000"，核对税率，确保"计入成本"复选框已勾选，保存，提交，审核。

（2）填写发票。费用应付单推送进项费用增值税发票（无法推送采购增值税专用发票），保存，提交，审核。

3．付款并核销

（1）填写付款单。操作路径：【财务会计】-【出纳管理】-【日常处理】-【付款单】。手工直接录入付款单（不要使用应付单推送），录入货款与运费7 922 000元，保存，提交，审核。

（2）手工核销应付款。填写业务日期 2021-12-3，通过应付过滤与付款过滤功能获取待核销记录，对待核销记录分别全部选中后，先手工匹配核销，再手工特殊核销。

4．采购成本计算

（1）采购费用分配。操作路径：【成本管理】-【存货核算】-【存货核算】-【采购费用分配】。选择应付单、库存单据，分配，自动生成勾稽日志。

（2）采购入库核算。操作路径：【成本管理】-【存货核算】-【存货核算】-【采购入库核算】。如果是第一次使用该功能，需要选择核算体系、核算组织、会计政策，核算完成后，可通过入库核算列表查看入库单价。

5．生成凭证

通过应付单、应付核销单、采购入库单、付款单生成标准应付凭证、费用应付凭证、特殊核销凭证、入库凭证、付款凭证。

友情提示

➤ 只能填写费用应付单，不能填写费用物料接收单。
➤ 只有勾选了"计入成本"复选框的费用应付单才能进行采购费用分配。
➤ 由于费用已由第三方垫付，需要修改收款方。
➤ 无法正常匹配的应付与付款需通过手工特殊核销实现。
➤ 如果需要取消手工核销，删除核销记录即可。

六、支付利息与本金，申请贷款

（一）业务场景

12月1日，财务部用现金支票支付上月计提的长期贷款利息与短期贷款利息共计103 000元，归还到期短期贷款本金 1 000 000 元，同时重新以信用担保方式申请 1 年期短期贷款 1 000 000 元，年利率 4.8%，信贷资金已到账。

（二）业务解析

此业务为信贷管理业务，由三个业务组成，一是支付上月计提利息，二是归还到期贷款，三是申请新的贷款。

信贷单主要用于管理和维护收付组织与银行之间的信贷合同的关键信息，用于贷款收款、支付利息、归还贷款等业务的处理。信贷管理业务操作流程如图 4-12 所示。

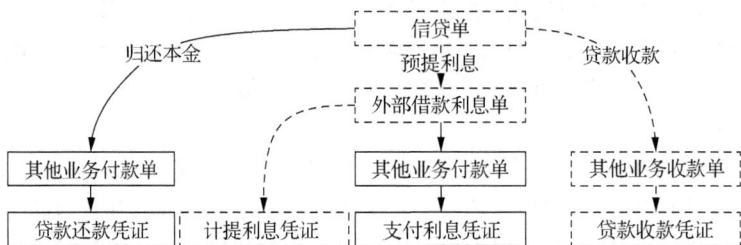

图 4-12　信贷管理业务操作流程

因相应信贷单与借款利息单已在期初填写，本次只需要根据借款利息单生成付款单即可完成支付利息业务。系统默认支付利息时直接通过计入财务费用的方式处理，如果需要先计提利息，可以手工填写计提利息凭证，或根据借款利息单生成凭证（需要自己定义模板），同时，需要修改支付利息凭证模板。

为了区分利息是归属于长期贷款还是短期贷款，需要重新选择付款用途。对申请贷款与归还贷款本金业务，系统已默认为短期贷款，如需使用长期贷款，需要增加收付款用途。

（三）岗位分工

出纳填写其他业务付款单、信贷单、其他业务收款单；总账会计生成贷款还款凭证、支付利息凭证、贷款收款凭证；总经理审核所有业务单据。

（四）操作步骤

1．支付计提利息

（1）填写支付利息付款单。操作路径：【财务会计】-【资金管理】-【日常处理】-【借款利息单】。两张借款利息单分别推送其他业务付款单，将其他业务付款单中的付款用途修改为"应付短期借款利息"或"应付长期借款利息"，保存，提交，审核。如果不修改付款用途，生成凭证后，凭证中的科目会直接使用"财务费用"，没有冲减应付利息。如果出现此错误，可事后对凭证中的"财务费用"科目进行修改，以手动修复科目错误。

支付利息与本金，申请贷款

（2）生成凭证。操作路径：【财务会计】-【智能会计平台】-【账务处理】-【凭证生成】。选择账簿和业务单据，生成凭证。或在付款单列表状态下，勾选相关业务单据，单击工具栏"凭证"选项，选择"生成凭证"项目。

2．归还贷款本金

（1）填写归还本金付款单。操作路径：【财务会计】-【资金管理】-【日常处理】-【信贷单】。信贷单推送其他业务付款单（选择到期的一行，如果选择多行，在源单明细中将未到期本次还本金额改为 0），付款用途选择"信贷付款"项目，保存，提交，审核。

（2）生成凭证。操作路径：【财务会计】-【智能会计平台】-【账务处理】-【凭证生成】。选择账簿和业务单据，生成凭证。或在付款单列表状态下，勾选相关业务单据，单击工具栏"凭证"选项，选择"生成凭证"项目。

3．申请贷款

（1）填写信贷单。操作路径：【财务会计】-【资金管理】-【日常处理】-【信贷单】，由济民制造填写信贷单，保存，提交，审核。

（2）填写贷款收款单。信贷单推送贷款收款单，保存，提交，审核。

（3）生成凭证。操作路径：【财务会计】-【智能会计平台】-【账务处理】-【凭证生成】。选择账簿和业务单据，生成凭证。或在收款单列表状态下，勾选相关业务单据，单击工具栏"凭证"选项，选择"生成凭证"项目。

> ➢ 信贷单由成员单位填写，与资金组织无关。
>
> ➢ 信贷担保方式包括信用、保证、抵押。
>
> ➢ 只有资金专员这一角色可以操作预提利息业务，若由其他角色操作，系统会提示没有借款利息单"新增"权限。
>
> ➢ 系统支持通过信贷单发放计划下推收款单，处理信贷放款到账的业务。系统自动根据收款单金额，反写信贷单的实际发放金额信息。
>
> ➢ 系统支持通过信贷单还款计划下推付款单，处理信贷到期还本或者付息的业务。系统自动根据付款单金额，反写信贷单的实际还本或者付息的金额信息。
>
> ➢ 通过付款单列表生成凭证，默认按汇总方式生成，多笔业务可在一张凭证上反映。
>
> ➢ 此业务描述了通过智能会计平台生成凭证的详细操作步骤，以后的业务不再描述。

七、月初往来账结算

（一）业务场景

12月1日，财务部收到西宁天友转账支票一张，金额为580 000元，用于归还前欠货款。财务部开出转账支票一张，金额为651 000元，用于支付欠长沙金诚的货款。

12月2日，中国工商银行账户收到北京丰缘银行承兑汇票到期货款3 800 000元。

（二）业务解析

此业务由标准收款业务、标准付款业务、票据到期业务组成。标准收款业务是标准销售业务的一部分，标准付款业务是标准采购业务的一部分。收款金额、付款金额与应收应付金额一致，无手续费、现金折扣等；票据到期金额与票面金额一致，无利息、费用等，只需要根据上游单据推送即可。组合后的业务处理流程如图4-13所示。

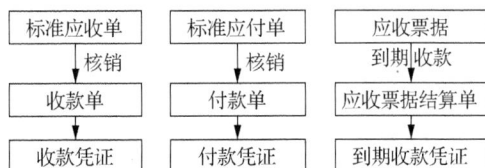

图4-13　组合后的业务处理流程

上游的应收单与应付单是在期初录入的，如果要在列表中显示期初单据，需要打开列表，选中

"显示期初单据"选项。如果通过选单获取收款单、付款单，不需要在应收单、应付单列表中选中"显示期初单据"选项。

企业对持有的应收票据、应付票据进行任意的结算业务处理，包括应收票据的到期收款、贴现、背书、背书退回以及退票，应付票据的到期付款以及退票等，系统都会自动产生一张应收票据结算单或应付票据结算单与之对应，并作为对应结算业务入账的依据。

应收票据结算单的单据类型有：应收票据到期收款、应收票据贴现、应收票据背书、应收票据背书退回、应收票据退票。应付票据结算单的单据类型有：应付票据到期付款、应付票据退票。

（三）岗位分工

出纳填写收款单、付款单，完成应收票据到期收款；总账会计生成收款凭证、付款凭证、到期收款凭证；总经理审核所有业务单据。

（四）操作步骤

1. 填写收款单

操作路径：【财务会计】-【应收款管理】-【初始化】-【期初应收单】。从期初应收单下推收款单，或用"选单"的方式新增收款单。

2. 填写付款单

操作路径：【财务会计】-【应付款管理】-【初始化】-【期初应付单】。从期初应付单下推付款单，或用"选单"的方式新增付款单。

3. 应收票据到期收款

（1）打开应收票据列表。操作路径：【财务会计】-【出纳管理】-【日常处理】-【应收票据】。

（2）到期收款。选中票据所在行，单击工具栏"结算操作"-"到期收款"选项，修改收款日期，选择收款银行，录入收款银行账号，单击"确定"按钮，系统自动产生应收票据结算单。

4. 生成凭证

在智能会计平台中依据收款单、付款单、应收票据结算单批量生成收款凭证、付款凭证、到期收款凭证。

月初往来账结算

> ➤ 应收票据结算单、应付票据结算单均由结算操作自动产生，不支持手工新增，只支持查询。
> ➤ 应收票据支持质押、托管、接收内部背书票据业务。
> ➤ 应收票据收款后，系统自动将应收票据结算状态改为"到期收款"。
> ➤ 处理应收票据收款业务时不能填写收款单，收款单在收到票据时已填写。
> ➤ 出纳的业务包括现金存取、银行转账、收付款现金折扣、收付款长短款、票据管理、付款申请、开户申请、银行账户销户、银行账户变更、内部账户调整、现金转账、现金购汇、现金盘点、银行对账等。

八、投放广告，获取订单

（一）业务场景

12月1日，济民制造市场部贾露遇与武汉美加传媒有限公司签订广告协议，协议含税总价为5万元，当日用转账支票支付并收到专票。经与各销售渠道沟通谈判，分别达成P3产品、P4产品出货意向，P3产品不含税报价5 000元，P4产品不含税报价6 000元，各渠道享受不同折扣，市场部与各销售渠道分别签署一份销售订单协议，客户订单明细如表4-4所示。

表 4-4　客户订单明细

销售组织	客户	P3 产品数量（Pcs）	P4 产品数量（Pcs）	折扣率	收款条件	要货日期	运费	业务类型
济民制造	北京丰缘	1 000	1 000	4%	30 天后收款	2021-12-8	包运费	寄售销售
济民制造	广州佰盛	900	1 800	3%	货到收款	2021-12-15	代垫运费	发出商品销售
济民商贸	西宁天友	800	1 700	2%	月结 30 天	2021-12-22	对方承担运费	标准销售
济民商贸	上海鲜源	1 100	2 200	5%	预收 50%	2021-12-29	包运费	标准销售
济民商贸	武汉瑞华	1 200	2 400	1%	预收 50%	2022-1-5	代垫运费	标准销售

根据历史出货记录，济民制造市场部预测下月各公司出货数量，预测单明细如表 4-5 所示。

表 4-5　预测单明细

预测组织	客户	开始日期	P3 产品数量（Pcs）	P4 产品数量（Pcs）
济民制造	北京丰缘	1 月 12 日	1 000	2 000
济民制造	广州佰盛	1 月 19 日	1 000	2 000
济民制造	西宁天友	1 月 22 日	1 000	2 000
济民制造	上海鲜源	1 月 29 日	1 000	2 000

当日，济民商贸财务部收到上海鲜源转账支票 10 037 225 元，收到武汉瑞华转账支票 11 410 740 元。济民制造市场部贾露遇当日报销自己垫付的客户招待费 2 万元，济民制造财务部通过转账支票支付给贾露遇，贾露遇的中国农业银行个人账号为 6228480058499123402。

（二）业务解析

此业务由费用采购业务、销售订单业务（含报价、合同、订单、预收业务）、销售预测业务、实报实付业务组成。其中，销售预收业务涉及商业折扣、跨组织出库。

为了展现业务主线，销售周期、生产周期、采购周期全部采用 7 天，日期固定，实际工作具体到天或小时。只有将销售订单或预测单采集工作进行到下月第 14 天以后，才能在计划运算时得到本月全部生产与采购计划。

费用采购是指费用物料的采购。费用物料指在生产经营活动中消耗的各种物资，如劳保品、福利品、宣传品、促销品、水电气、服务等，费用物料包括有形实物和无形服务。费用采购是企业比较常见的一种采购业务类型，适用于各种工业和商业企业。在系统中，属性为费用的物料，只能通过费用采购流程进行采购，费用物料不需要验收入库，不需要库存管理。

如果费用物料是有形实物，需要做库存管理，可以启用费用物料入库属性。

如果费用不需要分配，可以通过费用采购流程，根据费用物料接收情况进行费用处理；如果不需要对费用进行过程管控，可简化为通过费用报销流程处理。如果费用需要在采购的物料之间分配，只能填写费用应付单，并在成本模块进行采购费用分配，将其分摊到采购成本中。

费用采购业务流程如图 4-14 所示。

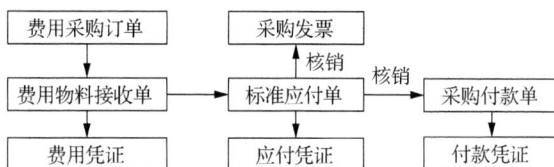

图 4-14　费用采购业务流程

销售订单业务在标准销售业务基础上，打通了销售合同、销售订单与收款单之间的关系。在发货之前收款，可以完成保证金收款、货款预收等业务，此业务不涉及应收单。销售订单业务流程如图 4-15 所示。销售报价单调用销售价目表，可以根据销售合同的需要即时定义销售条款。

从业务场景中可以看到，北京丰缘采用寄售销售，需要将其客户类别由"普通销售客户"改为"寄售客户"。

销售预测业务只需要录入销售预测单即可，销售订单可与销售预测单冲销，销售订单与销售预测单一起为月初的计划运算提供需求数据。销售预测单、销售订单与计划运算的关系如图 4-16 所示。

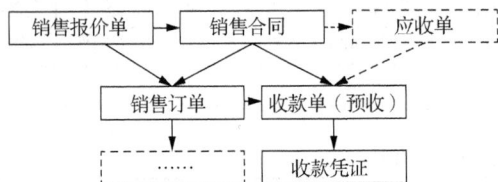

图 4-15　销售订单业务流程　　　图 4-16　销售预测单、销售订单与计划运算的关系

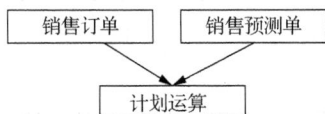

实报实付业务是费用报销业务中的一种，费用报销业务流程可参考差旅费报销流程。费用报销界面中有"申请付款"与"实报实付"复选框。当勾选"申请付款"复选框，不勾选"实报实付"复选框时，可推送付款单与其他应付单，前期借款可与费用报销单核销，此方法为通用费用报销方式。当同时勾选"申请付款""实报实付"复选框时，只推送付款单，不推送其他应付单，此方法为实报实付专用方式。实报实付费用报销业务流程如图 4-17 所示，使用此方式时，费用不计入负债类科目，直接计入费用类科目，操作简单，但无法与前期借款核销。本次报销业务前期没有借款，报销金额与付款金额一致，因此可同时勾选"申请付款""实报实付"复选框，通过实报实付费用报销流程处理。

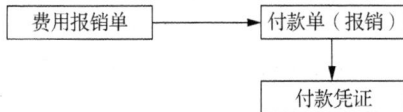

图 4-17　实报实付费用报销业务流程

（三）岗位分工

采购经理填写费用采购订单、费用物料接收单；往来会计填写应付单、采购发票，生成应付凭证；出纳填写付款单、收款单；总账会计填写费用报销单，生成费用凭证、付款凭证、收款凭证；销售经理填写销售报价单、销售合同、销售订单、销售预测单；总经理审核所有业务单据。

（四）操作步骤

1．费用采购

（1）填写费用采购订单。操作路径：【供应链】-【采购管理】-【订单处理】-【采购订单】。单据类型选择"费用采购订单"，费用项目选择"市场活动费"，交货安排中需求部门选择"市场部"，保存，提交，审核。

投放广告，获取订单

（2）填写费用物料接收单。费用采购订单推送费用物料接收单，保存，提交，审核。

（3）填写应付单。费用物料接收单推送应付单，保存，提交，审核。

（4）填写采购增值税专用发票。应付单推送采购增值税专用发票，保存，提交，审核。

（5）填写付款单。应付单推送付款单，保存，提交，审核。

（6）生成凭证。依据费用物料接收单、应付单、付款单生成费用凭证、应付凭证、付款凭证。

2．销售订单

（1）修改客户类别。将当前组织切换到楚财集团，在客户列表中找到北京丰缘，取消审核

后修改客户类别为"寄售客户"，审核后，自动同步修改其他组织的定义，将当前组织切换回济民制造。

（2）填写销售报价单。填写单据类型、销售组织、日期、客户、价目表、收款条件、物料、数量、折扣，在物料数据中修改供应组织。

（3）填写销售合同。销售报价单下推销售合同，填写合同名称（以客户名为合同名），修改日期（价目表丢失时，可重选），修改有效截止日期（至少覆盖发货与收款日期）、要货日期，核对销售组织。保存后补充销售条款，销售条款即时新增。销售条款列表如图4-18所示。

	编码	名称	状态	条款类型	禁用	条款内容
✓	001	代垫运费	已审核	合同	否	代垫运费
	002	包运费	已审核	合同	否	包运费
	003	自行承担运费	已审核	合同	否	采购方自行承担运

图4-18 销售条款列表

销售合同可推送保证金收款单（需要先填写保证金）、收款单（收款用途默认为"销售收款"，可手工修改为"预收款"）、应收单、销售订单（要求有效起始日期小于系统真实日期）。

（4）填写济民制造销售订单。销售报价单或销售合同推送销售订单，修改日期与要货日期，填写销售员（北京丰缘的销售报价单或销售合同推送寄售销售订单）。

销售订单可推送保证金收款、预收款（收款用途默认为"预收款"，不可修改）、发货通知单、销售出库单、退货通知单、销售订单变更单，无法推送应收单。

（5）填写济民商贸销售订单。切换组织为济民商贸，销售报价单或销售合同推送销售订单，修改日期与要货日期，填写销售员。需要将济民商贸销售订单的库存组织和货主修改为济民制造。

（6）填写收款单。上海鲜源和武汉瑞华销售订单分别下推收款单（预收）。

（7）生成收款凭证。依据收款单生成收款凭证，生成时，账簿为"济民商贸"。

3．销售预测

操作路径：【生产制造】-【计划管理】-【预测冲销】-【预测单】命令，填写销售预测单。

4．实报实付

（1）填写费用报销单。操作路径：【财务会计】-【人人报销】-【费用报销】-【费用报销单】。勾选"申请付款""实报实付"复选框，完善付款信息。

（2）填写付款单。费用报销单下推付款单，保存，提交，审核。

（3）生成付款凭证。依据付款单生成付款凭证。

> 销售合同不能同时下推销售订单、应收单、收款单，只能下推一个。

> 销售报价单下推销售合同后，仍然可下推销售订单。

> 销售订单、销售合同均可下推应收单，系统默认没有进行回写控制，且无法与出库单关联，但此方式仅适用于不需要出库的物料销售业务，如服务类销售。需要出库的销售业务不建议用销售订单、销售合同下推应收单，否则会出现两张应收单。

> 费用报销时，单独勾选"实报实付"复选框，不能推送付款单。

> 费用报销时，可以关注勾选或不勾选"实报实付"复选框，付款单中的付款用途有什么不同。

> 可以即时增加费用项目"广告费"。

> 寄售客户可开展标准销售业务，但普通客户不能开展寄售业务。

九、计划运算，投放计划

（一）业务场景

12 月 1 日，生产部制定 12 月全月的计划方案，根据销售订单与销售预测单进行计划运算，具体的计划方案如表 4-6 所示。

表 4-6　计划方案

方案编码	001	
方案名称	12 月计划方案	
计划展望单位	年	系统时间往后计算，要包含日常业务的销售订单
计划展望期	1	
需求组织	济民制造、济民商贸	
供应组织	济民制造	不含济民商贸
运算范围	全部销售订单、全部销售预测单	
运算参数	强制覆盖运算参数	√
	预计入库交期允许提前天数	30 天
	预计入库交期允许推后天数	30 天
仓库参数	原料仓、成品仓、供应商仓、客户仓	济民制造的所有仓库
其他参数	运算前自动维护低位码	√
	自动运算优先级	√

生产部将运算得到的本月生产计划与采购计划进行整理优化，将产能大于 1 000Pcs 的生产订单拆分，自行生产 1 000Pcs，其余部分委外生产。

生产部分析计算结果，发现委外数量持续扩大，建议公司管理层尽快提升产能，管理层责成生产部拿出具体方案。采购订单与生产订单全部投放，由于公司有提升生产能力的计划，决定将生产日期为 12 月 22 日及以前的委外订单全部投放，生产日期为 12 月 29 日的委外订单改为自行生产，待生产能力提高后再确定如何投放。计划订单明细如表 4-7 所示。

表 4-7　计划订单明细

物料	投放类型	订单量（Pcs）	采购/生产日期	到货/完工日期	投放单据类型
R1 原材料	采购申请类	780	2021-12-8	2021-12-15	标准采购申请
R1 原材料	采购申请类	1 000	2021-12-15	2021-12-22	标准采购申请
R1 原材料	采购申请类	1 000	2021-12-22	2021-12-29	标准采购申请
R1 原材料	采购申请类	1 000	2021-12-29	2022-1-5	标准采购申请
R2 原材料	采购申请类	1 650	2021-12-1	2021-12-8	标准采购申请
R2 原材料	采购申请类	2 000	2021-12-8	2021-12-15	标准采购申请
R2 原材料	采购申请类	2 000	2021-12-15	2021-12-22	标准采购申请
R2 原材料	采购申请类	2 000	2021-12-22	2021-12-29	标准采购申请
R2 原材料	采购申请类	2 000	2021-12-29	2022-1-5	标准采购申请
R3 原材料	采购申请类	1 770	2021-12-1	2021-12-8	标准采购申请
R3 原材料	采购申请类	2 000	2021-12-8	2021-12-15	标准采购申请
R3 原材料	采购申请类	1 000	2021-12-8	2021-12-15	标准采购申请
R3 原材料	采购申请类	2 000	2021-12-15	2021-12-22	标准采购申请
R3 原材料	采购申请类	1 000	2021-12-15	2021-12-22	标准采购申请
R3 原材料	采购申请类	2 000	2021-12-22	2021-12-29	标准采购申请
R3 原材料	采购申请类	1 000	2021-12-22	2021-12-29	标准采购申请

物料	投放类型	订单量（Pcs）	采购/生产日期	到货/完工日期	投放单据类型
R3 原材料	采购申请类	2 000	2021-12-29	2022-1-5	标准采购申请
R3 原材料	采购申请类	1 000	2021-12-29	2022-1-5	标准采购申请
R4 原材料	采购申请类	750	2021-12-8	2021-12-15	标准采购申请
R4 原材料	采购申请类	1 000	2021-12-15	2021-12-22	标准采购申请
R4 原材料	采购申请类	1 000	2021-12-22	2021-12-29	标准采购申请
R4 原材料	采购申请类	1 000	2021-12-29	2022-1-5	标准采购申请
R5 原材料	采购申请类	680	2021-12-1	2021-12-8	标准采购申请
R5 原材料	采购申请类	2 000	2021-12-8	2021-12-15	标准采购申请
R5 原材料	采购申请类	2 000	2021-12-15	2021-12-22	标准采购申请
R5 原材料	采购申请类	2 000	2021-12-22	2021-12-29	标准采购申请
R5 原材料	采购申请类	2 000	2021-12-29	2022-1-5	标准采购申请
P1 半成品	生产订单类	1 000	2021-12-1	2021-12-8	工序汇报入库-普通生产
P1 半成品	生产订单类	1 000	2021-12-8	2021-12-15	工序汇报入库-普通生产
P1 半成品	生产订单类	1 000	2021-12-15	2021-12-22	工序汇报入库-普通生产
P1 半成品	生产订单类	1 000	2021-12-22	2021-12-29	工序汇报入库-普通生产
P1 半成品	生产订单类	1 000	2021-12-29	2022-1-5	工序汇报入库-普通生产
P2 半成品	生产订单类	1 000	2021-12-1	2021-12-8	工序汇报入库-普通生产
P2 半成品	生产订单类	1 000	2021-12-8	2021-12-15	工序汇报入库-普通生产
P2 半成品	生产订单类	1 000	2021-12-15	2021-12-22	工序汇报入库-普通生产
P2 半成品	生产订单类	1 000	2021-12-22	2021-12-29	工序汇报入库-普通生产
P2 半成品	生产订单类	1 000	2021-12-29	2022-1-5	工序汇报入库-普通生产
P2 半成品	生产订单类	1 000	2021-12-29	2022-1-5	工序汇报入库-普通生产
P3 产品	生产订单类	1 000	2021-12-1	2021-12-8	工序汇报入库-普通生产
P3 产品	生产订单类	1 000	2021-12-8	2021-12-15	工序汇报入库-普通生产
P3 产品	生产订单类	1 000	2021-12-15	2021-12-22	工序汇报入库-普通生产
P3 产品	生产订单类	1 000	2021-12-22	2021-12-29	工序汇报入库-普通生产
P3 产品	生产订单类	1 000	2021-12-29	2022-1-5	工序汇报入库-普通生产
P4 产品	生产订单类	1 000	2021-12-1	2021-12-8	工序汇报入库-普通生产
P4 产品	生产订单类	1 000	2021-12-8	2021-12-15	工序汇报入库-普通生产
P4 产品	生产订单类	1 000	2021-12-15	2021-12-22	工序汇报入库-普通生产
P4 产品	生产订单类	1 000	2021-12-22	2021-12-29	工序汇报入库-普通生产
P4 产品	生产订单类	1 000	2021-12-29	2022-1-5	工序汇报入库-普通生产
P4 产品	生产订单类	1 000	2021-12-29	2022-1-5	工序汇报入库-普通生产
P2 半成品	委外订单类	1 000	2021-12-1	2021-12-8	普通委外订单
P2 半成品	委外订单类	1 000	2021-12-8	2021-12-15	普通委外订单
P2 半成品	委外订单类	1 000	2021-12-15	2021-12-22	普通委外订单
P2 半成品	委外订单类	1 000	2021-12-22	2021-12-29	普通委外订单
P4 产品	委外订单类	1 000	2021-12-8	2021-12-15	普通委外订单
P4 产品	委外订单类	1 000	2021-12-15	2021-12-22	普通委外订单
P4 产品	委外订单类	1 000	2021-12-22	2021-12-29	普通委外订单

（二）业务解析

此业务属于计划运算，业务处理流程如图 4-19 所示。销售订单与销售预测单已在前面的业务中录入。在进行计划运算前，需要定义计划方案，以指定计划运算相关参数。计算完成后，需要根据实际产能情况适当调整计划订单。由于公司准备于 12 月 29 日启用新的生产线，生产日期为 29 日的 P2 半成品与 P4 产品分别保留一个计划订单，其他计划订单全部投放。

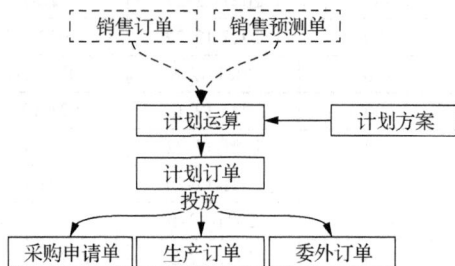

图 4-19 计划运算业务处理流程

如果不能正常进行计划运算，请手工增加计划订单。

（三）岗位分工

生产经理填写计划方案、进行计划运算、修改计划订单、投放计划订单；总经理审核所有业务单据。

（四）操作步骤

1．增加计划方案

（1）检查当前组织。确保当前组织为济民制造。

（2）新增计划方案。操作路径：【生产制造】-【计划管理】-【物料需求计划】-【计划方案】。单击工具栏"新增"选项，录入方案编码、方案名称，修改计划展望期单位为"年"，录入计划展望期"1"年。

（3）调整计划方案相关参数。单击工具栏"新增"选项，单击组织范围中的"新增行"按钮，选择需求组织"济民商贸"和"济民制造"，供应组织为"济民制造"，将多余行删除。运算范围中选中所有的销售订单与销售预测单；运算参数中勾选"强制覆盖运算参数"复选框，将"预计入库交期允许提前天数"与"预计入库交期允许推后天数"均改为 30 天；仓库参数中选中济民制造的所有仓库；其他参数中勾选"运算前自动维护低位码"与"自动运算优先级"复选框。保存、提交、审核。

2．计划运算

（1）打开计划运算向导。操作路径：【生产制造】-【计划管理】-【物料需求计划】-【计划运算向导】。

（2）数据准备。选择计划方案，选择销售订单与销售预测单（BOM 版本应显示完整）。

（3）直接运算。

3．修改计划订单

将 12 月 P2 半成品与 P4 产品的计划订单的数量通过拆分、转委外等功能分解为 1 000，将部分生产订单按要求转为委外订单。提交、审核 12 月的所有计划订单。

4．投放计划订单

12 月的计划订单除了生产日期为 12 月 29 日的 P4 产品与 P2 半成品各保留一张订单不投放外，12 月 29 日剩余的 P4 产品与 P2 半成品计划订单以及其他计划订单全部投放。

友情提示

➢ 计划方案为私有基础资料，不可修改策略类型。建议为每个时间段创建专用的计划方案。

➢ 进行计划运算前，清空计划订单列表，否则，历史计划订单有可能影响判断。

> ➤ 如果跨组织销售订单生成一个需求组织的生产订单，且日期为系统日期当天，那么产生错误的原因是计划方案的供应组织中没有删除济民商贸所在行。
>
> ➤ 计划方案中的运算参数可使用默认值，不需要修改，如发现计算异常，可强制覆盖。
>
> ➤ 如果需求组织没有设置工作日历，将不参与计划运算，计算日志查询中显示例外信息。
>
> ➤ 可以批量指定采购申请类 R2、R3、R4 原材料单据中的采购组织为济民商贸、入库组织为济民制造、货主为济民制造。
>
> ➤ 计划订单投放后无法撤销。

十、拓展市场，研发投入

（一）业务场景

12 月 1 日，经领导同意，市场部贾露遇报销深圳产品宣讲会市场活动费 90 000 元（该费用由多人垫付，对应发票均为普通发票），并借当月市场活动经费 5 万元，财务部分别以转账支票支付。市场部因销售业绩突出，经管理层研究决定，本月绩效额外奖励 20 万元（含税），次日，财务部按 10% 的税率预扣个人所得税，以转账支票发放绩效。报销与奖励分配明细如表 4-8 所示。

表 4-8 报销与奖励分配明细

员工	报销金额（元）	农行账号	奖励金额（元）	预扣个人所得税（元）
贾露遇	40 000	6228480058499123402	75 000	7 500
江红玉	30 000	6228480058499123403	65 000	6 500
何雨桐	20 000	6228480058499123404	60 000	6 000
合计	90 000		200 000	20 000

12 月 1 日，为改善研发部办公环境，管理部张杏子申请给研发部办公室购买一台空调，经总经理同意，采购部从京东商城为研发部采购一台格力柜式空调（5 匹），当日到货并安装到位。其增值税专用发票无税金额 12 800 元，税率 13%，金额已由采购部石莹垫付，财务部开出转账支票全额支付货款。

（二）业务解析

此业务由费用借款报销业务、工资与个税计提业务、工资发放业务、固定资产采购业务组成。费用报销涵盖了 1 笔费用申请业务与 3 笔费用报销业务。本次费用报销不采用实报实付。

费用报销业务处理流程如图 4-20 所示。其中，其他应付单默认在费用报销单提交时生成，需要将其修改为审核时生成。

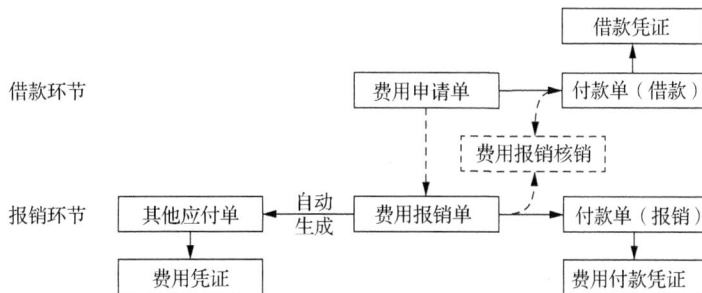

图 4-20 费用报销业务处理流程

工资与个税计提通过填写凭证完成，凭证分录如下。

借：销售费用——工资 200 000

　　贷：应付职工薪酬——工资 200 000

贷：应付职工薪酬——工资 20 000

　　借：应交税费——代扣个人所得税 20 000

工资发放业务通过填写 3 张工资发放付款单完成，业务流程如图 4-21 所示。

固定资产采购不需要对资产采购的过程进行管控，因此，可以采用简易流程，手工增加资产卡片，手工录入资产应付单，回避资产接收流程。固定资产采购简易业务流程如图 4-22 所示。由于货款由员工垫付，填写付款单时，将收款单位类型改为员工。京东商城为新的供应商，需要楚财集团即时定义，并分配给济民制造。

图 4-21　工资发放业务流程　　　　图 4-22　固定资产采购简易业务流程

（三）岗位分工

销售经理填写费用申请单、费用报销单；人力经理计算个税，记录绩效明细与个税明细；信息经理完成供应商定义；资产经理填写资产申请单、采购申请单、资产卡片；总账会计生成费用凭证、费用付款凭证、资产增加凭证、采购付款凭证、借款凭证，填写工资计提凭证、个税计提凭证；往来会计填写应付单、采购发票，生成采购应付凭证；出纳填写借款付款单、费用报销付款单、工资发放付款单、采购付款单；总经理审核所有业务单据。

（四）操作步骤

1．费用报销

（1）修改费用报销参数。操作路径：【财务会计】-【费用管理】-【参数设置】-【费用报销系统参数】，将"报销单同步其他应付单时机"对应的选项"提交"修改为"审核"，保存。

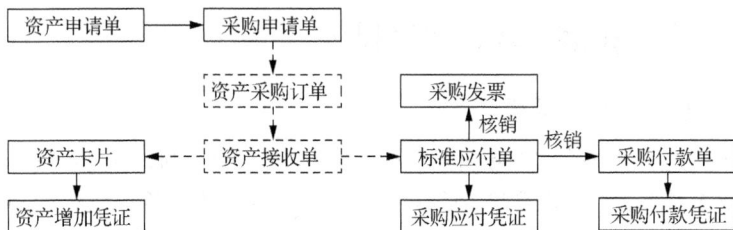

拓展市场，研发投入

（2）填写费用报销单。操作路径：【财务会计】-【人人报销】-【费用报销】-【费用报销单】。依次新增 3 张费用报销单，在基本信息中填写申请人、申请部门、费用承担部门，往来单位选择对应员工，勾选"申请付款"复选框，不勾选"实报实付"复选框；明细信息中费用项目选择为"市场活动费"，选择发票类型，填写费用金额，填写备注；付款信息中选择结算方式为"转账支票"，填写对应员工的开户银行、账户名称、银行账号，保存，提交，审核。

（3）填写费用报销付款单。操作路径：【财务会计】-【人人报销】-【费用报销】-【费用报销单列表】，选中上一步新增的 3 张费用报销单，由其下推生成费用报销付款单。

2．申请借款

（1）填写费用申请单。操作路径：【财务会计】-【人人报销】-【费用申请】-【费用申请单】，新增费用申请内容，保存，提交，审核。

（2）填写付款单。费用申请单推送付款单，保存，提交，审核。

（3）生成凭证。依据其他应付单、付款单生成费用凭证、费用付款凭证、借款凭证。

3．填写工资与个税计提凭证

（1）填写工资计提凭证。操作路径：【财务会计】-【总账】-【凭证管理】-【凭证录入】。

（2）填写个税计提凭证。操作路径：【财务会计】-【总账】-【凭证管理】-【凭证录入】。

4．发放绩效

（1）填写工资发放付款单。操作路径：【财务会计】-【总账】-【应付款管理】-【付款单列表】。单击"新增"按钮，打开付款单新增界面。单据类型为"工资发放"，结算方式为"转账支票"，应付金额填写扣除个人所得税后的余额，保存，提交，审核。

（2）生成付款凭证。依据工资发放付款单生成付款凭证。

5．资产采购

（1）增加供应商。将当前组织切换到楚财集团，新增供应商"京东商城"，分配给济民制造。

（2）增加物料。将当前组织切换到楚财集团，新增"空调"物料，物料属性为"资产"，分配给济民制造。

（3）填写资产申请单。操作路径：【资产管理】-【固定资产】-【资产请购】-【资产申请单】，单击【新增】按钮，手工录入资产申请单，保存，提交，审核。

（4）填写采购申请单。资产申请单推送生成采购申请单。

（5）填写资产卡片。操作路径：【资产管理】-【固定资产】-【日常管理】-【资产卡片】，单击【新增】按钮，手工新增资产卡片，保存，提交，审核。

（6）填写标准应付单。操作路径：【财务会计】-【应付款管理】-【采购应付】-【应付单】，单击【新增】按钮，手工填写标准应付单，保存，提交，审核。

（7）填写采购发票。根据标准应付单推送得到采购增值税专用发票，保存，提交，审核。

（8）填写采购付款单。根据标准应付单推送得到采购付款单，收款单位类型为"员工"，收款单位选择员工"石莹"，保存，提交，审核。

（9）关闭采购申请单。操作路径：【供应链】-【采购管理】-【采购申请】-【采购申请单列表】，找到对应的采购申请单，单击工具栏"业务操作"-"整单关闭"选项，防止推送下游单据。

（10）生成凭证。依据资产卡片、应付单、付款单生成资产增加凭证、采购应付凭证、采购付款凭证。

➢ 费用报销单由费用申请单推送时，申请人与往来单位取自费用申请单，无法修改。

➢ 费用报销单推送费用报销付款单时，默认付款用途为"费用报销"，费用申请单推送费用报销单时，默认付款用途为"费用借款"。

➢ 如果费用报销单为手工直接录入，但前期通过费用申请单生成付款单已产生过借款行为，那么费用报销单与付款单，可通过"费用报销手工核销"进行手工匹配核销或手工特殊核销。

➢ 此业务既可用标准应付单，也可用资产应付单，资产应付单与标准应付单使用同一凭证模板。在资产应付单中可选填卡片编码，但无法推送发票。

➢ 采购申请单与收料通知单默认没有建立单据数据转换关系，用户可以自主开发，建立单据数据转换关系，打通业务流程。

➢ 在对账方案中，由于费用申请单不会生成其他应付单，不参与应付款明细表的计算，借款对账时会显示不平衡，只有等到费用报销时，借款对账才会平衡。

➢ 从业务操作可知，手动新增或推送新增的单据，均需要保存、提交、审核，后面的业务不再说明。

第二节　月中业务

月中业务涵盖了融资租赁、房屋出租、跨组织采购与销售、寄售销售、发出商品销售、采购运费、销售运费、商业折扣、销售折让、现金折扣、非合理损耗、分次收付款、退料补料、退料退款、保证金、投资、无形资产转让、员工岗位调整、库存盘点、资产减少、计提折旧、按工序生产、工资计算等业务。本节的重点内容是业务处理流程设计，通过对复杂业务的分析，将各模块标准流程进行组合，帮助读者解决实际问题，提升综合应用能力。

一、股票投资

（一）业务场景

12月1日，公司卖出现有全部股票。其中，贵州茅台500股，成交单价2 627元，总价1 313 500元，原总价1 156 500元；烽火通信100 000股，成交单价19元，总价1 900 000元，原总价1 808 000元；交易费用率0.5‰，总计1 606.75元。同日，公司买入中国平安股票，成交单价85元，股份总数37 700股，成交价3 204 500元；交易费用率0.3‰，总计961.35元。

（二）业务解析

此业务通过填制凭证完成。由于系统中没有股票管理业务模块，只需要在总账中录入凭证即可。购买的股票在基础资料中不存在，需要在辅助资料中增加新的记录。分录如下。

1. 卖出股票

借：其他货币资金　　　　　　　　　　　　　　　　　　3 211 893.25
　　投资收益——交易费用　　　　　　　　　　　　　　　1 606.75
　　贷：其他权益工具投资——成本——贵州茅台　　　　　1 156 500
　　　　其他权益工具投资——成本——烽火通信　　　　　1 808 000
　　　　投资收益——股票收益　　　　　　　　　　　　　249 000

2. 买入股票

借：其他权益工具投资——成本——中国平安　　　　　　3 204 500
　　投资收益——交易费　　　　　　　　　　　　　　　　961.35
　　贷：其他货币资金　　　　　　　　　　　　　　　　　3 205 461.35

（三）岗位分工

信息经理增加辅助资料；总账会计录入凭证。

（四）操作步骤

（1）增加辅助资料。操作路径：【基础管理】-【基础资料】-【辅助资料】-【辅助资料列表】。增加"中国平安"辅助资料。

（2）录入卖出股票凭证。操作路径：【财务会计】-【总账】-【凭证管理】-【凭证录入】。

（3）录入买入股票凭证。操作路径：【财务会计】-【总账】-【凭证管理】-【凭证录入】。

股票投资

> 友情提示

➤ 日常业务中有新的基础数据时，应即时新增，务必保持唯一性，尽量避免重复定义。

➤ 没有相应业务处理模块的日常业务，直接通过会计凭证体现；有相应业务处理模块的日常业务，通过业务单据生成会计凭证。

二、采购原材料

（一）业务场景

12月1日，采购部查阅采购申请，指定R1原材料由济民制造按市场公开不含税单价500元自行采购，供应商为重庆鸿旺，R2原材料、R3原材料、R4原材料、R5原材料由济民商贸集中询价采购。所有原材料均入济民制造仓库，所有原材料于12月8日到货，详细信息如表4-9所示。

表4-9　采购申请明细

物料	数量（Pcs）	到货日期	采购组织	建议供应商	收料组织
R1原材料	3 780	2021-12-8	济民制造	重庆鸿旺	济民制造
R2原材料	9 650	2021-12-8	济民商贸		济民制造
R3原材料	13 770	2021-12-8	济民商贸		济民制造
R4原材料	3 750	2021-12-8	济民商贸		济民制造
R5原材料	8 680	2021-12-8	济民商贸		济民制造

12月1日，济民制造采购部与重庆鸿旺协商后，重庆鸿旺同意按不含税单价500元对R1原材料进行供货，达成济民制造以银行承兑汇票（免息期限为10天期免息）预付全部货款、重庆鸿旺包运费协议。财务部当天开出银行承兑汇票2 135 700元，票据号2021120101，重庆鸿旺当天发货并开票。

12月8日，济民制造收到重庆鸿旺发出的全部货物，收到发票，货物验收入库时发现有合理损耗，数量为12个。

12月11日，济民制造银行承兑汇票到期，银行自动划款。

（二）业务解析

此业务由调整采购申请业务、合理损耗采购业务（含票据新增）、应付票据到期业务组成。

调整采购申请业务是指在采购申请单中将采购计划进行拆分、合并。投放计划后，所有采购计划在一张采购申请单中，可从中拆分出一条记录，形成两张单据，然后将两张单据进行一次合并，系统会自动按物料所有数量求和，得到汇总数据，到货日期自动取最早的到货日期。

合理损耗采购业务是采购损耗业务中的一种，损耗分为非合理损耗与合理损耗。非合理损耗需要查责任方，损失不能分摊到采购成本中。非合理损耗分为入库后损耗与入库前损耗，入库后损耗可通过其他出库业务进行损耗处理，入库前损耗需要虚拟入库后再虚拟其他出库。如果供应商赔付货物，就没有损耗，不属于损耗业务。合理损耗，属于货物数量正常减少，需要将损耗分摊到采购成本中。此业务中的采购损耗是合理损耗。业务处理的方案是将损耗在费用应付单中作为费用处理，然后进行采购费用分配，业务流程如图4-23所示。

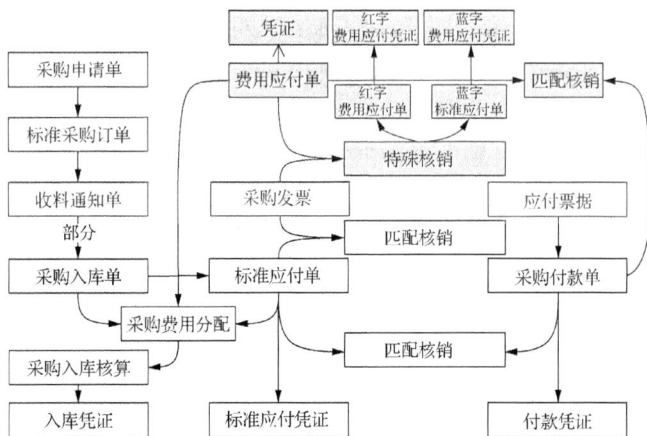

图4-23　合理损耗采购业务流程

将未损耗的物料入库后，对应生成部分标准应付单，终止收料通知单的推送。手动增加费用应付单，将合理损耗作为费用进行录入，然后将采购费用分配到未损耗的物料中，完成采购入库核算，生成凭证。手工录入全部数量的发票，手工匹配核销发票与标准应付单，手工特殊核销发票与费用应付单。特殊核销自动生成两张调整应付单，一张为红字费用应付单，冲销原费用应付单，一张为蓝字标准应付单，用于补充原标准应付单。手工增加全款应付票据，自动生成采购付款单，手工匹配核销采购付款单与费用应付单和标准应付单。

应付票据到期业务，是应付票据结算业务中的重要环节，业务处理流程如图 4-24 所示。到期付款后，系统会自动生成一张应付票据结算单，依据此单据可生成到期付款凭证。

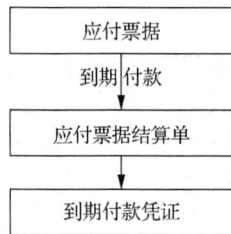

图 4-24 应付票据到期业务处理流程

实验过程中，可将采购业务动态化，可动态化的维度包括：采购方式（自主采购、跨组织采购）、定金或预付（0～50%）、运输费（0，5 000，10 000）、保险费（1%）、商业折扣（0～10%）、销售折让（0～5%）、现金折扣（0～5%）、零头抹平（是/否）、退回业务（退货 0～5%）、数量（自行申报）、单价（固定）、交货期（按比重分次交货，自行申报）、付款方式（票据或支票，一次支付或分次支付）。

（三）岗位分工

采购经理调整采购申请单，填写采购合同、标准采购订单、收料通知单；仓管经理填写采购入库单；往来会计填写标准应付单、采购发票、费用应付单，完成应付开票核销、应付付款核销，生成标准应付凭证（合并）、费用应付凭证（蓝字、红字）；出纳填写应付票据，完成应付票据到期付款；成本会计完成采购费用分配、采购入库核算，生成入库凭证；总账会计生成付款凭证、到期付款凭证；总经理审核所有业务单据。

（四）操作步骤

1．调整采购申请单

（1）单据拆分。确认当前组织为济民制造，打开采购申请单列表，选中采购申请单明细记录任意一行，单击工具栏"业务操作"-"单据拆分"选项，从明细记录中拆分出一条记录。

（2）单据合并。选中所有记录，单击工具栏"业务操作"-"单据合并"选项。

（3）修改采购申请。双击记录行，打开当前采购申请单，按要求修改采购组织（R2 原材料、R3 原材料、R4 原材料、R5 原材料由济民商贸采购），填写建议供应商，修改到货日期。

（4）单据拆分。返回采购申请单列表页面，选中采购申请单明细记录 R1 原材料所在行，单击工具栏"业务操作"-"单据拆分"选项，得到两张采购申请单。

2．合理损耗采购

（1）填写标准采购订单。将采购申请单中的 R1 原材料推送到采购订单，不勾选财务信息中的"含税"复选框，录入单价。

（2）填写应付票据。操作路径：【财务会计】-【出纳管理】-【日常处理】-【应付票据】。录入票据号、签发日、到期日、票面金额，选择承兑人，审核应付票据后对自动生成的采购付款单进行审核。

（3）填写收料通知单。由 R1 原材料采购订单下推收料通知单。

（4）填写采购入库单。根据收料通知单推送采购入库单，将数量修改为"3768"（3780-12）。

（5）填写标准应付单。自动生成标准应付单，数量仍为"3768"，单价不变。

（6）填写费用应付单。操作路径：【财务会计】-【应付款管理】-【采购应付】-【应付单】。

新增费用应付单，不勾选"按含税单价录入"复选框，费用项目选择为"其他"，录入单价"500"、计价数量"12"，税率为 13%，务必勾选"计入成本"复选框。可临时自行增加"合理损耗"费用项目，生成凭证时不需要费用项目。

（7）填写采购发票。操作路径：【财务会计】-【发票管理】-【采购发票】-【采购增值税专用发票】。直接手工增加，按订单数量与价格填写发票，含损耗。

（8）采购费用分配。操作路径：【成本管理】-【存货核算】-【存货核算】-【采购费用分配】。将 12 个损耗的 R1 原材料复选框成本分摊至 3 768 个正常入库的 R1 原材料成本中）。

（9）采购入库核算。操作路径：【成本管理】-【存货核算】-【存货核算】-【采购入库核算】。按提示操作。

（10）应付付款核销。操作路径：【财务会计】-【应付款管理】-【应付付款】-【应付付款核销】。

（11）手工应付开票核销。操作路径：【财务会计】-【应付款管理】-【应付开票】-【应付开票手工核销】，先手工匹配核销，再手工特殊核销。

（12）生成采购业务凭证。共有 6 张凭证生成。

（13）终止收料通知单的推送。打开收料通知单列表，找到收料通知单，单击工具栏"业务操作"-"终止"选项，收料通知单不再推送下游单据。

3．应付票据到期付款

（1）打开应付票据列表。操作路径：【财务会计】-【出纳管理】-【日常处理】-【应付票据】。

（2）到期付款。选中票据所在行，单击工具栏"业务操作"-"到期付款"选项，修改付款日期，选择付款银行、一般存款账号，单击"确定"按钮，系统自动产生应付票据结算单。

（3）生成到期付款凭证。

➢ 采购申请单可按行推送下游单据，不需要拆分。

➢ 采购合同无法通过单据推送得到，只能手工填写，可推送采购订单。

➢ 采购订单可推付款申请单再推送付款单，生成凭证走预付科目（销售订单可推送收款单，注意区分）。

➢ 采购订单可推送应付单，但没有回写采购订单，且无法与入库单关联，仅适用于不需要入库的采购业务，如费用采购。需要入库的采购业务不建议使用采购订单推送应付单，否则会出现两张应付单。

➢ 采购过程中发生的费用，包括运输费、装卸费、保险费、包装费、仓储费、入库前的挑选整理费，以及运输途中的合理损耗，均需要摊销到采购成本中。

➢ 采购费用分配必须在核算之前完成，如果在核算之后进行，需要再进行一次核算。

➢ 应付票据的选项含有自动生成付款单相关控制参数，应付票据生成的付款单类型系统内置只能为采购付款单，没有参数可以修改。

➢ 应付票据审核时自动生成付款单，无下推工具，不能手动下推。

➢ 如果自动生成的付款单没有保存，只能取消审核后重新审核，重新自动生成付款单。

➢ 自动生成的付款单，付款用途默认为"采购付款"，可以修改为"预付款"。

➢ 应付票据结算单由结算业务操作自动产生，不支持手工新增，只支持查询。

➢ 收料通知单，如果勾选交货入库页签中的"来料检验"复选框，可推送检验单。

三、跨组织采购

（一）业务场景

12月1日，济民商贸对R2原材料、R3原材料、R4原材料、R5原材料公开询价，两家供应商参与报价，报价明细如表4-10所示。比价后，选择由长沙金诚作为供应商，商定保证金10万元，货物直接运抵济民制造原料仓，货到付款，运费由济民商贸承担，签订合同，济民商贸以转账支票支付保证金。济民商贸联系武汉全通负责此次运输，运费不含税价12 000元，货到付款。

表4-10　报价明细（含税单价）

物料	数量（Pcs）	长沙金诚（元）	重庆鸿旺（元）
R2原材料	9 650	904	1 010
R3原材料	13 770	452	510
R4原材料	3 750	452	510
R5原材料	8 680	452	510

12月8日，济民制造收到长沙金诚发出的全部货物，济民商贸收到运费发票与货物发票，用转账支票支付运费13 080元。济民制造验收入库后，发现R3原材料有1 000件发货错误，经协商，错发货物进行退货补货。长沙金诚为弥补对济民制造生产造成的影响，同意补发货物按合同价（含税单价452元）的5折结算，总价款再免收10万元。退货时货物由武汉全通运输，运费含税价2 000元由长沙金诚承担，由济民商贸垫付，运费发票由武汉全通直接开给长沙金诚。济民商贸当日以转账支票分别支付货款20 238 000元、运费2 000元。

12月15日，济民制造收到补发货物，验收入库，济民商贸收到红字发票，收到退回的保证金。济民制造与济民商贸按预定的价格进行组织间结算，由于济民商贸之前已收到客户预付款，本月还有销售收入到账，济民制造为保证年末资金充裕，仅向济民商贸用转账支票支付部分货款，金额为人民币1 000 000元，要求济民商贸开具全款增值税专用发票，其余金额下一年1月1日支付。

（二）业务解析

此业务由寻源协同业务、跨组织采购业务（含运费分摊、保证金、折让、现金折扣、垫付运费业务）、退料补料业务组成。

寻源协同业务由询价、报价、比价三个环节组成，是供应商协同的重要组成部分，业务流程如图4-25所示。询价单公布后，各供应商报价，报价截止后，公司进行比价，将中标供应商回写到询价单，询价单可推送采购订单，公司开始正常采购流程。供应商协同还包括订单协同、交货协同、库存协同、往来账协同等。

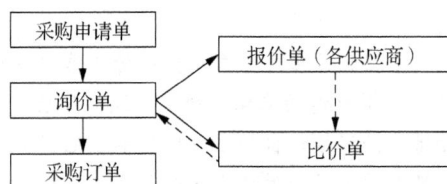

图4-25　寻源协同业务流程

跨组织采购业务是指采购组织与入库组织不同，采购流程由两个组织协作完成的业务。假设A为采购组织，B库存组织，模型为ABA（A负责采购、B负责入库、A负责结算），模型原理为，A替B找C采购物料，A与C确定采购订单，C出库给B，A付款给C，A再与B进行结算，如图4-26左所示。结算时，C出库给B等价于C虚拟出库给A，然后A虚拟出库给B，如图4-26右所示，形成A、C之间和A、B之间两对独立的采购关系。

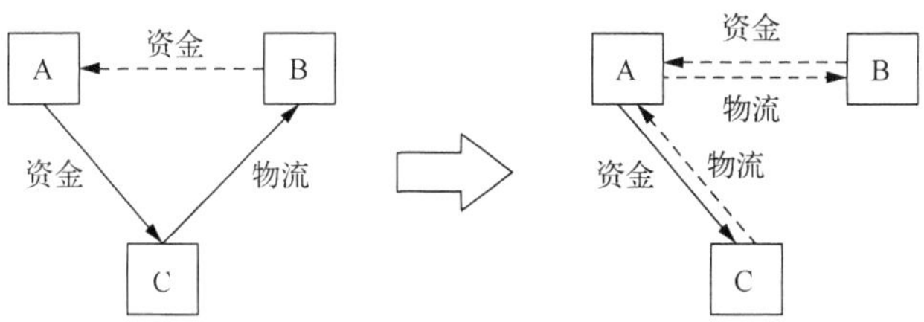

图 4-26 集中采购业务逻辑

开始跨组织采购业务前，需要定义委托-受托采购组织业务关系、组织间结算价目表、组织间结算关系，A、B 互相定义为客户与供应商。

跨组织采购业务流程如图 4-27 所示。A、B 协作，先按跨组织采购完成采购行为，形成与第三方的应付，然后通过创建结算清单，形成 A、B 组织间应收应付。A 的出库成本核算必须在 A 的采购入库核算后完成。

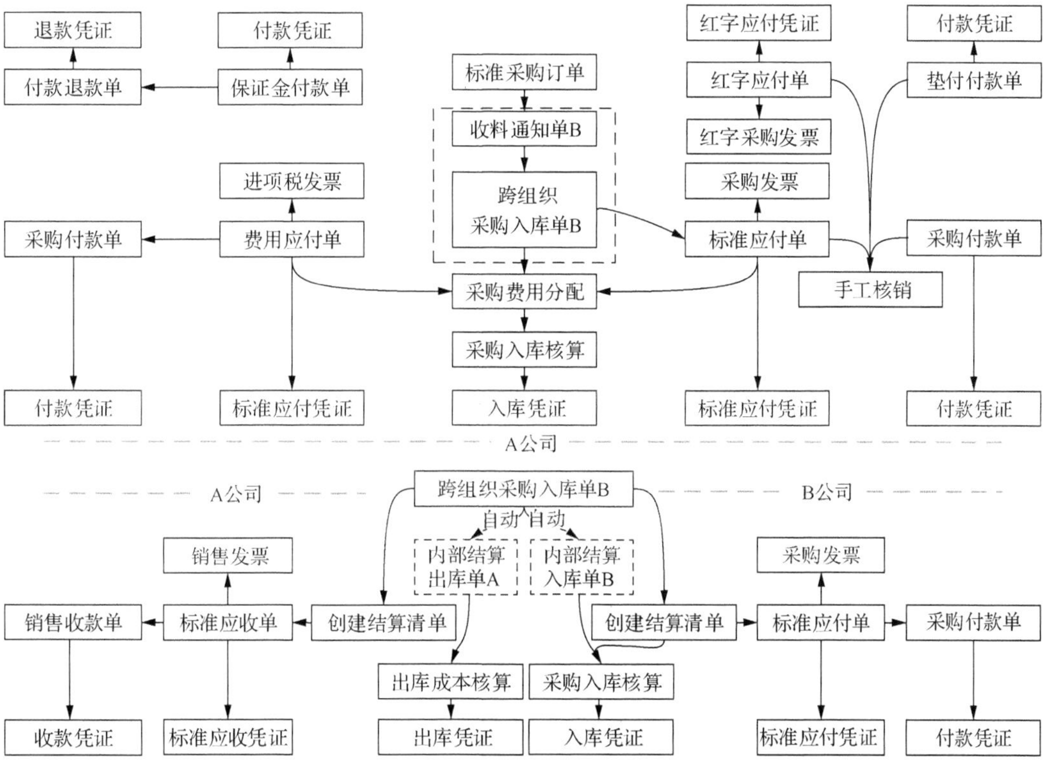

图 4-27 跨组织采购业务流程

由于运费需要分摊到采购成本中，需要依据费用应付单录入。由于费用应付单与收料通知单默认没有建立数据关联，无法通过费用采购流程进行处理，可通过 BOS 平台建立通道。

保证金在采购订单中填写，但采购订单无法推送保证金付款单，只能手工新增采购付款单（预付），收回时通过保证金付款单推送红字保证金付款单，即付款退款单。

现金折扣、销售折让与商业折扣、零头抹平有明显的区别。商业折扣是指在订单环节对单价打折，相当于修改单价，同步降低进项税，按修改后的单价开票；销售折让是指开票后对单价再打折，通过填写红字应付单与红字发票回冲单价，同步降低进项税；现金折扣是指在付款时减免金额，对进项税没有影响，在付款单中录入现金折扣金额即可；零头抹平是指手工核销时小数位的金额不收取。

退料补料业务流程如图 4-28 所示。采购入库单推送采购退料单，退料方式只能选择"退料补料"，将退料数量反写到标准采购订单，重新从标准采购订单推送补发物料的采购入库单。由于采购退料单与补发物料的采购入库单均跨组织，均需要创建结算清单，进行组织间结算。退料单与补发物料的采购入库单都需要生成应付单。

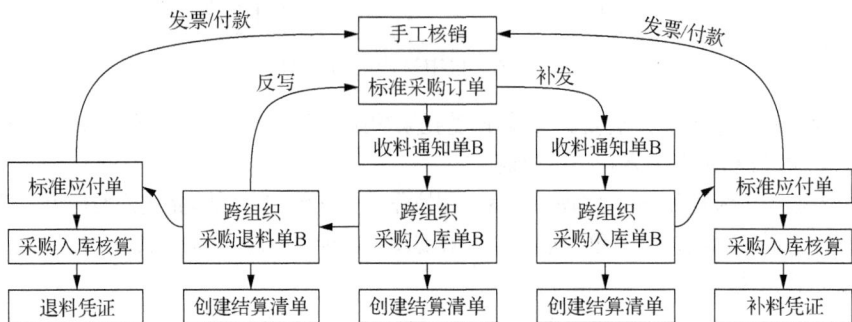

图 4-28　退料补料业务流程

如果选择手工填写采购退料单而不是推送采购退料单，退料方式只能选择"创建补料订单"，需要根据退料单手工推送采购订单，然后收料入库。

（三）岗位分工

采购经理调整采购申请单，填写询价单，模拟供应商填写报价单，填写比价单、标准采购订单、收料通知单；仓管经理填写采购入库单；往来会计填写标准应付单、标准应收单、采购发票、费用应付单、进项税发票、红字应付单、红字采购发票，完成应付付款核销，创建结算清单，生成标准应付凭证、红字应付凭证、标准应收凭证；出纳填写付款申请单、预付付款单、付款退款单、采购付款单、垫付付款单、销售收款单；成本会计完成采购费用分配、采购入库核算、出库成本核算，生成入库凭证、出库凭证、退料凭证、补料凭证；总账会计生成付款凭证、红字付款凭证、收款凭证；总经理审核所有业务单据。

（四）操作步骤

1．询价

（1）填写询价单。济民制造采购申请单推送询价单，修改询价日期，勾选"适用所有供应商"复选框，填写报价截止日期、价格失效日期（至少比截止日期多 1 天）。

跨组织采购

（2）供应商填写报价单。用供应商账号分别登录。打开 IE 浏览器，输入地址"http://127.0.0.1/k3cloud/Silverlight/scpindex.aspx"，或打开谷歌浏览器，输入地址"http://127.0.0.1/k3cloud/html5/scpindex.aspx"，按用户名"cqhw"与"csjc"、密码"123456"分别登录，查询询价单，推送报价单，录入含税单价，修改报价日期、报价生效日期，保存，提交，审核。

（3）填写比价单。济民商贸询价单推送比价单，自动得到询报价结果，对中标单位在报价确定意见中可填写"中标"，在协同中可以看到供应商，保存，提交，审核，中标单位自动回写询价单。

2．采购订货

（1）填写采购订单。济民商贸询价单推送采购订单，填写保证金"100 000"。

（2）填写保证金付款单。操作路径：【财务会计】-【出纳管理】-【日常处理】-【付款单】。济民商贸手工填写采购业务付款单，付款用途选择"预付"。

（3）填写费用应付单。操作路径：【财务会计】-【出纳管理】-【应付款管理】-【应付单】。济民商贸直接手工录入应付单，选择费用应付单，修改业务日期，不勾选"按含税单价录入"复选框，费用项目选择"运费"，录入单价"12 000"、计价数量"1"，税率为9%，勾选"计入成本"复选框。

3．采购到货

（1）填写收料通知单。济民商贸的采购订单推送济民制造的收料通知单，济民制造修改后保存，提交，审核。

（2）填写采购入库单。济民制造的收料通知单推送采购入库单。

（3）填写标准应付单。济民制造的采购入库单推送济民商贸标准应付单（系统自动生成）。

（4）填写采购发票。标准应付单下推采购增值税专用发票。

4．物流结算

（1）填写进项税发票。济民商贸费用应付单推送进项费用增值税发票。

（2）填写采购付款单。济民商贸费用应付单推送采购付款单。

5．折让与现金折扣

（1）填写红字应付单。济民商贸手工填写红字应付单、含税单价"452"，折扣率为50%，计价数量"-1000"。

（2）手工填写垫付付款单。操作路径：【财务会计】-【出纳管理】-【日常处理】-【付款单】。济民商贸垫付运费，手工填写采购业务付款单，往来单位为长沙金诚，收款单位为武汉全通。

（3）手工填写采购付款单。操作路径：【财务会计】-【出纳管理】-【日常处理】-【付款单】。济民商贸填写采购付款单，填写应付金额"20 338 000"、现金折扣"100 000"。

（4）手工核销。操作路径：【财务会计】-【应付款管理】-【应付付款】-【应付付款手工核销】。济民商贸手工匹配核销。

6．采购费用分配

（1）完成采购费用分配。该操作由济民商贸完成，按结算组织（济民商贸）查找应付单与入库单。

（2）采购入库核算。操作路径：【成本管理】-【存货核算】-【存货核算】-【采购入库核算】。该操作由济民商贸完成。

7．退料补料

（1）填写采购退料单。济民制造通过采购入库单生成采购退料单，修改数量。

（2）填写标准应付单。济民制造的采购退料单推送济民商贸标准应付单。

（3）填写收料通知单。济民商贸的采购订单推送济民制造的收料通知单，济民制造修改后保存，提交，审核。

（4）填写采购入库单。济民制造的收料通知单推送采购入库单。

（5）填写标准应付单。已自动生成标准应付单。

（6）采购入库核算。操作路径：【成本管理】-【存货核算】-【存货核算】-【采购入库核算】。该操作由济民商贸完成。

（7）应付付款手工核销。将退料补料生成的两张标准应付单核销。

（8）应付开票手工核销。将退料补料生成的两张标准应付单核销。

8．收到红字发票与退回的保证金。

（1）填写红字采购发票。红字应付单（折让）推送红字采购增值税专用发票。

（2）填写红字保证金付款单（付款退款单）。在济民商贸付款单列表找到支付保证金业务对应的采购业务付款单，下推生成付款退款单。

9．组织间结算

（1）创建结算清单。操作路径：【供应链】-【组织间结算】-【结算清单】-【创建结算清单】。

济民制造或济民商贸对两次入库与一次退料进行结算。

（2）核对标准应收单与应付单。济民商贸核对应收单，济民制造核对应付单。（如应付单和应收单未自动生成，可手工打开对应的结算清单进行下推。）

（3）填写销售发票与采购发票。济民商贸根据应收单推送销售增值税专用发票，济民制造根据应付单推送采购增值税专用发票。

（4）填写付款单与收款单。济民制造根据应付单推送付款单，修改金额为"1 000 000"，济民商贸根据应收单推送收款单，修改金额为"1 000 000"。

10．成本核算

（1）采购入库核算。操作路径：【成本管理】-【存货核算】-【存货核算】-【采购入库核算】。济民制造进行采购入库核算。

（2）出库成本核算。操作路径：【成本管理】-【存货核算】-【存货核算】-【出库成本核算】。济民商贸进行出库成本核算。

11．生成凭证

（1）生成入库、出库相关凭证。

（2）生成应收、应付相关凭证。

（3）生成收款、付款相关凭证。

> 将通过采购订单推送得到的付款申请单的付款用途锁定为"预付款"。
> 付款单可推送付款退款单。
> 只有双方互相定义为客户与供应商，才能进行跨组织推送或选取。
> 组织间结算关系由委托方定义，可自动带入供货方默认值。
> 三张跨组织单据可通过一次创建结算清单进行处理。
> 内部结算的采购入库单与销售出库单默认在跨组织销售出库单审核时自动生成，也可以改为在结算时生成，但只能由 administrator 修改。
> 只有选择显示内部交易单据选项，才能看到采购入库单和销售出库单生成的内部交易单据，相关参数可以通过【采购入库单列表】-【选项】-【业务参数】以及【销售出库单列表】-【选项】-【业务参数】等操作路径看到。
> 跨组织采购入库单只能在收料组织的入库单列表中看到。
> 通过"创建结算清单"得到组织间应收结算清单、应付结算清单。
> 创建"应收应付结算清单资产""应收结算清单资产"用于跨组织资产调拨，而不是创建资产类物料。
> 创建"应收应付结算清单费用""应收结算清单费用"用于跨组织费用移转。
> 询价单无法推送采购合同，采购申请单可推送采购合同，如果需要，可自行扩展。
> 采购退料单相当于红字采购入库单，通过采购入库单进行核算。
> 如果有入库单，不要使用订单推送应付单或使用收料通知单推送应付单，原因有两点：一是无法反写入库单，二是应付单会重复。
> 保证金在销售模块已与销售订单关联，销售订单可推送保证金收款单。采购模块的保证金在采购订单中可以录入，但不能推送下游单据，仅起记录作用，采购过程中支付的保证金只能通过预付功能实现。
> 采购退料单与补发物料的采购入库单如果不推送付款单和发票，需要将对应的应付单手工核销。

四、专利权转让摊销

（一）业务场景

12 月 10 日，将企业专利权（2021 年 1 月 1 日取得）出售，双方签订转让合同，实际收到价款 800 000 元，印花税税率 0.5‰（400 元），印花税由我方支付。企业专利权账面原值 510 000 元，已摊销 23 375（510 000÷20÷12×11）元。

12 月 31 日，计提本月无形资产摊销（商标权 2021 年 1 月取得，按 20 年摊销）。

（二）业务解析

此业务由出售专利权业务与专利权摊销业务组成。出售专利权业务包括出售专利权收入、结转无形资产、计提印花税、缴纳印花税。出售专利权收入与缴纳印花税有资金流动，通过其他收款单与其他付款单实现，结转无形资产、计提印花税无相关业务模块，只能在总账中直接填写凭证。对专利权摊销业务，在总账中直接填写凭证。专利权转让、摊销业务流程如图 4-29 所示。

图 4-29　专利权转让、摊销业务流程

出售专利权免征增值税，当月出售专利权，当月不摊销。因为无形资产当月增加则当月开始摊销，当月减少则当月不摊销，与固定资产折旧不一样，业务的具体分录如下。

（1）出售专利权收入（其他收款单）。

借：银行存款　　　　　　　　　　　　　　　　　　　　800 000

　　贷：资产处置损益　　　　　　　　　　　　　　　　　　800 000

（2）结转无形资产（填制凭证）。

借：累计摊销　　　　　　　　　　　　　　　　　　　　　23 375

　　资产处置损益　　　　　　　　　　　　　　　　　　　486 625

　　贷：无形资产——专利权　　　　　　　　　　　　　　510 000

（3）计提印花税（填制凭证）。

借：税金及附加　　　　　　　　　　　　　　　　　　　　　400

　　贷：应交税费——应交印花税　　　　　　　　　　　　　　400

（4）缴纳印花税（其他付款单）。

借：应交税费——应交印花税　　　　　　　　　　　　　　　400

　　贷：银行存款　　　　　　　　　　　　　　　　　　　　　400

（5）无形资产摊销（填制凭证）。

商标权摊销业务的费用为管理费用，查询科目余额表，可得到"无形资产——商标权"科目原值为 520 000 元。商标权按 20 年摊销，可以得到每月摊销 520 000÷20÷12=2 166.67（元），业务的具体分录如下。

借：管理费用——无形资产累计摊销　　　　　　　　　　2 166.67

　　贷：累计摊销　　　　　　　　　　　　　　　　　　　2 166.67

（三）岗位分工

信息经理增加费用项目、收款用途、分录类型，调整凭证模板；出纳填写其他收款单、其他付款单；总账会计填写凭证；总经理审核所有业务单据。

（四）操作步骤

（1）增加费用项目。操作路径：【基础管理】-【基础资料】-【公共资料】-【费用项目】。单击"新增"按钮，增加名称为"无形资产累计摊销"的费用项目。

专利权转让摊销

（2）增加收款用途。操作路径：【财务会计】-【出纳管理】-【基础资料】-【收付款用途】。单击"新增"按钮，增加收款用途"出售专利权收入"，计入往来为"否"（企业基础数据中已定义）。

（3）定义分录类型。操作路径：【财务会计】-【智能会计平台】-【基础资料】-【分录类型】。单击"新增"按钮，录入名称"资产处置损益"，选择科目表，选择科目取值"资产处置损益"，保存（企业基础数据中已定义）。

（4）修改收款单凭证模板。操作路径：【财务会计】-【智能会计平台】-【基础资料】-【凭证模板】。在收款单凭证模板中，选中业务分类"结算组织与收款组织相同且非资金单据"所在行，在下面的模板分录中，复制新增行，分录类型选择"资产处置损益"，然后设置分录行生成条件"收款单明细-收款用途 等于 出售专利权收入"（企业基础数据中已定义）。

（5）填写其他业务收款单。操作路径：【财务会计】-【出纳管理】-【日常处理】-【收款单】。单击"新增"按钮，将单据类型改为"其他业务收款单"，业务日期改为"2021-12-10"，往来单位类型选择"其他往来单位"，往来单位选择"第三方平台"，付款单位选择"第三方平台"。结算方式为"转账支票"，收款用途为"出售专利权收入"，应收金额为800 000元。

（6）结转无形资产。操作路径：【财务会计】-【总账】-【凭证管理】-【凭证录入】。按照会计分录填制结转无形资产凭证。

（7）计提印花税。操作路径：【财务会计】-【总账】-【凭证管理】-【凭证录入】。按照会计分录填制计提印花税凭证。

（8）填写其他业务付款单。操作路径：【财务会计】-【出纳管理】-【日常处理】-【付款单】。单击"新增"按钮，将单据类型改为"其他业务付款单"，业务日期改为"2021-12-10"，往来单位类型选择"其他往来单位"，往来单位选择"税务局"，付款单位选择"税务局"，结算方式为"转账支票"，收款用途为"应交印花税"，应付金额为400元。

（9）计提本月无形资产摊销。操作路径：【财务会计】-【总账】-【凭证管理】-【凭证录入】。按照会计分录填制本月计提无形资产摊销凭证。

> 友情提示
>
> ➤ 当有新的费用项目时，需要及时新增，其他应付单凭证模板科目固定，只是维度值发生变化，不需要修改。
>
> ➤ 当有新的收付款用途时，需要及时新增，收付款凭证模板需要同步修改。

五、员工调动与晋级

（一）业务场景

12月1日，针对本次厂房扩建，公司成立生产部三车间，调生产技工贺诚为第三车间生产主任，基本工资上调到3 500元，岗位工资上调到4 000元；调刘晨、昌天赐、方宏至第三车间为生产技工，任岗开始日期为12月15日；要求以上人员积极参与第三车间筹建工作，待新厂房生产设备交付后立即开始生产。

12月1日，一车间生产技工周琳杰通过厂部技工技能考试，报销技工技能考试费用2 000元，基本工资上调到3 000元。周琳杰个人银行账户信息：开户银行中国农业银行，账户名称周琳杰，银行账号6228480058499123406。

（二）业务解析

此业务包含两个内容。一是费用报销业务，可采用实报实付；二是员工岗位调整，通过员工任岗信息变更实现。其中，员工所调岗位在新的部门，因此，需要先增加部门与该部门的岗位，然后增加员工任岗信息。基本工资上调在计提工资时集中处理。

费用报销和员工岗位调整业务流程如图 4-30 所示。

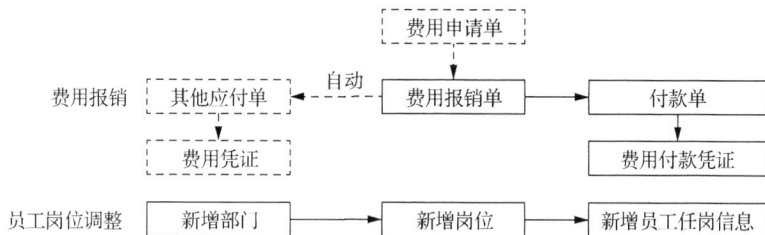

图 4-30 费用报销和员工岗位调整业务流程

（三）岗位分工

生产经理填写费用报销单；总账会计审核费用报销单，生成费用付款凭证；出纳填写付款单；人力经理完成部门、岗位、员工任岗信息录入；总经理审核所有业务单据。

（四）操作步骤

1．费用报销

（1）填写费用报销单。操作路径：【财务会计】-【人人报销】-【费用报销】-【费用报销单】，勾选"申请付款""实报实付"复选框，完善付款信息。

（2）填写付款单。费用报销单下推付款单，修改日期，保存，提交，审核。

（3）生成付款凭证。

员工调动与晋级

2．员工岗位调整

（1）增加部门。操作路径：【基础管理】-【基础资料】-【主数据】-【部门列表】。楚财集团增加名称为"三车间"、部门属性为"基本生产部门"的部门后，分配给济民制造。

（2）增加岗位。操作路径：【基础管理】-【基础资料】-【公共资料】-【岗位信息列表】。楚财集团增加"生产主任""生产技工"岗位后，分配给济民制造。

（3）增加员工任岗信息。操作路径：【基础管理】-【基础资料】-【公共资料】-【员工任岗明细】。由济民制造增加 4 条任岗记录，选择员工、部门、就任岗位、任岗开始日期，勾选"是否主岗位"复选框。

> ➢ 部门与岗位信息生效日期可以忽略。
>
> ➢ 部门与岗位信息为分配型数据，基础资料控制策略中已指定只能由楚财集团创建。
>
> ➢ 员工岗位调动，不需要修改原有员工任岗明细，只需要增加新的员工任岗明细、填写新的任岗开始日期即可，可在任岗信息中看到员工历次就任岗位的信息。

友情提示

六、扩建厂房与生产线

（一）业务场景

12 月 1 日，生产总监拿出扩大产能方案，申请公司投资新厂房，在新厂房中安装 2 条柔性组装生产线与 2 条柔性加工生产线。该生产线 7 天的产能是 1 000Pcs，机动性强，无转产周期与转产费，生产质量高，无废品。经公司管理层决定，由采购部拿出采购方案。

12 月 1 日，采购部申请通过融资租赁方式获取厂房，供货商初步确定为武汉捷成不动产有限公司；通过购买方式采购需要安装的生产线，供货商初步确定为湖南中联设备有限公司。洽谈并经管理层同意，决定租赁账面价值 4 000 000 元的大厂房 1 栋，租期 10 年，购买不含税单价 2 000 000 元的生产线 4 条，分别签订合同。合同约定厂房每月初支付一次租金，不含税金额 50 000 元，税率 13%，共 120 期；生产线安装周期为 4 周，每周支付 1 次进度款，每次 226 万元，厂房发票开具与付款同步，生产线发票在最后一次付款后开具。当日财务部开出两张支票，支付本月厂房融资租赁款与支付生产线安装首付款，生产部已获取厂房使用权，生产线已进厂施工。

12 月 1 日，针对生产线的安装，聘请专职监理，支付监理费 5 万元，收到代开发票。按照合同约定，财务部在 12 月 8 日、12 月 15 日、12 月 22 日分别支付进度款。安装工程 12 月 29 日正式完工，验收合格，交付生产部。

（二）业务解析

此业务由含费用的资产采购业务和融资租赁业务组成。

含费用的资产采购业务流程如图 4-31 所示。此业务的难点在于资产卡片的原值包括资产采购与监理费两部分，大于资产接收单的不含税价。解决方案为，监理费作为采购费用在标准应付单中直接录入，资产接收单推送资产卡片后，将监理费计入资产卡片中资产的原值即可。监理费可以通过应付单直接录入，不能通过费用采购业务进行处理，因为收料通知单会将业务作为费用进行处理；也不能作为费用应付单录入，因为没有费用分摊动作，无法勾选"计入成本"复选框，不勾选则此业务会进行费用化处理。

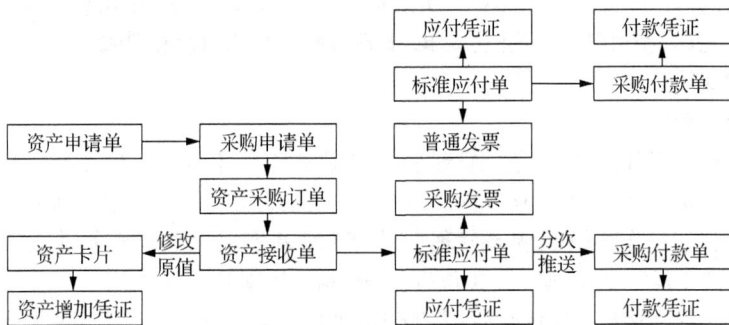

图 4-31 含费用的资产采购业务流程

融资租赁业务是在资产采购业务基础之上变化而来的，业务流程如图 4-32 所示。业务流程开始前，需要定义费用项目、付款用途，需要根据定义对凭证模板进行调整。

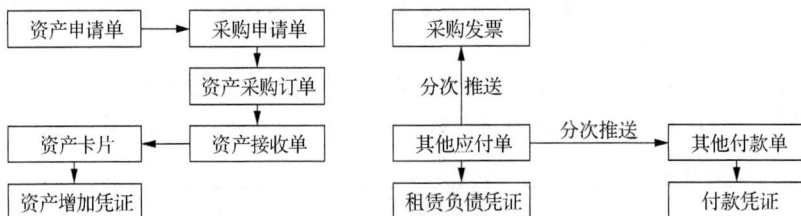

图 4-32 融资租赁业务流程

在资产采购订单中，资产的单价为使用权资产年金现值，资产增加凭证的分录根据资产增加的方式进行编写。其他应付单包含使用权资产年金现值与未确认融资费用，以费用项目进行区分，不能由资产接收单推送。其他付款单根据付款时间与金额由其他应付单分次推送，通过选择付款用途标记为融资租赁付款，同步推送发票。将未确认融资费用结转到财务费用的业务，可手工增加凭证，也可通过其他应付单生成凭证（需要调整模板），分录如下。

借：财务费用——其他

　　贷：租赁负债——未确认融资费用

如果其他应付单换成资产应付单，可以填写卡片编号，生成凭证时，可以根据卡片的增加方式判定为融资租入，方便生成租赁负债凭证。资产应付单默认生成采购付款单，对应的费用项目被锁定，不能推送其他付款单，需要通过 BOS 平台自行定义单据转换。

费用应付单可以使用自定义的费用项目，如"未确认融资费用"，费用应付单默认生成采购付款单，对应的费用项目被锁定，不能推送其他付款单，需要通过 BOS 平台自行定义单据转换。

可以手工增加资产应付单，指定资产；可以手工增加费用应付单，指定费用项目；可以手工录入每一次的其他付款单，指定付款用途，手工核销。

（三）岗位分工

信息经理增加供应商、物料；资产经理填写资产申请单、资产卡片；采购经理填写采购申请单、采购合同、资产采购订单、资产接收单；仓管经理填写资产入库单、出库申请单；往来会计填写标准应付单、其他应付单、采购发票、普通发票，生成标准应付凭证、租赁负债凭证；出纳填写采购付款单、其他付款单；成本会计完成采购费用分配、采购入库核算、出库成本维护、出库成本核算，生成在建工程凭证；总账会计生成付款凭证、资产增加凭证；总经理审核所有业务单据。

（四）操作步骤

1．采购需要安装的资产

（1）增加供应商。楚财集团增加供应商"其他供应商"，分配给济民制造。"其他供应商"专门用来记录没有具体单位的业务。

扩建厂房与生产线

（2）增加物料。楚财集团增加名称为"监理费"、物料属性为"费用"的物料，默认税率 6%，分配给济民制造。

（3）填写资产申请单。操作路径：【资产管理】-【固定资产】-【资产请购】-【资产申请单】。

（4）填写采购申请单。资产申请单下推采购申请单。

（5）填写资产采购订单。采购申请单下推资产采购订单。付款计划中填写 4 次应付比例 25%，得到每次应付金额 2 260 000 元，仅为计划，无法带入应付单中。

（6）填写收料通知单。资产采购订单下推收料通知单，其中单据类型为资产接收单。

（7）填写标准应付单。收料通知单下推标准应付单，付款计划中填写 4 次到期日，应付比例为 "25"，得到每次应付金额 2 260 000 元。

（8）填写采购增值税专用发票。标准应付单下推采购增值税专用发票。

（9）填写监理费应付单。新增标准应付单，选择"其他供应商"，物料选择"监理费"，计价数量"1"，含税单价"50 000"，税率"0"。

（10）填写监理费普通发票。监理费应付单下推采购普通发票。

（11）填写监理费采购付款单。监理费应付单下推监理费采购付款单。

（12）填写采购付款单。应付单下推付款单，推送 4 次，修改日期。

（13）填写资产卡片。新增资产卡片，选择资产类别"生产设备"，选单，选择收料通知单，带入数据后，在费用金额中填写"50 000"或将未税成本由"8 000 000"修改为"8 050 000"。录入资产名称、入账日期、开始使用日期、资产位置、使用部门（三车间）、费用项目（折旧费）。

（14）生成凭证。生成含费用的资产采购业务会计凭证，如图 4-33 所示。

摘要	科目编码	科目全名	币别	原币金额	借方金额	贷方金额
卡片编码ZCLB024的卡片	1601	固定资产	人民币	¥8,050,000.00	¥8,050,000.00	
卡片编码ZCLB024的卡片	2202.01	应付账款_暂估应付款	人民币	¥8,050,000.00		¥8,050,000.00
单据AP00000034的应付单	2202.01	应付账款_暂估应付款	人民币	¥8,000,000.00	¥8,000,000.00	
单据AP00000034的应付单	2221.01.01	应交税费_应交增值税_进项税额	人民币	¥1,040,000.00	¥1,040,000.00	
单据AP00000034的应付单	2202.02	应付账款_明细应付款	人民币	¥9,040,000.00		¥9,040,000.00
单据AP00000035的应付单	2202.01	应付账款_暂估应付款	人民币	¥50,000.00	¥50,000.00	
单据AP00000035的应付单	2202.02	应付账款_明细应付款	人民币	¥50,000.00		¥50,000.00
FKD00000031	2202.02	应付账款_明细应付款	人民币	¥2,260,000.00	¥2,260,000.00	
FKD00000031	1002	银行存款	人民币	¥2,260,000.00		¥2,260,000.00
FKD00000032	2202.02	应付账款_明细应付款	人民币	¥2,260,000.00	¥2,260,000.00	
FKD00000032	1002	银行存款	人民币	¥2,260,000.00		¥2,260,000.00
FKD00000033	2202.02	应付账款_明细应付款	人民币	¥2,260,000.00	¥2,260,000.00	
FKD00000033	1002	银行存款	人民币	¥2,260,000.00		¥2,260,000.00
FKD00000034	2202.02	应付账款_明细应付款	人民币	¥2,260,000.00	¥2,260,000.00	
FKD00000034	1002	银行存款	人民币	¥2,260,000.00		¥2,260,000.00
FKD00000036	2202.02	应付账款_明细应付款	人民币	¥50,000.00	¥50,000.00	
FKD00000036	1002	银行存款	人民币	¥50,000.00		¥50,000.00

图 4-33　含费用的资产采购业务会计凭证

2．融资租赁

（1）填写资产申请单。操作路径：【资产管理】-【固定资产】-【资产请购】-【资产申请单】。

（2）填写采购申请单。资产申请单下推采购申请单。

（3）填写资产采购订单。采购申请单下推资产采购订单，不勾选“含税”复选框，填写不含税单价 4 000 000 元。

（4）填写资产接收单。资产采购订单下推收料通知单，其中单据类型为资产接收单。

（5）填写资产卡片。新增资产卡片，选择资产类别“房屋及建筑物”，选单，选择收料通知单，带入数据后，将变动方式修改为“融资租入”，录入资产名称、入账日期、开始使用日期、资产位置、使用部门（三车间）、费用项目（折旧费）。

（6）填写其他应付单。手工增加其他应付单，在明细页签的第一行选择费用项目“未确认融资费用”，录入不含税金额“2 000 000”［（50 000×1.13×120-4 000 000×1.13）÷1.13］，核对税率为 13%；在第二行选择费用项目“使用权资产”，录入不含税金额“4 000 000”，核对税率为 13%，如图 4-34 所示。

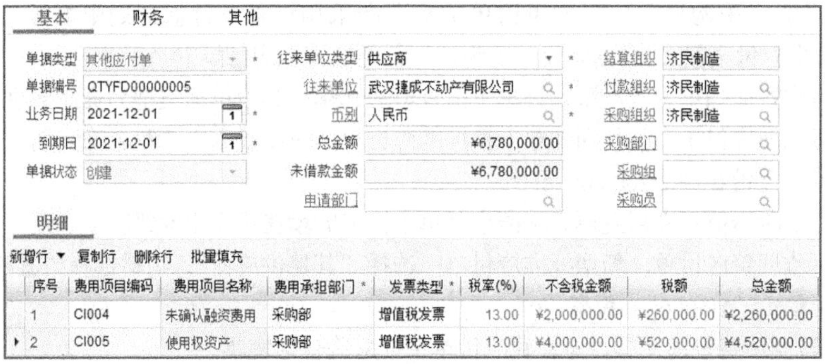
基本　财务　其他

单据类型：其他应付单　往来单位类型：供应商　结算组织：济民制造
单据编号：QTYFD00000005　往来单位：武汉捷成不动产有限公司　付款组织：济民制造
业务日期：2021-12-01　币别：人民币　采购组织：济民制造
到期日：2021-12-01　总金额：¥6,780,000.00　采购部门：
单据状态：创建　未借款金额：¥6,780,000.00　采购组：
申请部门：　采购员：

明细

新增行　复制行　删除行　批量填充

序号	费用项目编码	费用项目名称	费用承担部门	发票类型	税率(%)	不含税金额	税额	总金额
1	CI004	未确认融资费用	采购部	增值税发票	13.00	¥2,000,000.00	¥260,000.00	¥2,260,000.00
2	CI005	使用权资产	采购部	增值税发票	13.00	¥4,000,000.00	¥520,000.00	¥4,520,000.00

图 4-34　其他应付单

（7）填写采购发票。其他应付单推送进项费用增值税发票，修改两项费用项目的不含税金额，合计金额等于 50 000 元（当不含税金额填 0 时，此行需删除）。

（8）填写采购付款单。其他应付单推送采购付款单，将应付金额修改为“56 500”，源单明细的本次付款金额“56 500”，指定付款用途“融资租赁付款”。

（9）生成凭证。融资租赁业务会计凭证如图 4-35 所示。

摘要	科目编码	科目全名	币别	原币金额	借方金额	贷方金额
卡片编码ZCLB015的卡片	1612	使用权资产	人民币	¥4,000,000.00	¥4,000,000.00	
卡片编码ZCLB015的卡片	2202.01	应付账款_暂估应付款	人民币	¥4,000,000.00		¥4,000,000.00
单据QTYFD00000005的其他应付单	2202.01	应付账款_暂估应付款	人民币	¥4,000,000.00	¥4,000,000.00	
单据QTYFD00000005的其他应付单	2810.02	租赁负债_未确认融资费用	人民币	¥2,000,000.00	¥2,000,000.00	
单据QTYFD00000005的其他应付单	2221.01.01	应交税费_应交增值税_进项税额	人民币	¥780,000.00	¥780,000.00	
单据QTYFD00000005的其他应付单	2810.01	租赁负债_租赁付款额	人民币	¥6,780,000.00		¥6,780,000.00
FKD00000037	1002	银行存款	人民币	¥56,500.00		¥56,500.00
FKD00000037	2810.01	租赁负债_租赁付款额	人民币	¥56,500.00	¥56,500.00	

图 4-35　融资租赁业务会计凭证

（10）手工填写凭证。核对日期，录入摘要"调整未确认融资费用"，选择科目为"财务费用——其他"，对应借方金额为"2 000 000"，选择科目"租赁负债——未确认融资费用"，对应贷方金额为"2 000 000"，结果如图 4-36 所示。

图 4-36　调整未确认融资费用会计凭证

> ➢ 物料允许采购业务和资产业务，物料属性为"资产"，物料控制属性设置为"可资产"和"可采购"；如果需要库存管理，物料控制属性还要设置"可库存"。
> ➢ 物料作为资产不进行存货核算，建立资产卡片时核算资产原值。
> ➢ 根据资产接收单做应付单确认应付，根据资产接收单建立资产卡片。
> ➢ 资产验收建卡后就属于资产管理范围，采购模块不再处理其业务。如果资产需要进行实物库存管理，可以做资产入库和资产出库，但资产的出入库只处理数量，不处理金额。
> ➢ 其他付款单无法定义付款时间。
> ➢ 资产出库单与资产入库单默认没有单据转换关系。
> ➢ 对账中需要把"租赁负债——租赁付款额"科目作为应付往来科目对待。
> ➢ 可尝试通过单据转换与反写规则进行单据间的数据推送。
> ➢ 如果需要采购合同，只能手工新增，无法通过推送得到。
> ➢ 费用应付单只有在不勾选"价外税"复选框的情况下，才能推送进项费用普通发票。
> ➢ 建议将科目"租赁负债——租赁付款额"加入往来单位类型为供应商的应付款对账科目中，否则，会显示对账不平。
> ➢ 学生思考并练习：手工填写的凭证如何让业务单据自动生成。

七、生产领料

（一）业务场景

（1）12 月 1 日，生产一车间与二车间分别审核生产订单（生产订单明细如表 4-11 所示），核对生产用料清单，下达生产任务。12 月 2 日领取部分生产物料（领料明细如表 4-12 所示），剩余物料等到货后依据生产日期逐步领取。

表 4-11　生产订单明细（1）

生产日期	完工日期	车间	物料	数量（Pcs）	生产方式
2021-12-1	2021-12-8	一车间	P1 半成品	1 000	工序汇报入库-普通生产
			P3 产品	1 000	工序汇报入库-普通生产
		二车间	P2 半成品	1 000	工序汇报入库-普通生产
			P4 产品	1 000	工序汇报入库-普通生产
2021-12-8	2021-12-15	一车间	P1 半成品	1 000	工序汇报入库-普通生产
			P3 产品	1 000	工序汇报入库-普通生产
		二车间	P2 半成品	1 000	工序汇报入库-普通生产
			P4 产品	1 000	工序汇报入库-普通生产
2021-12-15	2021-12-22	一车间	P1 半成品	1 000	工序汇报入库-普通生产
			P3 产品	1 000	工序汇报入库-普通生产
		二车间	P2 半成品	1 000	工序汇报入库-普通生产
			P4 产品	1 000	工序汇报入库-普通生产
2021-12-22	2021-12-29	一车间	P1 半成品	1 000	工序汇报入库-普通生产
			P3 产品	1 000	工序汇报入库-普通生产
		二车间	P2 半成品	1 000	工序汇报入库-普通生产
			P4 产品	1 000	工序汇报入库-普通生产
2021-12-29	2022-1-5	一车间	P1 半成品	1 000	工序汇报入库-普通生产
			P3 产品	1 000	工序汇报入库-普通生产
		二车间	P2 半成品	1 000	工序汇报入库-普通生产
			P4 产品	1 000	工序汇报入库-普通生产

表 4-12　领料明细（1）

领料日期	物料	一车间领料数量（Pcs）	二车间领料数量（Pcs）
2021-12-2	R1 原材料	1 000	
	R2 原材料		1 000
	R3 原材料	1 000	1 000
	R4 原材料	1 000	
	R5 原材料		1 000
	P1 半成品	1 000	
	P2 半成品		1 000
2021-12-9	R1 原材料	4 000	
	R2 原材料		4 000
	R3 原材料	4 000	4 000
	R4 原材料	4 000	
	R5 原材料		4 000

（2）12 月 9 日，仓库通知到货，继续领取全部生产订单对应的 R1、R2、R3、R4、R5 原材料，P1、P2 半成品本次不领取，领料明细如表 4-12 所示。

（二）业务解析

此业务为工序管理级别的生产管理业务中的生产领料环节。工序管理级别的生产管理业务以生产的每一道工序为主线，对生产进行管理。生产过程中原材料根据采购进度与半成品完工进度分批领用。生产订单操作流程如图 4-37 所示。

在列表状态下显示计划开工时间与计划完工时间，审核所有单据，审核用料清单；在修改状态下按时间顺序填写生产车间；在列表状态下对所有批次生产订单进行下达，对全部生产订单进行分批领料。领料时，可将同一时间多车间订单的材料合并在一起。

生产领料单是处理生产部门和仓储部门之间业务关系的书面凭证，是财务人员据以记账、核算成本的重要原始凭证。

生产领料类型分为普通领料和倒冲领料。普通领料指按生产过程先领料，再生产。倒冲领料指先生产，再根据生产完成情况决定领料数量。

在生产订单单据类型的参数设置中，有倒冲领退料控制参数，如倒冲时机、倒冲方式，用于控制倒冲领料单据生成模式。

倒冲时机控制参数，包含"汇报倒冲"和"入库倒冲"两个倒冲时机。倒冲时机为"汇报倒冲"，则在生产汇报单审核时，生成生产倒冲领料单。倒冲时机为"入库倒冲"（默认），则在生产入库单审核时，生成生产倒冲领料单。生产汇报单或者生产入库单反审核时，自动删除其对应的生产倒冲领料单。

倒冲方式控制参数，包含"后台倒冲"和"交互式倒冲"两种倒冲方式。倒冲方式为"后台倒冲"（默认），则生产汇报单、生产入库单审核时，后台生成倒冲领料单；倒冲方式为"交互式倒冲"，则按生产汇报单、生产入库单生成倒冲领料单。生成的倒冲领料单可手工调整，支持分次生成倒冲领料单。

普通领料与倒冲领料业务流程如图 4-38 所示。

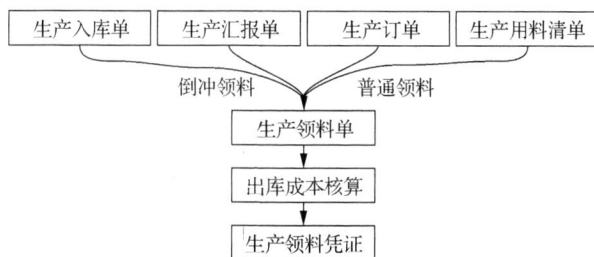

图 4-37　生产订单操作流程（领料）

图 4-38　普通领料与倒冲领料业务流程

（三）岗位分工

生产经理审核生产订单、生产用料清单，下达生产任务，生成生产领料单；仓管经理根据现有库存修改生产领料单；成本会计完成出库成本核算，生成生产领料凭证；总经理审核所有单据。

（四）操作步骤

（1）修改生产订单。操作路径：【生产制造】-【生产管理】-【生产订单】-【生产订单列表】。修改日期，按计划开工时间排序，填写所有行的生产车间，保存，提交，审核。

生产领料

（2）审核生产用料清单。操作路径：【生产制造】-【生产管理】-【生产订单】-【生产用料清单列表】。全选生产用料清单，提交，审核。

（3）修改生产订单参数。在生产订单列表状态下，单击工具栏"选项"-"选项"选项，将业

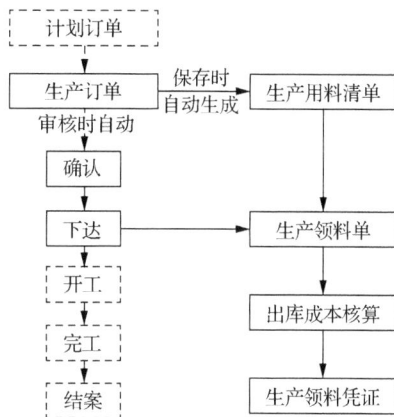

务参数中的执行日期改为"手工指定"，保存。

（4）下达生产任务。在列表状态下显示计划开工时间表头，按开工时间排序，批量选择 12 月 1 日—12 月 29 日开工的所有订单，执行到下达，修改下达日期为 12 月 1 日。

（5）生成 12 月 2 日的生产领料单。选择计划开工日期为 12 月 1 日的生产订单，下推生产领料单。修改领料日期为 12 月 2 日，库存刷新，保存，提交，审核。

（6）生成 12 月 9 日的生产领料单。选择计划开工日期为 12 月 8 日—12 月 29 日的生产订单，下推生产领料单。修改领料日期为 12 月 9 日。此次只领取原材料，不领取半成品，所以将 P1 和 P2 半成品的实发数量改为 0，保存，提交，审核。

（7）出库成本核算。操作路径：【成本管理】-【存货核算】-【存货核算】-【出库成本核算】。按提示操作。核算完成后单击"核算单据查询"链接按钮，单据类型选择"普通生产领料"，查询相关信息。

（8）生成生产领料凭证。两张生产领料单一对一生成两张凭证或汇总生成一张凭证，12 月 2 日的生产领料单对应的生产领料凭证分录如图 4-39 所示。

科目全名	核算维度	单位	单价	数量	借方金额	贷方金额
生产成本_直接材料	BM000006/二车间;CH4432/P2半成品				¥1,524,000.00	
生产成本_直接材料	BM000005/一车间;CH4431/P1半成品				¥1,007,000.00	
生产成本_直接材料	BM000006/二车间;CH4434/P4产品				¥2,152,000.00	
生产成本_直接材料	BM000005/一车间;CH4433/P3产品				¥1,651,000.00	
原材料	CH4412/R2原材料	Pcs	¥1,020.000000	1,000		¥1,020,000.00
原材料	CH4413/R3原材料	Pcs	¥504.000000	2,000		¥1,008,000.00
原材料	CH4411/R1原材料	Pcs	¥503.000000	1,000		¥503,000.00
库存商品	CH4432/P2半成品	Pcs	¥1,650.000000	1,000		¥1,650,000.00
原材料	CH4415/R5原材料	Pcs	¥502.000000	1,000		¥502,000.00
库存商品	CH4431/P1半成品	Pcs	¥1,150.000000	1,000		¥1,150,000.00
原材料	CH4414/R4原材料	Pcs	¥501.000000	1,000		¥501,000.00

图 4-39　生产领料凭证分录

> 无法手工增加领料明细，只能通过选单或从上游单据下推领料明细。
> 需要将倒冲方式控制参数改为"交互式倒冲"，才能手工调整生成的领料单。

友情提示

八、支付水电费

（一）业务场景

12 月 30 日，生产部冉敏香报销本月发生电费不含税价 8 000 元，税率 13%；水费不含税价 1 000 元，税率 3%；综合服务费不含税价 800 元，税率 6%。专票由武汉美雅物业有限公司开具，冉敏香已垫付所有金额，财务部通过转账支票支付，冉敏香中国农业银行个人账号：6228480058499123405。

（二）业务解析

此业务为费用报销业务，业务操作流程如图 4-40 所示。

其他应付单 —自动生成→ 费用报销单 → 付款单
费用应付凭证　　　　　　　　　　　　　　费用付款凭证

图 4-40　费用报销业务操作流程

（三）岗位分工

生产经理填写费用报销单；总账会计审核费用报销单，生成费用凭证与费用付款凭证；出纳填写付款单；总经理审核所有业务单据。

（四）操作步骤

（1）增加费用项目。操作路径：【基础管理】-【基础资料】-【公共资料】-【费用项目】。单击"新增"按钮，分别增加"电费""水费""综合服务费"费用项目，并填写对应税率或征收率。

支付水电费

（2）填写费用报销单。操作路径：【财务会计】-【人人报销】-【费用报销】-【费用报销单】。单击"新增"按钮，勾选"申请付款"复选框，不能勾选"实报实付"复选框，往来单位类型选择"员工"，往来单位员工选择"冉敏香"，付款信息填写冉敏香的银行账户信息，明细信息填写电费、水费、综合服务费，发票类型选择"增值税发票"，填写对应费用金额、税率，保存，提交，审核，自动生成其他应付单。

（3）填写发票。操作路径：【财务会计】-【人人报销】-【费用报销】-【费用报销单列表】。选中新增的费用报销单，分3次下推3张进项费用增值税发票，保存，提交，审核。

（4）填写付款单。操作路径：【财务会计】-【人人报销】-【费用报销】-【费用报销单列表】。选中新增的费用报销单，下推费用报销付款单，保存，提交，审核。

（5）生成费用付款凭证。操作路径：【财务会计】-【应付款管理】-【付款】-【付款单列表】。选中费用报销付款单的3行记录，单击工具栏"凭证"-"生成凭证"选项，依据向导生成凭证。

（6）生成费用应付凭证。操作路径：【财务会计】-【应付款管理】-【其他应付】-【其他应付单列表】。选中自动生成的其他应付单，单击工具栏"凭证"-"生成凭证"选项，依据向导生成凭证。

> 此业务可以从费用申请单开始，如果只是计提，累积到以后月份付款，不能勾选"申请付款""实报实付"复选框，只生成费用计提凭证。

> 此业务由于含有进项税，不能通过实报实付方式完成，不能通过直接填写其他付款单完成。

友情提示

> 如果往来单位类型选择"供应商"而付款信息填写员工银行账户信息，自动推送的其他应付单默认生成"其他应付款——供应商往来"科目，而付款单生成的科目是"其他应收款——员工往来"，出现错位的原因是凭证模板缺少科目判定。

> 推送的应付单与付款单无法手工核销，无核销记录。

> 此业务可通过费用采购业务完成。

九、更新生产完工入库

（一）业务场景

12月1日—12月29日，生产部各车间对生产订单依次按生产日期开工生产，生产订单明细如表4-13所示。废品数均在最后一道工序中产生，各订单生产所需的R1、R2、R3、R4、R5原材料已全部领用；12月1日开工的生产订单P1、P2半成品已领取；其他时间的生产订单，各车间根据生产需要，在生产日期的后一天分次领取P1、P2半成品。领料明细如表4-14所示。各车间按生产要求开展各项工序，进行工序汇报、质量检验、完工入库、结案，入库时间为完工日期的前一天。为加强生产报废的管理，要求在成品库划分报废品区，专门存放生产报废。

表4-13 生产订单明细（2）

生产日期	入库日期	生产车间	物料	数量（Pcs）	生产方式	废品数（Pcs）
2021-12-1	2021-12-7	一车间	P1 半成品	1 000	工序汇报入库-普通生产	5
			P3 产品	1 000	工序汇报入库-普通生产	5

生产日期	入库日期	生产车间	物料	数量（Pcs）	生产方式	废品数（Pcs）
2021-12-1	2021-12-7	二车间	P2 半成品	1 000	工序汇报入库-普通生产	5
			P4 产品	1 000	工序汇报入库-普通生产	5
2021-12-8	2021-12-14	一车间	P1 半成品	1 000	工序汇报入库-普通生产	5
			P3 产品	1 000	工序汇报入库-普通生产	5
		二车间	P2 半成品	1 000	工序汇报入库-普通生产	5
			P4 产品	1 000	工序汇报入库-普通生产	5
2021-12-15	2021-12-21	一车间	P1 半成品	1 000	工序汇报入库-普通生产	5
			P3 产品	1 000	工序汇报入库-普通生产	5
		二车间	P2 半成品	1 000	工序汇报入库-普通生产	5
			P4 产品	1 000	工序汇报入库-普通生产	5
2021-12-22	2021-12-28	一车间	P1 半成品	1 000	工序汇报入库-普通生产	5
			P3 产品	1 000	工序汇报入库-普通生产	5
		二车间	P2 半成品	1 000	工序汇报入库-普通生产	5
			P4 产品	1 000	工序汇报入库-普通生产	5
2021-12-29		一车间	P1 半成品	1 000	工序汇报入库-普通生产	
			P3 产品	1 000	工序汇报入库-普通生产	
		二车间	P2 半成品	1 000	工序汇报入库-普通生产	
			P4 产品	1 000	工序汇报入库-普通生产	

表 4-14 领料明细（2）

领料日期	物料	一车间领料数量（Pcs）	二车间领料数量（Pcs）
2021-12-9	P1 半成品	1 000	
	P2 半成品		1 000
2021-12-16	P1 半成品	1 000	
	P2 半成品		1 000
2021-12-23	P1 半成品	1 000	
	P2 半成品		1 000
2021-12-30	P1 半成品	1 000	
	P2 半成品		1 000

（二）业务解析

此业务基于工序汇报的生产管理业务，需要按时间顺序依次完成生产订单与工序管理，生产任务已下达，12 月 1 日开工的生产订单的领料工作已完成，业务流程如图 4-41 所示。各车间依据生产日期循环完成生产管理业务。

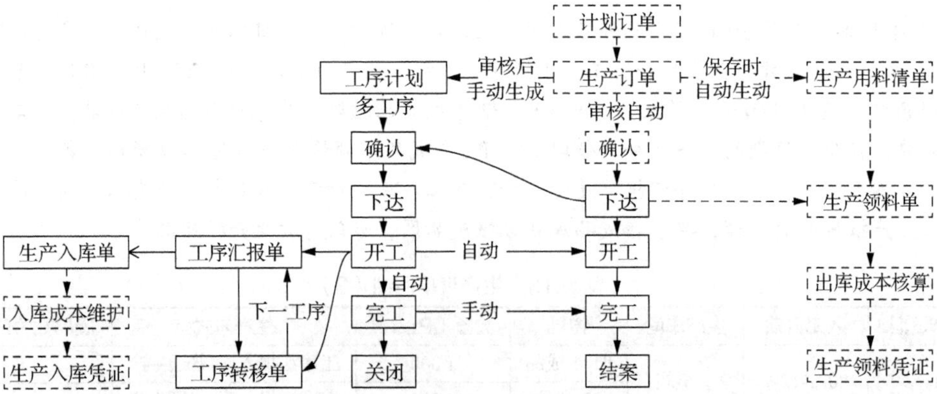

图 4-41 基于工序汇报的生产管理业务流程

生产用料清单在生产订单保存时自动生成；生产订单审核后，手动生成工序计划；工序计划审核后，手工分配物料，反写得到生产用料清单；生产订单下达生产任务，各工序确认、下达、开工。第一个工序开工时，生产订单自动开工；下达后，生产领料单可基于生产订单生成，也可依据工序生成，在生产订单的单据类型中有"按工序领料"选项；开工后，按工序生成工序汇报单，通过工序转移单将上一工序的已完成情况结转到下一工序，下一工序继续生成工序汇报单，所有工序都完成后，依据最后一个工序汇报单生成生产入库单，所有工序自动完工。

如果生产工序中存在废工或废料，工序汇报单可以推送工序不良品明细，记录原因与责任方。

此业务的第一批生产领料单在上一业务中已完成。由于直接人工与制造费用需要月末才能得到，此业务的入库成本维护需要在月末进行，第二批的生产领料单领取了第一批入库的半成品，需要在月末进行入库成本维护后才能进行出库成本核算。

（三）岗位分工

生产经理完成生产订单与工序的开工、领料，完成工序汇报、工序转移、质量检验、生产入库、完工、结案；仓管经理修改生产领料单、生产入库单；成本会计月末完成入库成本维护，生成生产入库凭证；总经理审核所有单据。

（四）操作步骤

1．调整参数

（1）修改工序计划列表选项。操作路径：【生产制造】-【车间管理】-【车间作业计划】-【工序计划列表】。在列表状态下，单击工具栏"选项"-"选项"选项，将业务参数中的下达日期由"系统生成"改为"手工指定"，如图 4-42 所示。

更新生产完工入库

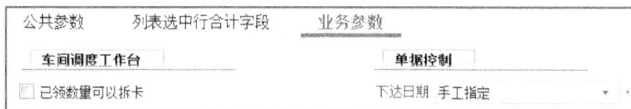

图 4-42　修改工序计划列表选项

（2）修改工序汇报单据参数。操作路径：【基础管理】-【基础资料】-【单据类型】-【单据类型列表】，将工序入库汇报的"汇报日期是否允许在将来"由"严格控制"改为"不控制"，改后单据日期才能填写未来日期，如图 4-43 所示。

图 4-43　修改工序汇报单据参数

（3）修改工序计划单据参数。操作路径：【基础管理】-【基础资料】-【单据类型】-【单据类型列表】。将标准工序计划的"相同工作中心""相同加工车间不同工作中心"由"自动生成转移单"改为"手工生成转移单"，"自制首序转入"选择"不生成转移单"，绕过自动取系统日期的限制，如图 4-44 所示。

图 4-44　修改工序计划单据参数

（4）检查车间调度汇报权限。操作路径：【生产制造】-【车间管理】-【车间参数设置】-【车间调度汇报权限】。在授权页面单击工具栏"角色授权"选项，在打开页面选择角色为"全功能角色"，选择一、二车间所有工作中心，单击"授权"按钮。

2．创建仓库

新增并审核仓库，仓库名称为"成品仓报废品区"，默认库存状态为"待检"，不勾选"允许MRP 计划"复选框，勾选"不参与可发量统计"复选框。

3．第一批工序开工

（1）生成工序计划。操作路径：【生产制造】-【生产管理】-【生产订单】-【生产订单列表】。在生产订单列表状态下选择第一批生产订单，单击工具栏"业务操作"-"生成工序计划"选项，自动得到工序计划，可在工序计划列表中查询结果。

（2）审核工序计划。操作路径：【生产制造】-【车间管理】-【车间作业计划】-【工序计划列表】。在工序计划列表中清空过滤条件，批量选择工序计划，提交，审核。

（3）物料分配。在工序计划列表状态下选择所有工序计划，单击工具栏"业务操作"-"物料分配"选项，显示已审核的生产用料清单，核对发料方式为"直接领料"。

（4）工序开工。在工序计划列表状态下选择所有工序，执行至确认、下达、开工。

4．第一批生产汇报入库

（1）生成第一工序汇报单。以 12 月 1 日开工的 P1 半成品生产订单为例，在工序计划列表状态下，选中 P1 半成品的第一工序（10），下推工序汇报单，修改日期，完工数量保持"1 000"，合格数量填写"1 000"，汇报类型选择"正常生产"，保存，提交，审核。

（2）生成第一工序转移单。在工序计划列表状态下，选中 P1 半成品的第一工序（10），生成工序转移单，修改日期，查看转移数量，保存，提交，审核。

（3）生成第二工序汇报单。在工序计划列表状态下，选中 P1 半成品的第二工序（20），下推工序汇报单，修改日期，完工数量保持"1 000"，工废数量填写"5"，料废数量与待返修数量填写"0"，合格数量填写"995"，汇报类型选择"正常生产"，保存，提交，审核。

（4）生成第二工序生产入库单。在工序汇报单列表状态下，选择 P1 半成品的第二工序（20），下推生产入库单，修改日期为 12 月 7 日，报废品选择仓库"成品仓报废品区"，合格品选择仓库"成品仓"，勾选"完工"复选框（入库数量自动回写生产用料清单，如果没有全部入库，原材料需要退回，否则订单无法结案）。

（5）生产订单结案。在工序计划列表状态下，选中 P1 半成品的工序计划，行执行至关闭；在生产订单列表状态下，选择 12 月 1 日开工的 P1 半成品生产订单，行执行至结案。

（6）P1 半成品生产入库后，重复上述操作，依此完成 12 月 1 日开工的其他生产订单（P2 半成品、P3 产品、P4 产品）的汇报入库操作。

5．完成 12 月 8 日开工的生产订单

（1）生产领料。批量选择 12 月 8 日开工的生产订单，下推生产领料单，领料日期修改为 12 月 9 日，领取 P1 和 P2 半成品。

（2）工序开工。生成工序计划，下达工序，工序开工。具体细节参考完成 12 月 1 日开工的生产订单的步骤。

（3）第一工序汇报。具体细节参考完成 12 月 1 日开工的生产订单的步骤。

（4）第一工序转移。具体细节参考完成 12 月 1 日开工的生产订单的步骤。

（5）第二工序汇报。具体细节参考完成 12 月 1 日开工的生产订单的步骤。

（6）第二工序生产入库。具体细节参考完成 12 月 1 日开工的生产订单，入库日期为 12 月 14 日。

（7）结案。具体细节参考完成 12 月 1 日开工的生产订单的步骤。

6．完成 12 月 15 日开工的生产订单

（1）生产领料。批量选择 12 月 15 日开工的生产订单，下推生产领料单，领料日期修改为 12 月 16 日，领取 P1 和 P2 半成品。

（2）工序开工。生成工序计划，下达工序，工序开工。具体细节参考完成 12 月 1 日开工的生产订单的步骤。

（3）第一工序汇报。具体细节参考完成 12 月 1 日开工的生产订单的步骤。

（4）第一工序转移。具体细节参考完成 12 月 1 日开工的生产订单的步骤。

（5）第二工序汇报。具体细节参考完成 12 月 1 日开工的生产订单的步骤。

（6）第二工序生产入库。具体细节参考完成 12 月 1 日开工的生产订单的步骤，入库日期为 12 月 21 日。

（7）结案。具体细节参考完成 12 月 1 日开工的生产订单的步骤。

7．完成 12 月 22 日开工的生产订单

（1）生产领料。批量选择 12 月 22 日开工的生产订单，下推生产领料单，领料日期修改为 12 月 23 日，领取 P1 和 P2 半成品。

（2）工序开工。生成工序计划，下达工序，工序开工。具体细节参考完成 12 月 1 日开工的生产订单的步骤。

（3）第一工序汇报。具体细节参考完成 12 月 1 日开工的生产订单的步骤。

（4）第一工序转移。具体细节参考完成 12 月 1 日开工的生产订单的步骤。

（5）第二工序汇报。具体细节参考完成 12 月 1 日开工的生产订单的步骤。

（6）第二工序生产入库。具体细节参考完成 12 月 1 日开工的生产订单的步骤，入库日期为 12 月 28 日。

（7）结案。具体细节参考完成 12 月 1 日开工的生产订单的步骤。

8．12 月 29 日开工的生产订单的领料、开工

（1）生产领料。批量选择 12 月 29 日开工的生产订单，下推生产领料单，领料日期修改为 12 月 30 日，领取 P1 和 P2 半成品。

（2）工序开工。生成工序计划，下达工序，工序开工。12 月 29 日这一批生产只进行工序开

工，当月不汇报、不入库，具体细节参考完成12月1日开工的生产订单的步骤。

> ➢ 由于模拟未来日期，绕过真实日期对系统使用的限制，需要调整相关单据参数、单据列表设置。
>
> ➢ 工序计划分配后，可得到的生产用料清单，此处的生产用料清单也可以进行修改或审核。
>
> ➢ 可以利用 BOS 系统修改工序计划到工序转移单的单据转换关系，日期取工序计划上的开工日期。

十、现金折扣寄售销售

（一）业务场景

（1）12月1日，济民制造市场部领取包装纸5 000件，用于本月货物包装，填写包装物采购申请单，数量8 000件，要求下月8日之前到货。

（2）12月8日，市场部何雨桐根据寄售合同，联系武汉全通向北京丰缘发出P3、P4产品。运费含税价32 000元，当日支付运费，武汉全通开出运输发票。

（3）12月20日，收到北京丰缘的代销清单，商品已全部售出，开出增值税发票，通知北京丰缘如果12月25日前付款，将给予2%的现金折扣，金额为238 656元。

（4）12月25日，北京丰缘同意提前付款，财务部收到北京丰缘的转账支票，支付代销商品全部货款。

（二）业务解析

此业务由其他出库业务、寄售销售业务、费用应付业务组成。领取包装纸通过其他出库业务完成，还需要填写一张采购申请单。通过费用应付业务解决运输问题。此业务可以从费用采购订单开始，推送标准应付单；也可以直接从费用应付单开始，忽略采购环节；还可以通过费用报销方式处理。货物的销售通过寄售销售业务完成。

其他出库业务流程如图 4-45 所示。通过填写其他出库单完成物料的领用，通过出库成本核算计算出库成本，生成其他出库凭证。

寄售销售业务流程如图 4-46 所示。由寄售销售订单推送寄售发货通知单，寄售发货通知单推送寄售直接调拨单；当收到代销清单时，寄售直接调拨单推送寄售结算单，寄售结算单自动下推销售出库单与标准应收单，标准应收单推送销售发票与销售收款单；现金折扣在销售收款单中录入，共生成4张凭证。

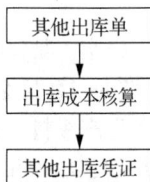

图 4-45　其他出库业务流程

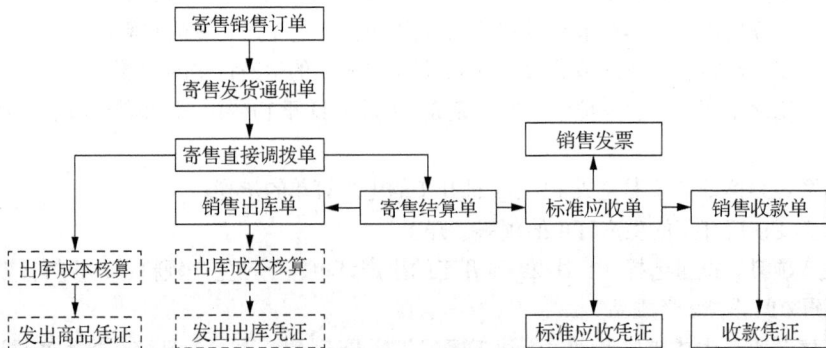

图 4-46　寄售销售业务流程

由于启用了先进先出法，出库成本核算必须在对应物料完成了入库成本核算后才能操作。由于生产完工入库成本需要到月末才能计算，此业务的出库成本核算需要到月末才能完成。

在本业务场景中，由于没有对采购过程进行管控，运费应付业务直接通过费用应付单开始，业务流程如图 4-47 所示。费用应付单默认直接进入费用，而标准应付单默认进入暂估应付款。

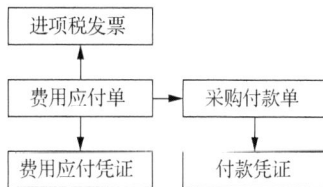

图 4-47　运费应付业务流程

（三）岗位分工

销售经理填写寄售发货通知单、寄售结算单；仓管经理填写寄售直接调拨单、销售出库单、其他出库单；往来会计填写标准应收单、费用应付单、销售发票、进项税发票，生成标准应收凭证、费用应付凭证；成本会计完成出库成本核算、生成其他出库凭证；出纳填写销售收款单、采购付款单；总账会计生成收款凭证、付款凭证；所有业务单据的审核由总经理完成。针对寄售直接调拨单与销售出库单的出库成本核算需要在月末计提工资、福利、折旧等工作完成后处理，发出商品凭证与发出出库凭证需要在月末出库成本核算后生成。

（四）操作步骤

1．领用包装物

（1）填写其他出库单。操作路径：【供应链】-【库存管理】-【杂收杂发】-【其他出库单列表】。新增其他出库单，填写相关信息。

（2）出库成本核算。操作路径：【成本管理】-【存货核算】-【存货核算】-【出库成本核算】。

（3）生成其他出库凭证。执行【财务会计】-【智能会计平台】-【财务处理】-【凭证生成】。进入凭证生成页面，选择账簿"济民制造"，在"选择单据"页签下的来源单据中选择"其他出库单"单据，单击"凭证生成"即可。

（4）填写采购申请单。操作路径：【供应链】-【采购管理】-【采购申请】-【采购申请单列表】。新增采购申请单，修改申请日期，选择物料，填写数量，修改到货日期，保存，提交，审核。

2．寄售销售

（1）填写寄售发货通知单。操作路径：【供应链】-【销售管理】-【订单处理】-【销售订单列表】。找到北京丰缘对应的寄售销售订单，单击"下推"按钮，选择发货通知单，填写相关信息。

（2）填写寄售直接调拨单。操作路径：【供应链】-【库存管理】-【库存调拨】-【直接调拨单】。在直接调拨单页面，选择单据类型为"寄售直接调拨单"，单击"选"按钮，选择北京丰缘对应的寄售发货通知单。明细信息中，调出仓库选择"成品仓"，调入仓库选择"客户仓"。

（3）填写寄售结算单。寄售直接调拨单下推寄售结算单，自动生成暂存销售出库单与应收单。

（4）填写寄售出库单。操作路径：【供应链】-【销售管理】-【出货处理】-【销售出库单列表】。找到暂存的北京丰缘对应的寄售出库单，填写相关信息。

（5）填写标准应收单。操作路径：【财务会计】-【应收款管理】-【销售应收】-【应收单列表】。找到暂存的北京丰缘对应的应收单，修改单据日期，保存，提交，审核。

（6）填写销售发票。标准应收单下推销售增值税专用发票，信息录入完成后，保存，提交，审核。

（7）填写销售收款单。标准应收单下推生成销售收款单。在收款单页面，填写现金折扣"238 656"。

（8）生成凭证。操作路径：【财务管理】-【智能会计平台】-【财务处理】-【凭证生成】。

3．运费应付

（1）填写费用应付单。选择费用项目，不勾选"计入成本"复选框，费用承担部门选择"市场部"。

（2）填写采购付款单。费用应付单下推采购付款单。

（3）填写进项税发票。费用应付单推送进项费用增值税发票。

（4）生成凭证。操作路径：【财务管理】-【智能会计平台】-【财务处理】-【凭证生成】。

> ➢ 费用业务处理途径有多样性。销售过程中的费用业务，可以通过费用采购、费用应付、费用报销完成，如果没有进项税，可以简化为直接填写其他付款单，但要求付款用途不计入往来。
>
> ➢ 如果处理运费应付业务时填写标准应付单，需要将费用定义为物料，修改凭证模板，将暂估科目改为费用科目。

十一、委外生产完工入库

（一）业务场景

12 月 1 日，与江苏宏威协商后，江苏宏威同意生产。加工费用按订单上的数量计算，每个合格品按含税价 1 000 元支付加工费用，12 月 29 日结算。商定 R2、R3、R5 原材料在每个订单开工后第二天直接从原料仓分批发给对方，P2 半成品在订单开工后第二天直接从供应商仓发货。生产过程中 P2 半成品的不合格品由江苏宏威自行补齐，江苏宏威按期交货，最终 P4 产品交货合格品数不得低于总数的 99%，入库时间为完工时间的前一天，明细信息如表 4-15、表 4-16 所示。当日，生产部将委外订单发给江苏宏威生产。

表 4-15　委外订单明细

物料	数量（Pcs）	开工时间	完工时间	完工入库	合格数（Pcs）
P2 半成品	1 000	2021-12-1	2021-12-8	供应商仓	1 000
P2 半成品	1 000	2021-12-8	2021-12-15	供应商仓	1 000
P4 产品	1 000	2021-12-8	2021-12-15	成品仓	990
P2 半成品	1 000	2021-12-15	2021-12-22	供应商仓	1 000
P4 产品	1 000	2021-12-15	2021-12-22	成品仓	990
P2 半成品	1 000	2021-12-22	2021-12-29	供应商仓	1 000
P4 产品	1 000	2021-12-22	2021-12-29	成品仓	990

表 4-16　委外发货明细

发货时间	物料	发货仓库	数量（Pcs）
2021-12-2	R2 原材料	原料仓	1 000
	R3 原材料	原料仓	1 000
2021-12-9 2021-12-16 2021-12-23 （每次分别发货1000）	R2 原材料	原料仓	3 000
	R3 原材料	原料仓	3 000
	R5 原材料	原料仓	3 000
2021-12-9	P2 半成品	供应商仓	1 000
2021-12-16	P2 半成品	供应商仓	1 000
2021-12-23	P2 半成品	供应商仓	1 000

12 月 2 日，按计划从原料仓发出 R2、R3 原材料，出库成本如表 4-17 所示，表中所有单价由成本会计依据其掌握的历史数据估算后提供。

12 月 7 日，P2 半成品完工入供应商仓，入库成本如表 4-18 所示。

12 月 9 日，按计划从原料仓发出 R2、R3、R5 原材料，P2 半成品从供应商仓领料出库，出库成本如表 4-17 所示。

表 4-17 委外出库成本明细

出库时间	物料	数量（Pcs）	单价（元）
2021-12-2	R2 原材料	1 000	1 007.596 33
	R3 原材料	1 000	501.626 42
2021-12-9	R2 原材料	1 000	935.321 10
	R3 原材料	1 000	466.962 58
	P2 半成品	1 000	2 394.178 50
	R5 原材料	1 000	500.917 43
2021-12-16	R2 原材料	1 000	900
	R3 原材料	1 000	450
	P2 半成品	1 000	2 287.239 43
	R5 原材料	1 000	466.293 58
2021-12-23	R2 原材料	1 000	900
	R3 原材料	1 000	450
	P2 半成品	1 000	2 234.955 75
	R5 原材料	1 000	450

12 月 14 日，仓库收到 P4 产品，合格品入成品仓，不合格品入成品仓报废品区，P2 半成品完工入供应商仓。入库成本如表 4-18 所示。

表 4-18 委外入库成本明细

入库时间	入库物料	数量（Pcs）	材料单价（元）	加工费单价（元）	单价（元）
2021-12-7	P2 半成品	1 000	1 509.222 750	884.955 750	2 394.178 500
2021-12-14	P2 半成品	1 000	1 402.283 680	884.955 750	2 287.239 430
2021-12-14	P4 产品	990	2 895.095 930	884.955 747	3 780.051 677
2021-12-14	P4 产品	10	2 895.095 930	0	2 895.095 930
2021-12-21	P2 半成品	1 000	1 350	884.955 750	2 234.955 750
2021-12-21	P4 产品	990	2 753.533 010	884.955 747	3 638.488 757
2021-12-21	P4 产品	10	2 753.533 010	0	2 753.533 010
2021-12-28	P2 半成品	1 000	1 350	884.955 750	2 234.955 750
2021-12-28	P4 产品	990	2 684.955 750	884.955 747	3 569.911 497
2021-12-28	P4 产品	10	2 684.955 750	0	2 684.955 750

12 月 16 日，按计划从原料仓发出 R2、R3、R5 原材料，P2 半成品从供应商仓领料出库，出库成本如表 4-17 所示。

12 月 21 日，仓库收到 P4 产品，合格品入成品仓，不合格品入成品仓报废品区，P2 半成品完工入供应商仓。入库成本如表 4-18 所示。

12 月 23 日，按计划从原料仓发出 R2、R3、R5 原材料，P2 半成品从供应商仓领料出库，出库成本如表 4-17 所示。

12 月 28 日，仓库收到 P4 产品，合格品入成品仓，不合格品入成品仓报废品区，P2 半成品完工入供应商仓。入库成本如表 4-18 所示。

12 月 29 日，P2 半成品从供应商仓调拨到成品仓，财务部用转账支付支付加工费用 6 970 000 元，收到对方开具的发票。

（二）业务解析

此业务由委外生产业务与调拨业务组成，业务处理流程如图 4-48 所示。

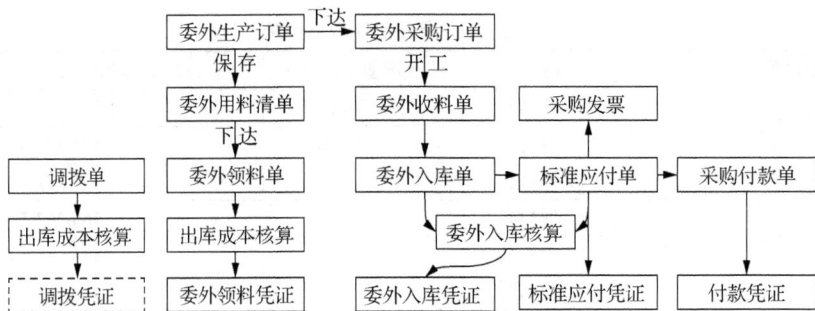

图 4-48　委外生产与调拨业务处理流程

委外生产订单由计划订单投放得到，保存后自动得到未审核的委外用料清单；委外生产订单需要经过下达、完工、结案这几个管理环节，下达后，推送委外采购订单，然后推送委外领料单，委外采购订单推送委外入库单；入库物料根据需要进行调拨；委外入库单推送标准应付单，根据标准应付单的金额以及委外入库单的数量，手工录入出库成本核算中得到的材料金额，即可完成委外入库核算。

委外入库核算的地位相当于组织间结算，不需要等到月末才进行。委外入库核算内容包含材料金额与加工费金额。材料金额是指消耗委外发出物料的材料成本，加工费金额指支付给加工厂商的加工费用。其中，加工费在采购订单中录入，由委外入库单下推标准应付单自动核算；如果启用了产品成本核算模块，材料成本由产品成本核算模块中的【成本计算】功能反写，否则只能手工录入。

调拨单需要出库成本核算，可根据科目设置或业务的特点生成凭证，此业务中不需要生成凭证。

（三）岗位分工

生产经理完成委外生产订单的下达、完工、结案，审核委外用料清单；采购经理填写委外采购订单、委外收料单；仓管经理修改委外领料单、委外入库单；往来会计完成标准应付单、采购发票、标准应付凭证；成本会计完成出库成本核算、委外入库核算，生成委外领料凭证、委外入库凭证；出纳完成采购付款单；总账会计完成付款凭证；总经理审核所有单据。

委外生产完工入库

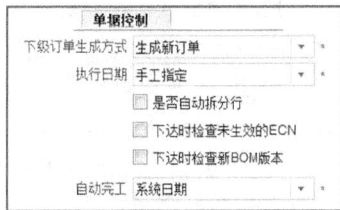

（四）操作步骤

1．审核并下达全部委外订单

（1）修改委外订单选项。操作路径：【生产制造】-【委外管理】-【委外订单】-【委外订单列表】。在委外订单列表状态下，将选项中的执行日期由"系统生成"改为"手工指定"，如图 4-49 所示。

（2）审核委外订单。操作路径：【生产制造】-【委外管理】-【委外订单】-【委外订单列表】。进入委外订单列表页面，审核全部委外订单。

图 4-49　委外订单选项设置

（3）审核委外用料清单。操作路径：【生产制造】-【委外管理】-【委外订单】-【委外用料清单列表】。审核所有委外用料清单。

（4）下达委外订单。操作路径：【生产制造】-【委外管理】-【委外订单】-【委外订单列表】。选择所有委外订单，行执行至下达，下达日期填写 2021-12-1。

2．12 月 1 日开工的委外订单管理

（1）填写委外采购订单。操作路径：【生产制造】-【委外管理】-【委外订单】-【委外订单

列表】，选择开工时间为 12 月 1 日的 P2 半成品委外订单，下推委外采购订单。在委外采购订单页面填写单价（加工费），保存，提交，审核（如果在委外采购订单中漏填单价，可在标准应付单中补填）。

（2）填写委外领料单。选择开工时间为 12 月 1 日的 P2 半成品委外订单，下推委外领料单，修改领料单日期为 12 月 2 日，审核委外领料单。

（3）出库成本核算。操作路径：【成本管理】-【存货核算】-【存货核算】-【出库成本核算】。进入出库成本核算页面，按提示操作。

（4）填写委外收料单。操作路径：【生产制造】-【委外管理】-【委外订单】-【委外采购订单列表】，委外采购订单下推委外收料单。在委外收料单页面，将日期修改为 12 月 7 日，勾选“交货入库”页签中的“来料检验”复选框。

（5）填写检验单。操作路径：【生产制造】-【委外管理】-【收货入库】-【收料通知单列表】，委外收料单推送检验单，根据业务场景中的数据填写合格数与不合格数。

（6）填写委外入库单。委外收料单下推委外入库单，对开工时间为 12 月 1 日的 P2 半成品委外订单进行入库，入库单日期为 12 月 7 日，仓库选择“供应商仓”。

（7）填写标准应付单。打开标准应付单列表，找到对应的暂存单据，修改单据日期，保存，提交，审核（如果在采购订单中漏填单价，可在此单中补填）。

（8）委外入库核算。操作路径：【成本管理】-【存货核算】-【存货核算】-【委外入库核算】。根据表 4-18 录入材料单价，保存，如图 4-50 所示。

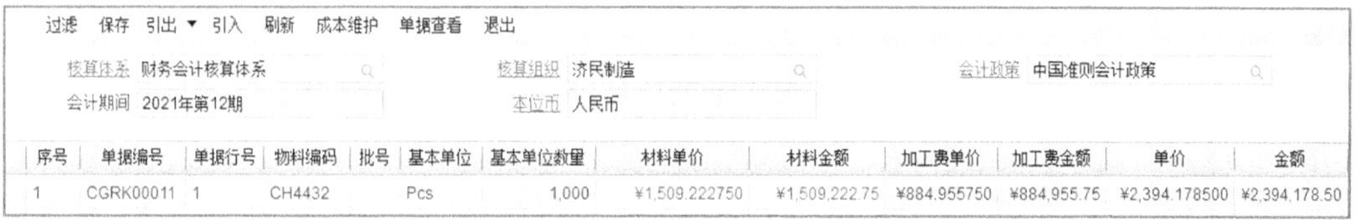
过滤 保存 引出 ▾ 引入 刷新 成本维护 单据查看 退出
核算体系 财务会计核算体系
核算组织 济民制造
会计政策 中国准则会计政策
会计期间 2021年第12期
本位币 人民币
序号 单据编号 单据行号 物料编码 批号 基本单位 基本单位数量 材料单价 材料金额 加工费单价 加工费金额 单价 金额
1 CGRK00011 1 CH4432 Pcs 1,000 ¥1,509.222750 ¥1,509,222.75 ¥884.955750 ¥884,955.75 ¥2,394.178500 ¥2,394,178.50

图 4-50 委外入库核算

（9）结案。委外订单行执行至结案。

3．12 月 8 日开工的委外订单管理

先后完成 12 月 8 日开工的 P2 半成品、P4 产品委外订单管理。

（1）填写委外采购订单。选择开工时间为 12 月 8 日的 P2 半成品委外订单，下推委外采购订单。在委外采购订单页面，填写单价（加工费）。

（2）填写委外领料单。委外订单下推委外领料单，领取 R2、R3、R5 原材料以及 P2 半成品，R2、R3、R5 原材料对应仓库选择“原料仓”，P2 半成品对应仓库选择“供应商仓”，修改领料日期为 12 月 9 日，审核委外领料单。

（3）出库成本核算。操作路径：【成本管理】-【存货核算】-【存货核算】-【出库成本核算】。进入出库成本核算页面，按提示操作。

（4）填写委外收料单。委外采购订单下推委外收料单。在委外收料单页面，将日期修改为 12 月 14 日，勾选“交货入库”页签中的“来料检验”复选框。

（5）填写检验单。委外收料单下推检验单，填写 P4 产品合格数与不合格数。对于 P4 产品的不合格品，检验单“使用决策”明细页签中，使用决策应选择“工废”。

（6）填写委外入库单。委外收料单下推委外入库单，委外入库单日期修改为 12 月 14 日。P2 半成品入“供应商仓”仓库；P4 产品合格品入“成品仓”仓库，不合格品入“成品仓报废品区”仓库。

（7）填写标准应付单。标准应付单在委外入库单审核时自动生成，打开标准应付单列表，修改单据日期。

（8）委外入库核算。操作路径：【成本管理】-【存货核算】-【存货核算】-【委外入库核算】。根据表 4-18 录入材料单价，保存。

（9）结案。

4．12 月 15 日开工的委外订单管理

先后完成 12 月 15 日开工的 P2 半成品、P4 产品委外订单管理。

（1）填写委外采购订单。选择开工时间为 12 月 15 日的 P2 半成品委外订单，下推委外采购订单。在委外采购订单页面，填写单价（加工费）。

（2）填写委外领料单。委外订单下推委外领料单，领取 R2、R3、R5 原材料以及 P2 半成品，R2、R3、R5 原材料对应仓库选择"原料仓"，P2 半成品对应仓库选择"供应商仓"，修改领料日期为 12 月 16 日，审核委外领料单。

（3）出库成本核算。操作路径：【成本管理】-【存货核算】-【存货核算】-【出库成本核算】。进入出库成本核算页面，按提示操作。

（4）填写委外收料单。委外采购订单下推委外收料单。在委外收料单页面，将日期修改为 28 日，勾选"交货入库"页签中的"来料检验"复选框。

（5）填写检验单。委外收料单下推检验单，填写 P4 产品合格数与不合格数。对于 P4 产品的不合格品，在检验单"使用决策"明细页签中，使用决策应选择"工废"。

（6）填写委外入库单。委外收料单下推委外入库单，将日期修改为 12 月 21 日。P2 半成品入"供应商仓"仓库；P4 产品合格品入"成品仓"仓库，不合格品入"成品仓报废品区"仓库。

（7）填写标准应付单。标准应付单在委外入库单审核时自动生成，打开标准应付单列表，修改单据日期。

（8）委外入库核算。操作路径：【成本管理】-【存货核算】-【存货核算】-【委外入库核算】。根据表 4-18 录入材料单价，保存。

（9）结案。

5．12 月 22 日开工的委外订单管理

先后完成 12 月 22 日开工的 P2 半成品、P4 产品委外订单管理。

（1）填写委外采购订单。选择开工时间为 12 月 22 日的 P2 半成品委外订单，下推委外采购订单。在委外采购订单页面，填写单价（加工费）。

（2）填写委外领料单。委外订单下推委外领料单，领取 R2、R3、R5 原材料以及 P2 半成品，R2、R3、R5 原材料对应仓库选择"原料仓"，P2 半成品对应仓库选择"供应商仓"，修改领料日期为 12 月 23 日，审核委外领料单。

（3）出库成本核算。操作路径：【成本管理】-【存货核算】-【存货核算】-【出库成本核算】。进入出库成本核算页面，按提示操作。

（4）填写委外收料单。委外采购订单下推委外收料单。在委外收料单页面，将日期修改为 12 月 28 日，勾选"交货入库"页签中的"来料检验"复选框。

（5）填写检验单。委外收料单下推检验单，填写 P4 产品合格数与不合格数。对于 P4 产品的不合格品，在检验单"使用决策"明细页签中，使用决策应选择"工废"。

（6）填写委外入库单。委外收料单下推委外入库单，将日期修改为 12 月 28 日。P2 半成品入"供应商仓"仓库；P4 产品合格品入"成品仓"仓库，不合格品入"成品仓报废品区"仓库。

（7）填写标准应付单。标准应付单在委外入库单审核时自动生成，打开标准应付单列表，修改单据日期。

（8）委外入库核算。操作路径：【成本管理】-【存货核算】-【存货核算】-【委外入库核算】。根据表 4-18 录入材料单价，保存。全部批次委外产品入库核算结果如图 4-51 所示。

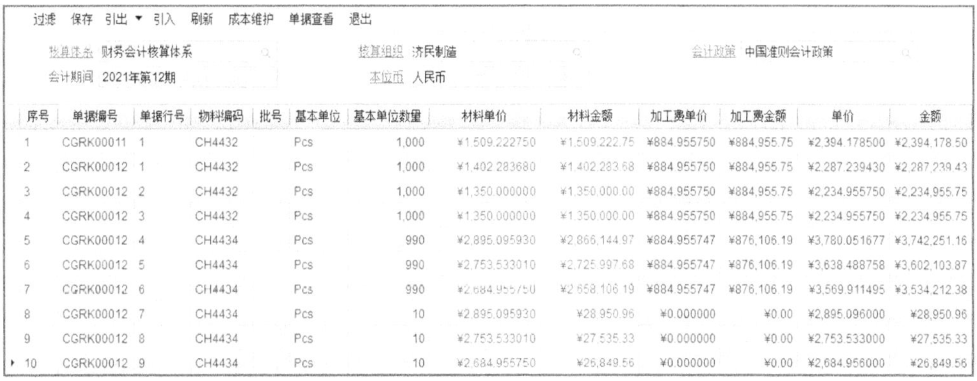

过滤 保存 引出 ▼ 引入 刷新 成本维护 单据查看 退出

核算体系 财务会计核算体系　核算组织 济民制造　会计政策 中国准则会计政策

会计期间 2021年第12期　本位币 人民币

序号	单据编号	单据行号	物料编码	批号	基本单位	基本单位数量	材料单价	材料金额	加工费单价	加工费金额	单价	金额
1	CGRK00011	1	CH4432		Pcs	1,000	¥1,509.222750	¥1,509,222.75	¥884.955750	¥884,955.75	¥2,394.178500	¥2,394,178.50
2	CGRK00012	1	CH4432		Pcs	1,000	¥1,402.283680	¥1,402,283.68	¥884.955750	¥884,955.75	¥2,287.239430	¥2,287,239.43
3	CGRK00012	2	CH4432		Pcs	1,000	¥1,350.000000	¥1,350,000.00	¥884.955750	¥884,955.75	¥2,234.955750	¥2,234,955.75
4	CGRK00012	3	CH4432		Pcs	1,000	¥1,350.000000	¥1,350,000.00	¥884.955750	¥884,955.75	¥2,234.955750	¥2,234,955.75
5	CGRK00012	4	CH4434		Pcs	990	¥2,895.095930	¥2,866,144.97	¥884.955747	¥876,106.19	¥3,780.051677	¥3,742,251.16
6	CGRK00012	5	CH4434		Pcs	990	¥2,753.533010	¥2,725,997.68	¥884.955747	¥876,106.19	¥3,638.488758	¥3,602,103.87
7	CGRK00012	6	CH4434		Pcs	990	¥2,684.955750	¥2,658,106.19	¥884.955747	¥876,106.19	¥3,569.911495	¥3,534,212.38
8	CGRK00012	7	CH4434		Pcs	10	¥2,895.095930	¥28,950.96	¥0.000000	¥0.00	¥2,895.096000	¥28,950.96
9	CGRK00012	8	CH4434		Pcs	10	¥2,753.533010	¥27,535.33	¥0.000000	¥0.00	¥2,753.533000	¥27,535.33
10	CGRK00012	9	CH4434		Pcs	10	¥2,684.955750	¥26,849.56	¥0.000000	¥0.00	¥2,684.956000	¥26,849.56

图 4-51　委外入库核算结果

（9）结案。

6．委外订单结算

（1）填写调拨单。操作路径：【供应链】-【库存管理】-【库存调拨】-【直接调拨单列表】。新增标准直接调拨单，对 12 月 28 日入库的 P2 半成品进行调拨，日期为 2021-12-29，调拨数量为“1 000”，调出仓库为“供应商仓”，调入仓库为“成品仓”。

（2）出库成本核算。操作路径：【成本管理】-【存货核算】-【存货核算】-【出库成本核算】。对调拨单进行成本核算。核算后，对普通委外领料单，可通过成本维护功能修改单价，单价参见表 4-17。

（3）填写采购付款单。操作路径：【财务会计】-【应付款管理】-【采购应付】-【应付单列表】。批量选择江苏宏威对应的标准应付单，下推采购付款单。在采购付款单页面，填写相关日期，保存，提交，审核。

（4）填写发票。标准应付单下推采购增值税专用发票。

（5）生成凭证。操作路径：【财务管理】-【智能会计平台】-【财务处理】-【凭证生成】。生成委外领料凭证、委外入库凭证、标准应付凭证、付款凭证。

友情提示

➢ 未启用产品成本核算时，材料成本需要在系统外手工计算，可以批量对零成本材料成本进行维护。

➢ 材料成本可参考出库成本。

➢ 成本核算完成后，自动出现合法性检查报告，需要排除生产完工入库无法确定入库成本的错误。

十二、代垫运费发出商品

（一）业务场景

（1）12 月 15 日，得知广州佰盛近期因投资失败，现金严重不足，短期内无还款能力。但为维护老客户的长期合作关系，公司仍然同意将货物发出。按订单要求，市场部江红玉联系武汉全通向广州佰盛发出 P3、P4 产品，代垫运费含税价 30 000 元，武汉全通开出运输发票，两张发票交付广州佰盛。

（2）12 月 31 日，广州佰盛资金情况有所好转，提出将之前确定的 97 折开票调整为 95 折开票并结算的要求。济民制造为收回货款，同意对方要求，当日收到广州佰盛的一张银行承兑汇票，期限为 30 天，无息，金额为 16 454 550 元，为本次全部货款与代垫运费。济民制造当天开出销售专票，并将银行承兑汇票全部金额贴现，贴现率 3.24%。

（二）业务解析

此业务属于发出商品业务，涵盖了折扣、垫付运费、票据新增、票据贴现的内容，业务流程如图 4-52 所示。

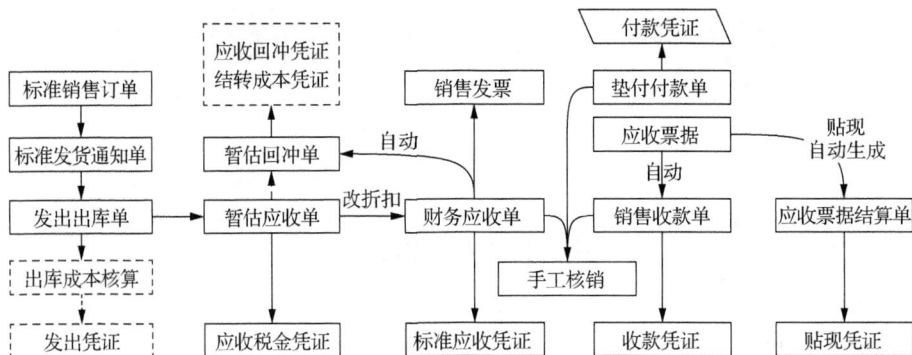

图 4-52　发出商品业务流程

物流单据推送过程中，单据类型发生变化，需要定义对应单据转换关系。标准销售订单推送标准发货通知单，继续推送发出出库单。标准发货通知单推送发出出库单已在基础数据中定义。通过启用暂估回冲功能，将应收单分解为暂估应收单与财务应收单，分别记录已开票与未开票的状态。垫付付款单通过其他业务付款单填写。

由于生产完工入库成本需要到月末才能计算，此业务的出库成本核算以及暂估回冲单生成结转成本凭证需要在月末完成。结转成本凭证生成之前，需要单击暂估回冲单工具栏"业务操作"-"获取成本信息"选项，获取出库成本核算后的成本，应收回冲凭证与结转成本凭证为一张凭证，只能一次性生成。

（三）岗位分工

往来会计启用暂估回冲功能，修改暂估应收单、财务应收单，填写销售发票，手工核销，生成应收税金凭证、标准应收凭证；销售经理填写标准销售订单、标准发货通知单；仓管经理填写发出出库单；出纳填写垫付付款单、应收票据，审核销售收款单、贴现；总账会计生成收款凭证、付款凭证、贴现凭证、核销凭证，总经理审核所有单据。出库成本核算需要等到月末计提工资、福利、折旧等工作完成后处理，应收回冲凭证与结转成本凭证需要在月末出库成本核算后生成。

（四）操作步骤

1. 启用暂估回冲功能

（1）打开应收款管理参数管理窗口。操作路径：【财务会计】-【应收款管理】-【参数设置】-【应收款管理参数】。

代垫运费发出商品

（2）设置参数。勾选"暂估应收冲回模式"复选框，单击"确定"按钮。

2. 发出商品

（1）填写标准发货通知单。操作路径：【供应链】-【销售管理】-【订单处理】-【销售订单列表】。找到广州佰盛对应的标准销售订单，推送标准发货通知单。

（2）填写发出出库单。标准发货通知单推送发出出库单，应收单自动暂存。

（3）填写暂估应收。打开应收单列表，找到广州佰盛对应的暂估应收单，修改单据日期。

（4）填写垫付付款单。操作路径：【财务会计】-【出纳管理】-【日常处理】-【付款单】。选择单据类型"其他业务付款单"，往来单位类型为"客户"，往来单位为"广州佰盛"，收款单位类型为"供应商",收款单位为"武汉全通",付款用途"其他支出",应付金额"30 000"。

（5）生成凭证。生成应收税金凭证与垫付付款凭证。应收税金凭证如图 4-53 所示。付款单模板中的其他应收款需要补充科目影响因素设置，否则，生成的凭证只能取其他应收款——员工往来。

科目全名	币别	原币金额	借方金额	货方金额
应收账款	人民币	¥1,929,330.00	¥1,929,330.00	
应交税费_应交增值税_销项税额	人民币	¥1,929,330.00		¥1,929,330.00

图 4-53　应收税金凭证

3．确认收入

（1）填写财务应收单。暂估应收单推送财务应收单，将折扣率改为5%。

（2）填写发票。财务应收单推送销售增值税专用发票。

（3）填写应收票据。操作路径：【财务会计】-【出纳管理】-【日常处理】-【应收票据】。

（4）审核销售收款单。应收票据审核时，自动生成销售收款单，修改单据日期，保存，提交，审核。

（5）修改应收款与应付款管理参数。分别修改应收款与应付款管理参数，将特殊核销允许的金额差异范围设置为-30 000 到 30 000。

（6）手工匹配核销。操作路径：【财务会计】-【应收款管理】-【应收收款】-【应收收款手工核销】。在应收收款手工核销页面，选择相关需要核销的单据，手工匹配核销金额为"16 424 550"。

（7）手工特殊核销。在应收收款核销中，收款单特殊核销金额为"30 000"；在应付付款核销中，付款单特殊核销金额为"30 000"。

（8）生成凭证。操作路径：【财务管理】-【智能会计平台】-【财务处理】-【凭证生成】。过滤中勾选应付核销单、应收核销单、应收单、收款单，共生成 4 张凭证。

4．应收票据贴现

（1）应收票据贴现。操作路径：【财务会计】-【出纳管理】-【日常处理】-【应收票据】，单击工具栏"结算操作"-"贴现"选项，修改贴现日期，选择收款银行、收款银行账号，输入贴现率3.24%，如图 4-54 所示，单击"确定"按钮，自动产生应收票据结算单。

币别	人民币		本位币	人民币
贴现日期	2021-12-31		汇率类型	固定汇率
收款银行	中国工商银行藏龙岛支行		汇率	1.0000000000
收款银行账号	2223040241010111112		实收金额	¥16,410,122.71
收款账户名称	济民制造		贴现息	¥44,427.29
收款组织	济民制造		费用	¥0.00
贴现银行			结算号	
贴现率%	3.2400000000		备注	

图 4-54　应收票据贴现

（2）生成贴现凭证。依据应收票据结算单生成凭证。

5．关闭暂估回冲功能

（1）打开应收款管理参数管理窗口。操作路径：【财务会计】-【应收款管理】-【参数设置】-【应收款管理参数】。

（2）设置参数。不勾选"暂估应收冲回模式"复选框，单击"确定"按钮。

> 单据审核时自动生成收款单、付款单，无下推工具，不能手动下推。

> 如果自动生成的单据没有保存，只能取消审核后重新审核，重新自动生成。

> 应收票据结算单、应付票据结算单均由结算业务操作自动产生，不支持手工新增，只支持查询。

> 应收票据支持质押、托管、接收内部背书票据业务。

> 应收票据贴现后，系统自动将应收票据结算状态改为"贴现"。

> 在应收单列表的选项中，勾选"显示暂估冲回单据"复选框，可以显示自动生成的暂估冲回单。

> 在应收单的其他页签中，可以看到获取的成本核算时间。

> 其他付款单中如果使用"费用借款"，需要修改应付核销单凭证模板，模板中默认没有包含费用借款的判断。

> 生成含有往来科目的凭证时，如果使用反方向的往来科目，会导致对账不平，需要填写调整凭证，也可忽略对账不平提示。

> 收到垫付的款项后，填写收款单，同时填写一张红字垫付付款单与应收单，此方法不需要特殊核销。

十三、跨组织销售折让

（一）业务场景

12 月 22 日，济民商贸按订单要求，由市场部贾露遇通知济民制造成品仓向西宁天友发出 P3、P4 产品，济民商贸开出销售专票，运费由对方支付。济民商贸与济民制造结算，含税单价：P3 产品为 5 085 元，P4 产品为 6 102 元。

12 月 25 日，西宁天友发现货物包装不严实，有大量货物有轻度擦痕，需要进行清理，双方经协商达成折让协议，P3 产品每个折让不含税价 50.00 元，P4 产品每个折让不含税价 60.00 元。西宁天友按折让后的金额 15 564 620 元付款，济民商贸收到西宁天友的转账支票。济民商贸向济民制造支付货款，济民制造向济民商贸开出专票。

（二）业务解析

此业务为跨组织销售业务。跨组织销售业务模型为：ABA（A 销售、B 出库、A 结算）。具体为，A 替 B 销售产品给 C，A 与 C 签订销售合同，由 B 出库给 C，A 收 C 货款，则 A 需要与 B 进行结算，如图 4-55 左所示。结算时，B 出库给 C 等价于 B 虚拟出库给 A，然后 A 虚拟出库给 C，如图 4-55 右所示，形成 A、C 之间和 A、B 之间两对独立的销售关系。

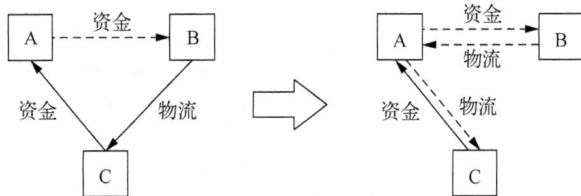

图 4-55　跨组织销售业务逻辑示意

开始跨组织销售业务前，需要定义委托-受托销售组织业务关系、组织间结算价目表、定义组织间结算关系（基础数据中已定义）。

A、B 协作，先按跨组织销售完成销售行为，形成与第三方的应收，如图 4-56 所示。A、B 完成组织间结算，形成组织间应收应付。A 的出库成本核算必须在 A 的入库成本核算后进行。B 的出库成本核算只能在月末生产入库成本核算完成后进行。

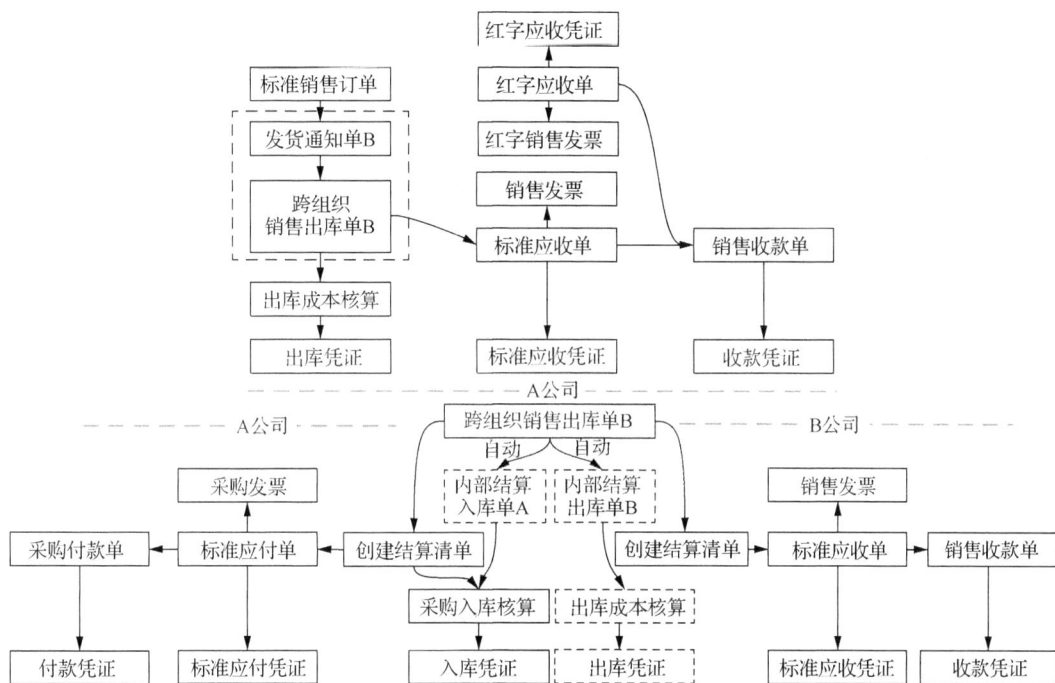

图 4-56　跨组织销售业务流程

由于启用了先进先出法，出库成本核算必须在对应物料完成了入库成本核算后才能操作。由于生产完工入库成本需要到月末才能计算，此业务中，B 内部结算中的出库成本核算需要到月末完成。B 的跨组织销售出库单对应的出库成本核算取 A 内部结算出库单的采购入库成本，可以在组织间结算后即时完成，需要先完成采购入库核算，再进行出库成本核算。操作开始前，建议检查是否关闭应收暂估功能。

（三）岗位分工

销售经理填写发货通知单；仓管经理填写销售出库单；往来会计填写标准应收单、红字应收单、销售发票、红字销售发票、标准应付单、采购发票，创建结算清单，生成标准应收凭证、红字应收凭证、标准应付凭证；成本会计完成出库成本核算、采购入库核算，生成出库凭证、入库凭证；出纳填写销售收款单、采购付款单；总账会计生成收款凭证、付款凭证；所有业务单据的审核由总经理完成。针对内部结算出库单的出库成本核算需要在月末计提工资、福利、折旧等工作完成后处理，出库凭证需要在月末出库成本核算后生成。

（四）操作步骤

1．跨组织销售

（1）填写发货通知单。切换组织到济民商贸。操作路径：【供应链】-【销售管理】-【订单处理】-【销售订单列表】。济民商贸通过标准销售订单推送发货通知单。济民制造审核发货通知单。

跨组织销售折让

（2）填写销售出库单。济民制造通过发货通知单推送销售出库单。

（3）填写标准应收单。济民制造通过销售出库单推送标准应收单，济民商贸审核标准应收单。

（4）填写销售发票。济民商贸通过标准应收单下推销售增值税专用发票。

2．销售折让

（1）填写红字应收单。切换到济民商贸，组织机构，手工填写标准应收单。其中，P3 产品计价数量为"-800"，不含税单价为"50"；P4产品计价数量为"-1 700"，不含税单价为"60"。

（2）生成红字发票。红字应收单下推销售增值税专用发票。

（3）填写收款单。全选两张应收单后一起推送收款单。

3．组织间结算

（1）创建结算清单。当前组织为济民商贸或济民制造，操作路径：【供应链】-【组织间结算】-【结算清单】-【创建结算清单】。修改起始日期为"2021-12-1"、终止日期为"2020-12-31"，勾选创建"应收结算清单物料""应付结算清单物料"，单击"下一步"按钮，在参数设置中勾选所有选项，继续完成向导操作，自动生成应收、应付单。如生成应收、应付单未成功，可以通过组织间结算模块的应收（付）结算清单下推生成，应收（付）单。

（2）济民制造审核标准应收单。操作路径：【财务会计】-【应收款管理】-【销售应收】-【应收单列表】。

（3）济民制造填写销售发票。济民制造通过标准应收单下推销售增值税专用发票。

（4）济民商贸审核标准应付单。操作路径：【财务会计】-【应付款管理】-【采购应付】-【应付单列表】。

（5）济民商贸填写采购发票。济民商贸通过标准应付单下推采购增值税专用发票。

（6）济民商贸填写采购付款单。济民商贸通过标准应付单下推采购付款单。

（7）济民制造填写销售收款单。济民制造通过标准应收单下推销售收款单。

4．生成凭证

（1）采购入库核算。当前组织为济民商贸。操作路径：【成本管理】-【存货核算】-【存货核算】-【采购入库核算】。按提示操作。

（2）出库成本核算。当前组织为济民商贸。操作路径：【成本管理】-【存货核算】-【存货核算】-【出库成本核算】。按提示操作。

（3）生成济民商贸凭证。生成7张凭证。

（4）生成济民制造凭证。生成2张凭证。

➢ 开票后，只能通过红字应收单与红字发票修改商业折扣。如果在开票前，可以直接修改应收单或修改销售发票，修改发票只能改小，修改后会生成应收调整单据。

➢ 两张应收单可推送一张收款单。

➢ 需要双方互相定义为客户与供应商，才能进行跨组织推送或选取。

➢ 组织间结算关系由委托方定义，可自动带入供货方默认值。

➢ 内部结算的采购入库单与销售出库单默认在跨组织销售出库单审核时自动生成，也可以改为在结算时生成，但只能由administrator修改。

➢ 采购入库单和销售出库单只有选中"显示内部交易单据"选项，才能看到内部交易单据，选项可通过【采购入库单列表】-【选项】-【业务参数】以及【销售出库单列表】-【选项】-【业务参数】进行设置。

➢ 跨组织销售出库单只能在收料组织的出库单列表中看到。

➢ 可通过"创建结算清单"得到组织间应收结算清单、应付结算清单。

➢ 创建"应收应付结算清单资产""应收结算清单资产"用于跨组织资产调拨，而不是创建资产类物料。

➢ 创建"应收应付结算清单费用""应收结算清单费用"用于跨组织费用移转。

➢ 完成出库成本核算后可自动完成入库成本核算。

十四、支付行政管理费

（一）业务场景

12月22日，管理部汪雪报销购买办公用品的费用，金额800元，财务部以现金支付。

（二）业务解析

此业务为费用报销业务，由于不涉及进项税，可以采用实报实付方式完成，业务流程如图4-57所示。直接填写费用报销单，勾选"申请付款"与"实报实付"复选框，即可推送付款单。

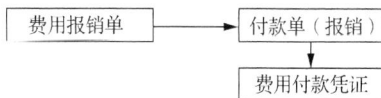

图4-57 费用报销业务流程

（三）岗位分工

总账会计填写费用报销单，出纳填写付款单，总账会计生成费用付款凭证。

（四）操作步骤

（1）填写费用报销。操作路径：【财务会计】-【人人报销】-【费用报销】-【费用报销单】。打开新增页面。修改日期，填写申请人、申请部门、费用承担部门、往来单位、事由，勾选"申请付款"与"实报实付"复选框，选择结算方式为"现金"，费用项目为"办公费"，填写费用金额。

支付行政管理费

（2）填写付款单。操作路径：【财务会计】-【人人报销】-【费用报销】-【费用报销单列表】。找到上一步新增的费用报销单，下推生成付款单。

（3）生成费用付款凭证。操作路径：【财务会计】-【应付款管理】-【付款】-【付款单列表】。选中新增的付款单，单击工具栏"凭证"选项，在下拉列表中选择"生成凭证"。

友情提示
- 实报实付的费用报销单推送的付款单，该付款单的付款用途"实报实付"不计入往来，且该付款单只有这一个付款用途。
- 实报实付必须等额支付，不能先借款后结算。
- 费用报销业务的操作可以进一步简化为直接填写其他付款单，选择对应付款用途即可。

十五、库存盘点

（一）业务场景

12月24日，对原料仓与成品仓存货进行定期盘点，发现R4原材料丢失一个，系仓管员文秀贤管理不到位所致，处罚金100元，文秀贤以现金支付。

（二）业务解析

此业务由定期盘点业务与罚款业务组成。定期盘点业务流程如图4-58所示。

盘点方案用来确定盘点的范围。盘点方案按库存组织来制定，支持盘点范围的条件输入。盘点方案审核生成物料盘点作业。盘点方案反审核会删除物料盘点作业。一旦完成盘点（物料盘点作业审核）那么盘点方案会自动关闭。

物料盘点作业用来录入实际盘点数据，根据账存和实存差

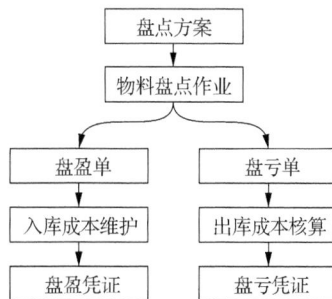

图4-58 定期盘点业务流程

异，后台自动生成盘盈或盘亏单。

罚款业务由于有现金流入，通过填写其他收款单实现，收款用途选择"罚款收入"，生成凭证即可，业务流程如图 4-59 所示。

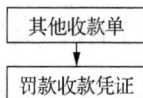

```
其他收款单
   ↓
罚款收款凭证
```

图 4-59　罚款业务流程

（三）岗位分工

仓管经理填写盘点方案、物料盘点作业、盘亏单；成本会计完成出库成本核算，生成盘亏凭证；出纳填写其他收款单；总账会计生成罚款收款凭证；所有业务单据的审核由总经理完成。

（四）操作步骤

1．盘点

（1）定义盘点方案。操作路径：【供应链】-【库存管理】-【定期盘点】-【盘点方案】。新增盘点方案后，截止日期选择 2021-12-24，盘点范围中，仓库编码选择从原料仓到成品仓，保存。

库存盘点

（2）修改物料盘点单。操作路径：【供应链】-【库存管理】-【定期盘点】-【物料盘点作业列表】。打开物料盘点作业列表，根据库存数量录入盘点数量，其中，R4 原材料少录入 1 个。审核后，自动生成已审核的盘亏单。

（3）出库成本核算。操作路径：【成本管理】-【存货核算】-【存货核算】-【出库成本核算】。按提示操作。

（4）生成凭证。

2．罚款收款

（1）填写其他收款单。收款用途选择"罚款收入"。

（2）修改总账管理参数。操作路径：【财务会计】-【总账】-【参数设置】-【总账管理参数】，勾选"业务系统生成的总账凭证允许修改"复选框，如图 4-60 所示。

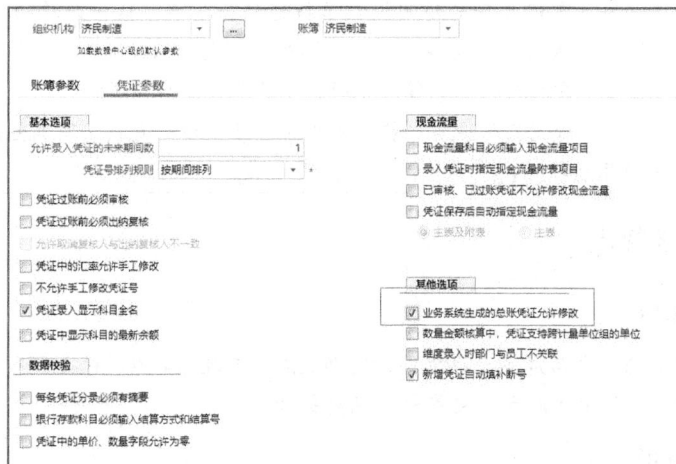

图 4-60　修改总账管理参数

（3）生成凭证。生成后修改科目，将"营业外收入——现金溢余"改为"营业外收入——罚没收入"。

友情提示

➤ 物料盘点作业支持单据引出、引入。引入时账存数量、盘盈或盘亏数量都不引入，只引入盘点数量。

➤ 物料盘点作业必须由盘点方案审核生成，不能新增单据，允许修改、增加分录。

> 物料盘点作业审核时根据盘盈或盘亏生成审核状态的盘盈或盘亏单。生成规则：根据货主类型和货主生成多张单据。

> 盘亏单、盘盈单支持手工录入。

> 如果要对罚款的性质进行细分，可以增加更具体的收付款用途，在凭证模板中增加对应的分录行。

> 盘点方案中的时间如果使用即时时间，则会与系统真实时间不一致，可能会导致物料盘点作业无法自动生成盘亏单、盘盈单。

> 思考如何在实现罚款收入生成凭证时，自动带出"营业外收入——罚没收入"科目。

十六、跨组织销售退货

（一）业务场景

（1）12月29日，济民商贸按订单要求，由市场部贾露遇通知济民制造成品仓向上海鲜源发出 P3、P4 产品，货物由武汉全通运输，运费含税价 32 000 元，当日支付，武汉全通开出运输发票。济民商贸收到上海鲜源的转账支票，系支付剩余 50% 的货款，济民商贸开出销售专票。济民商贸与济民制造结算含税单价：P3 产品为 5 085 元，P4 产品为 6 102 元。济民商贸向济民制造支付货款，济民制造向济民商贸开出专票。

（2）12月31日，客户反馈有一台 P4 产品有质量问题，当天收到客户退货，入成品仓，公司退还价款，开出红字发票。

（二）业务解析

此业务由跨组织销售、跨组织销售退货、组织间结算、运费应付业务组成。跨组织销售与运费应付业务流程如图 4-61 所示。跨组织销售退货业务流程如图 4-62 所示。跨组织销售与跨组织销售退货均需要进行组织间结算。

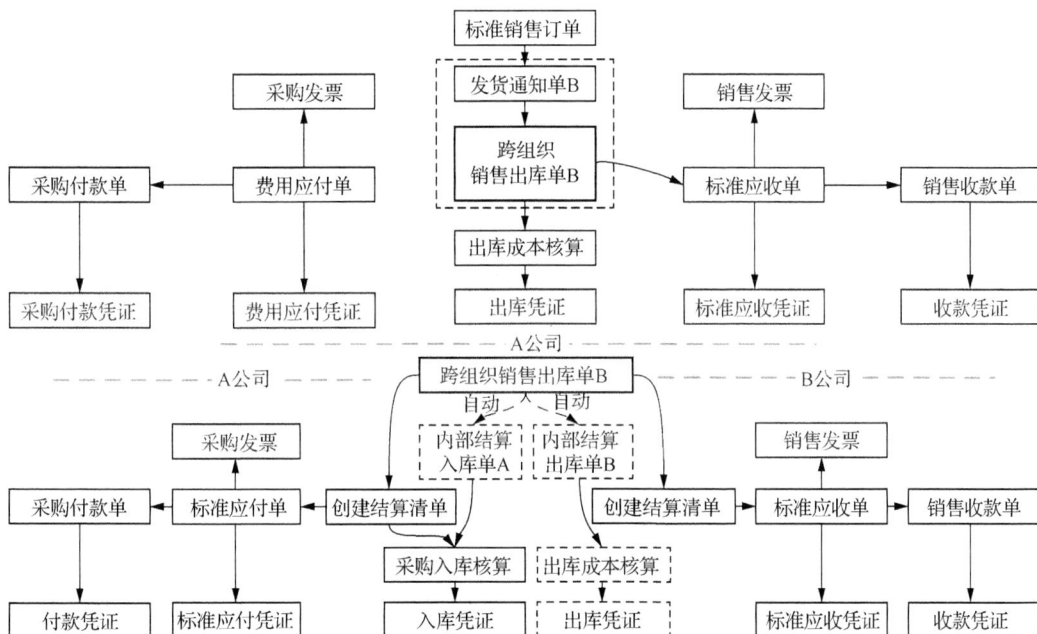

图 4-61 跨组织销售与运费应付业务流程

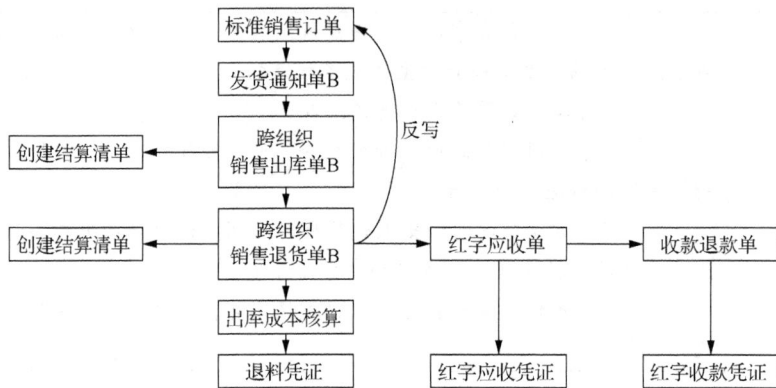

图 4-62 跨组织销售退货业务流程

由于启用了先进先出法，出库成本核算必须在对应物料完成了入库成本核算后才能操作。由于生产完工入库成本需要到月末才能计算，此业务中，B 内部结算中的出库成本核算需要到月末完成。B 的跨组织销售出库单对应的出库成本核算取 A 内部结算出库单的采购入库成本，可以在组织间结算后即时完成。同理，退货过程中的 B 跨组织退货单对应的出库成本核算可以在组织间结算完成后即时完成。退货过程中的组织间结算 B 的出库单对应的出库成本核算需要在月末手工录入出库成本（通过出库成本维护功能或出库成本核算中的成本维护功能完成）。

（三）岗位分工

销售经理填写发货通知单；仓管经理填写销售出库单；往来会计填写标准应收单、费用应付单、红字应收单、销售发票、采购发票，创建结算清单，生成标准应收凭证、标准应付凭证、红字应收凭证；成本会计完成出库成本核算、采购入库核算，生成出库凭证、入库凭证、退料凭证；出纳填写销售收款单、采购付款单、收款退款单；总账会计生成收款凭证、付款凭证、红字收款凭证；所有业务单据的审核由总经理完成。针对内部结算出库单的出库成本核算需要等到月末计提工资、福利、折旧等工作完成后处理，出库凭证以及内部结算退料凭证需要在月末出库成本核算后生成。

（四）操作步骤

1．跨组织销售

（1）填写发货通知单。切换组织到济民商贸。操作路径：【供应链】-【销售管理】-【订单处理】-【销售订单列表】。济民商贸通过标准销售订单推送发货通知。济民制造审核发货通知单。

跨组织销售退货

（2）填写销售出库单。济民制造通过发货通知单推送销售出库单。

（3）填写标准应收单。济民制造通过销售出库单推送标准应收单，济民商贸审核标准应收单。

（4）填写销售发票。济民商贸通过标准应收单下推销售增值税专用发票。

（5）填写收款单。济民商贸通过标准应收单下推收款单。

2．运费应付

（1）填写费用应付单。济民商贸新增费用应付单，选择费用项目，不勾选"计入成本"复选框，费用承担部门为"市场部"。

（2）填写采购付款单。费用应付单下推采购付款单。

（3）填写进项税发票。费用应付单推送进项费用增值税发票。

（4）生成凭证。依据费用应付单与付款单生成费用应付凭证与付款凭证。

3．跨组织退货

（1）填写销售退货单。济民制造根据销售出库单推送销售退货单，修改数量。

（2）填写红字应收单。济民制造通过销售退货单推送标准应收单，济民商贸审核标准应收单。

（3）填写红字销售发票。济民商贸通过红字应收单推送红字销售增值税专用发票。

（4）填写收款退款单。济民商贸通过红字应收单推送收款退款单，填写备注。

（5）手工关闭标准销售订单。上海鲜源不再补货，济民商贸单击工具栏"业务操作"-"关闭"选项，关闭标准销售订单。

4．组织间结算

（1）创建结算清单。当前组织为济民商贸或济民制造，操作路径：【供应链】-【组织间结算】-【结算清单】-【创建结算清单】，修改起始日期为"2021-12-1"、终止日期为"2020-12-31"，勾选创建"应收结算清单物料""应付结算清单物料"，单击"下一步"按钮，在参数设置中勾选所有选项，继续完成向导操作，自动生成应收、应付单。如生成应收、应付单未成功，可以通过组织间结算模块的应收（付）结算清单下推生成应收（付）单。

（2）济民制造审核标准应收单。操作路径：【财务会计】-【应收款管理】-【销售应收】-【应收单列表】。

（3）济民制造填写销售发票。济民制造通过标准应收单下推销售增值税专用发票。

（4）济民商贸审核标准应付单。操作路径：【财务会计】-【应付款管理】-【采购应付】-【应付单列表】。

（5）济民商贸填写采购发票。济民商贸通过标准应付单下推采购增值税专用发票。

（6）济民商贸填写采购付款单。济民商贸通过标准应付单下推采购付款单。

（7）济民制造填写销售收款单。济民制造通过标准应收单下推销售收款单。

5．生成凭证

（1）采购入库核算。济民商贸进行核算。操作路径：【成本管理】-【存货核算】-【存货核算】-【采购入库核算】。按提示操作。

（2）出库成本核算。济民商贸进行核算。操作路径：【成本管理】-【存货核算】-【存货核算】-【出库成本核算】。按提示操作。

（3）生成济民商贸凭证。生成 12 张凭证。

（4）生成济民制造凭证。生成 2 张凭证。

友情提示

➤ 跨组织退货后，不再补货，需要手动关闭标准销售订单。
➤ 跨组织退货需要进行组织间结算，所有的组织间结算可一次性完成。
➤ 由于有预收款，本次只收取尾款。
➤ 预收款在应收单审核后，自动得到应收核销单。

十七、建设完工开始生产

（一）业务场景

（1）请增加工作中心，信息如表4-19所示，分配给济民制造。

表 4-19 工作中心

名称	所属部门	工序控制码	基本活动
P2 加工中心	三车间	质量+汇报	准备活动（3分钟）
			加工活动（5分钟）
			拆卸活动（2分钟）

续表

名称	所属部门	工序控制码	基本活动
P2 组装中心	三车间	质量+汇报	准备活动（2分钟） 加工活动（5分钟） 拆卸活动（2分钟）
P4 加工中心	三车间	质量+汇报	准备活动（3分钟） 加工活动（5分钟） 拆卸活动（2分钟）
P4 组装中心	三车间	质量+汇报	准备活动（2分钟） 加工活动（5分钟） 拆卸活动（2分钟）

（2）请增加工艺路线，信息如表 4-20 所示，分配给济民制造。

表 4-20　工艺路线

工艺路线名称	物料	加工组织	工作中心	工序说明
P2 工艺路线	P2 半成品	济民制造	P2 加工中心	加工
		济民制造	P2 组装中心	组装
P4 工艺路线	P4 产品	济民制造	P4 加工中心	加工
		济民制造	P4 组装中心	组装

（3）请指定济民制造的车间调度汇报权限，具体要求如表 4-21 所示。

表 4-21　车间调度汇报权限

加工组织	部门名称	工作中心名称	角色授权
济民制造	三车间	P2 加工中心	全功能
	三车间	P2 组装中心	全功能
	三车间	P4 加工中心	全功能
	三车间	P4 组装中心	全功能

12 月 22 日，生产部将未下达的计划按不超过 1 000 的产能改为由三车间生产，全部投放。投放计划如表 4-22 所示。

表 4-22　投放计划订单明细

物料	投放类型	订单量（Pcs）	采购/生产日期	到货/完工日期	投放单据类型
P2 半成品	生产订单类	1 000	2021-12-29	2022-01-05	工序汇报入库-普通生产
P4 产品	生产订单类	1 000	2021-12-29	2022-01-05	工序汇报入库-普通生产

12 月 29 日，新生产线正式启用，三车间人员全部到位，开工后第二天领取全部原材料，正式开工生产，生产订单明细如表 4-23 所示，领料明细如表 4-24 所示。

表 4-23　生产订单明细（3）

生产日期	完工日期	生产车间	物料	数量（Pcs）	生产方式
2021-12-29	2022-1-5	三车间	P2 半成品	1 000	工序汇报入库-普通生产
			P4 产品	1 000	工序汇报入库-普通生产

表 4-24　领料明细（3）

领料日期	物料	三车间领料数量（Pcs）
2021-12-30	R2 原材料	1 000
	R3 原材料	1 000
	R5 原材料	1 000
	P2 半成品	1 000

（二）业务解析

此业务包括投放生产计划、生产领料、生产工序开工等业务，业务流程如图 4-63 所示。由于三车间是新增加的车间，需要补充基础数据的定义。此业务月末上线，没有完工入库，因此，开工以后的业务不需要操作。

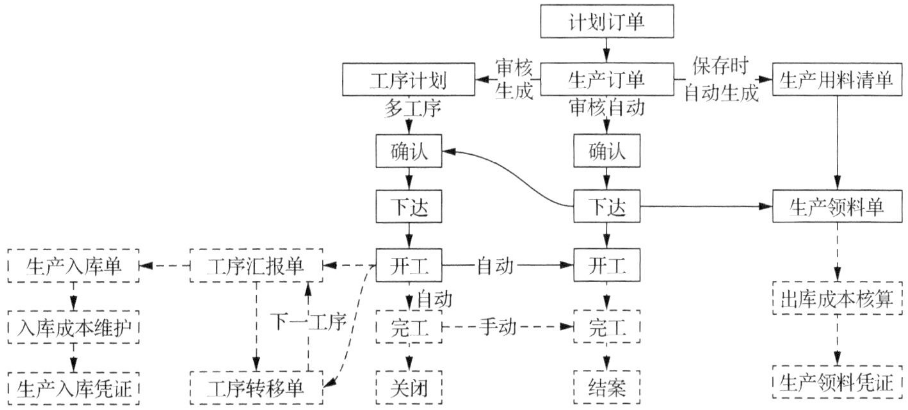

图 4-63　工序汇报业务流程

（三）岗位分工

信息经理定义工作中心、工艺路线、车间调度汇报权限；生产经理完成计划订单的修改与投放，完成生产订单的审核、下达、开工、领料；仓管经理修改生产领料单；成本会计完成出库成本核算，生成生产领料凭证；总经理审核所有单据。出库成本核算需要在月末计提工资、福利、折旧等工作完成后处理。

（四）操作步骤

1．定义基础数据

（1）定义工作中心。切换当前组织为楚财集团。操作路径：【生产制造】-【车间管理】-【工艺建模】-【工作中心列表】。选择一条工作中心记录，单击"复制新增"按钮，填写名称，修改所属部门为三车间，保存，提交，审核。

建设完工开始生产

依次新增所有工作中心后，在工作中心列表页面，选中新增的工作中心，单击工具栏"业务操作"-"分配"选项，将工作中心分配给济民制造。

（2）定义工艺路线。进入工艺路线列表页面，新增 P2 和 P4 工艺路线，加工车间为三车间。将新增工艺路线分配给济民制造。

（3）定义车间调度汇报权限。切换当前组织为济民制造，操作路径：【生产制造】-【车间管理】-【车间参数设置】-【车间调度汇报权限】。在授权页面，单击工具栏"角色授权"选项，在打开页面选择角色为"全功能角色"，选择三车间的所有工作中心，单击"授权"按钮。

2．投放生产计划

（1）投放计划订单。操作路径：【生产制造】-【计划管理】-【物料需求计划】-【计划订单列表】。设置过滤条件"业务状态不等于手工投放关闭且不等于拆分关闭，确认采购生产日期等于12月"，可以看到两条记录，确认后投放计划订单。

（2）修改生产订单。操作路径：【生产制造】-【生产管理】-【生产订单】-【生产订单列表】。双击打开投放成功的P2半成品、P4产品生产订单，修改日期，填写生产车间（三车间），保存，提交，审核。

3．生产领料

（1）审核生产用料清单。操作路径：【生产制造】-【生产管理】-【生产订单】-【生产用料清单列表】。全选生产用料清单，保存，提交，审核。

（2）修改生产订单参数。操作路径：【生产制造】-【生产管理】-【生产订单】-【生产订单列表】。在生产订单列表状态下，单击工具栏"选项"-"选项"选项，将业务参数中的执行日期由"系统生成"改为"手工指定"选项，保存（此参数保存于本地，更换计算机后，一定要重新设置）。

（3）下达生产任务。在列表状态下显示计划开工时间表头，排序，选择开工时间为12月29日的三车间生产订单，单击工具栏"行执行"-"执行到下达"选项，修改下达日期为12月22日。

（4）生成生产领料单。生产用料清单下推生产领料单（也可从生产订单下推），修改领料日期为12月30日，库存刷新，保存，提交，审核。

4．工序开工

（1）生成工序计划。操作路径：【生产制造】-【生产管理】-【生产订单】-【生产订单列表】。选择开工时间为12月29日的三车间生产订单，单击工具栏"业务操作"-"生成工序计划"选项，自动得到工序计划，可在工序计划列表中查询结果。

（2）审核工序计划。操作路径：【生产制造】-【车间管理】-【车间作业计划】-【工序计划列表】。在工序计划列表中清空过滤条件，批量选择工序计划，提交，审核。

（3）修改工序计划列表选项。操作路径：【生产制造】-【车间管理】-【车间作业计划】-【工序计划列表】。在列表状态下，单击"选项"-"选项"选项，将业务参数中的下达日期由"系统生成"改为"手工指定"选项，保存。

（4）工序开工。在工序计划列表状态下选择所有工序，单击工具栏"行执行"选项，依次完成执行至确认、下达、开工操作，业务日期均为12月30日。

> ➢ 如果未分配的计划产能超过了1 000Pcs，将超过的部分委外生产。
> ➢ 列表状态下操作可批量进行。

友情提示

十八、经营租出

（一）业务场景

12月31日，济民制造将部分办公楼作为商业写字楼对外经营租出，与武汉软通有限公司签订5年期租赁合同；武汉软通有限公司每年支付租金60 000元，第一年需支付保证金20 000元，当日开出转账支票，用于支付第1年租金与保证金80 000元；济民制造开出增值税专用发票60 000元。

（二）业务解析

此业务属于服务销售业务，业务流程如图4-64所示。服务销售业务适用服务类物料的销售。与标准销售的不同点在于，服务销售不需要库存管理，不会减少库存，不需要结转销售成本。

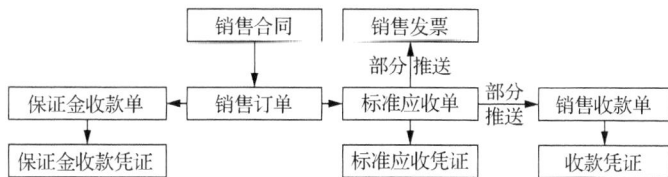

图 4-64　服务销售业务流程

武汉软通有限公司是济民制造在日常业务中发展的新客户，操作过程中，即时新增到系统中。

（三）岗位分工

信息经理增加客户；销售经理填写销售合同、发货通知单；往来会计填写标准应收单、销售发票，生成标准应收凭证；出纳填写销售收款单、保证金收款单；总账会计生成收款凭证、保证金收款凭证；所有业务单据的审核由总经理完成。

（四）操作步骤

（1）增加客户。由楚财集团创建，分配给济民制造。

（2）填写销售合同。填写有效截止日期，日期大于 2021-12-31 即可，选择销售员"贾露遇"，选择物料"租赁服务"，填写销售数量"5"、含税单价"60 000"、保证金"20 000"。

经营租出

（3）填写销售订单。销售合同下推生成销售订单，在销售订单中补充填写保证金"20 000"。

（4）填写保证金收款单。销售订单推送保证金收款单。

（5）填写发货通知单。销售订单推送发货通知单。

（6）填写标准应收单。销售订单推送标准应收，修改收款计划，分 5 次收款，每次收取总金额的 20%。

（7）填写销售收款单。标准应收单推送销售收款单，修改应收金额与源单明细的本次收款金额。

（8）填写销售发票。标准应收单推送销售增值税专用发票，修改数量为"1"。

（9）生成凭证。

> 应收模块有"出库单审核时自动生成应收单""收款单与应收单具有关联关系时自动核销""应收单与发票具有关联关系时自动核销"选项。
> 发票模块有"应收单审核时自动生成销售发票"选项。
> 出纳模块有"应收单审核时自动生成付款单"选项。
> 服务类物料的销售出库受物料属性控制，默认没有选择库存属性。
> 服务类物料的成本核算需要通过其他形式完成，目前无法通过存货核算实现。
> 发货通知单不能推送应收单。
> 销售合同与销售订单都可以推送保证金收款单。
> 销售合同只有未下推应收单或收款单时，才能下推销售订单。
> 销售合同的有效起始日期必须小于等于系统日期。
> 销售合同下推销售订单时，可选择单据类型。
> 保证金收款的单据类型为"保证金收款单"，收款用途为"保证金收入"，默认具有不计入往来的属性（使用后无法修改）。对应的凭证模板使用"其他应付款-客户往来"往来科目，而不是收入类科目，此定义一旦使用，会导致往来账对账不平。为修复错误，已在第三章的基础档案中将"保证金收入"修改为"保证金收款"，属性修改为计入往来。
> 保证金收款单不能与销售收款单合并。

十九、资产处置计提折旧

（一）业务场景

12 月 20 日，市场部一辆普拉多越野车因自燃报废，账面原值 500 000 元，已计提折旧 43 541.66 元，报废期间用转账支票支付固定资产清理费 10 000 元（不含税）。经平安保险审核，同意赔偿 350 000 元，暂未支付。

12 月 25 日，计提所有固定资产折旧。

（二）业务解析

此业务包括资产处置业务与资产折旧业务，业务流程如图 4-65 所示。资产处置时，系统会自动对当前折旧对象计算本期折旧额，叠加到已计提折旧中，不需要先运行折旧功能。资产折旧业务由系统自动计算，含当期减少的资产，资产处理通过资产处置单完成。录入资产处置单时，可在单据中录入清理费，但仅起记录作用，清理费需要单独通过付款单处理。保险公司赔付涉及往来账，通过其他应收款实现。

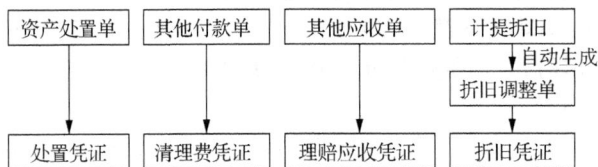

图 4-65　资产处置与资产折旧业务流程

折旧调整单是计提折旧的结果。每次计提成功，系统自动按货主组织及会计政策于当期产生一张折旧调整单。资产管理员及资产会计可根据实际需要对当期的折旧额进行调整。

资产处置业务具体分录如下。

（1）报废车辆转清理（填写资产处置单）。

借：固定资产清理	456 458.34	
累计折旧	43 541.66	
贷：固定资产——运输车		500 000

（2）支付固定资产清理费用（填写其他付款单）。

借：固定资产清理	10 000	
贷：银行存款		10 000

（3）保险公司承诺理赔（填写其他应收单）。

借：其他应收款——平安保险	350 000	
贷：固定资产清理		350 000

（4）结转报废车辆净损失（填写凭证）。

借：营业外支出——固定资产净损失	116 458.34	
贷：固定资产清理		116 458.34

支付固定资产清理费用业务，需要定义付款用途"支付固定资产清理费用"，并修改凭证模板；保险公司承诺理赔业务，需要增加往来单位（供应商）"平安保险"，定义费用项目"保险赔款"，并修改凭证模板，如果不修改凭证模板，则需要在生成凭证后修改凭证科目，或在生成凭证后再增加一张调整凭证。

在金蝶云星空中，对本期的资产管理，应先进行资产处置再计提折旧，如果已经计提折旧，则需要删除折旧调整单，做完资产处置单后再重新计提折旧。在资产处置时，系统在资产处置环境中已将处置卡片的当期折旧进行了计算，只是暂时未在处置单上显示。计提折旧时，对于已处置卡片的折旧，直接取资产处置环境中已计提的折旧额，审核折旧调整单时，会将处置卡片本期的折旧额反写到处置单上。

（三）岗位分工

信息经理增加收付款用途、供应商、费用项目，调整凭证模板；资产经理填写资产处置单、计提折旧；往来会计填写其他付款单、其他应收单，生成清理费凭证、理赔应收凭证；总账会计生成处置凭证、折旧凭证；所有业务单据的审核由总经理完成。

（四）操作步骤

1. 资产处置

（1）填写资产处置单。操作路径：【资产管理】-【固定资产】-【日常管理】-【资产处置】。单击"新增"按钮，修改业务日期，选择处置方式，将数量改为"1"，通过查看卡片找到市场部分配的资产编码，在资产处置单中将对应资产编码的数量改为"1"，删除其他行。

资产处置计提折旧

（2）生成处置凭证。依据资产处置单生成处置凭证。

2. 支付固定资产清理费用

（1）定义收付款用途。操作路径：【财务会计】-【出纳管理】-【基础资料】-【收付款用途】。单击"新增"按钮，定义付款用途"支付固定资产清理费用"。

（2）填写其他业务付款单。操作路径：【财务会计】-【应付款管理】-【付款】-【付款单列表】。单击"新增"按钮，修改单据类型为"其他业务付款单"。往来单位和收款单位选择"第三方平台"，往来单位类型和收款单位类型选择"其他往来单位"，付款用途选择"支付固定资产清理费用"。

（3）修改付款单凭证模板。操作路径：【财务会计】-【智能会计平台】-【基础资料】-【凭证模板】。在付款单凭证模板中复制增加分录类型"固定资产清理"，将分录行生成条件改为"付款用途=支付固定资产清理费用"，清空分录行生成条件说明，系统自动生成说明。保存修改后的凭证模板（企业基础数据中已定义）。

（4）生成清理费凭证。操作路径：【财务会计】-【应付款管理】-【付款】-【付款单列表】。在列表状态下选中新增的"其他业务付款单"，单击工具栏"凭证"选项，在下拉列表中选择"生成凭证"选项。

3. 保险公司承诺理赔

（1）定义供应商。楚财集团增加供应商"平安保险"，分配给济民制造。

（2）定义费用项目。增加"保险公司理赔"费用项目，清空税率。

（3）填写其他应收单。操作路径：【财务会计】-【应收款管理】-【其他应收】-【其他应收单】。打开新增页面，往来单位类型选择"供应商"，费用项目选择"保险公司理赔"，费用承担部门选择"市场部"。

（4）生成理赔应收凭证。依据其他应收单生成凭证。

（5）修改凭证。操作路径：【财务会计】-【总账】-【总账管理参数】命令，在"凭证参数"页签勾选"业务系统生成的总账凭证允许修改"复选框，保存。查看总账凭证，双击后进入修改模式，将科目"销售费用"改为"固定资产清理"，将借方金额负值改为贷方金额正值（可以优化凭证模板，自动生成"固定资产清理"科目）。

4. 结转报废车辆净损失

填写凭证。操作路径：【财务会计】-【总账】-【凭证管理】-【凭证录入】。在凭证录入页面，修改日期，填写摘要、科目、金额。

5. 计提折旧

（1）计提折旧。操作路径：【资产管理】-【固定资产】-【折旧管理】-【计提折旧】。选择

"济民制造"，单击"计提折旧"按钮。

（2）审核折旧调整单。操作路径：【资产管理】-【固定资产】-【折旧管理】-【折旧调整单】。

（3）生成折旧凭证。依据折旧调整单生成凭证。

> 通过资产处置单生成凭证时，清理费没有记录在凭证中，原因是有资金流动，资金流动只能通过收付款单体现。

> 其他应收单模板默认未包含"其他往来单位"类型判定，定义新的往来单位时，不建议在其他往来单位中定义。

> 系统默认已定义固定资产清理分录类型。

> 资产处理时会自动叠加本期折旧额。

> 计提折旧必须在资产处理后完成。

> 计提折旧生成的折旧调整单审核后，不能重复计提。

> 可以通过删除折旧调整单撤销计提折旧。

> 手工调整折旧仅影响本期，如果勾选"手工调整折旧"复选框，则手工调整折旧额只影响本期，以后期间按照公式计提折旧；不勾选该复选框，则手工调折旧额影响以后期间，下期不存在变更时，将取上期折旧数。

> 其他应收单不能选择其他往来单位的原因是模板中没有对其他往来单位进行判定，可以自主增加。

> 将固定资产清理科目余额转结到营业外支出——固定资产净损失，可通过手工填写或自定义转账凭证完成。

二十、计提工资、个税、五险一金

（一）业务场景

12月31日，分配职工薪酬，职工薪酬情况如表4-25所示。

12月31日，计算职工应负担的社会保险费和住房公积金，计算结果如表4-26所示。

12月31日，代扣个人所得税，计算结果如表4-27所示。

12月31日，按部门汇总社会保险费和住房公积金、个人所得税、职工实发薪酬，情况如表4-28所示。

12月31日，计提企业负担的社会保险费和住房公积金，计算结果如表4-29、表4-30所示。

12月31日，按当月应发工资总额的2%计提工会经费，情况如表4-31所示。

12月31日，通过第三方平台，用银行存款转账支票向相关机构缴纳本月社会保险费和住房公积金，计算结果如表4-32所示。

表4-25 职工薪酬情况 单位：元

姓名	所属部门	就任岗位	基本工资	岗位工资	绩效工资	补贴	应发合计
陈嵩	管理部	总经理	6 800	5 280	30 000	4 000	46 080
刘冬平	管理部	信息经理	4 280	4 200	18 650	3 000	30 130
汪雪	管理部	人力经理	3 150	3 500	9 270	2 000	17 920
文秀贤	管理部	仓管经理	3 150	3 500	9 270	2 000	17 920
张杏子	管理部	资产经理	3 150	3 500	9 270	2 000	17 920
郑晓燕	财务部	财务主管	4 280	4 200	18 650	3 000	30 130
左智午	财务部	总账会计	3 150	3 500	9 270	2 000	17 920
王思嘉	财务部	成本会计	3 150	3 500	9 270	2 000	17 920
谢炎鹏	财务部	往来会计	3 150	3 500	9 270	2 000	17 920

姓名	所属部门	就任岗位	基本工资	岗位工资	绩效工资	补贴	应发合计
王黎玲	财务部	出纳	3 150	3 500	9 270	2 000	17 920
石莹	采购部	采购经理	4 280	4 200	18 650	3 000	30 130
田乘安	采购部	采购专员	3 150	3 500	9 270	2 000	17 920
冉敏香	生产部	生产经理	4 280	4 200	18 650	3 000	30 130
柳祚勇	一车间	生产主任	3 500	4 000	13 460	2 000	22 960
周琳杰	一车间	生产技工	3 000	3 500	10 120	2 000	18 620
吴昊	一车间	生产技工	2 500	1 500			4 000
鲍华	一车间	生产技工	2 500	1 500			4 000
陈珍珍	二车间	生产主任	3 500	4 000	12 150	2 000	21 650
白吉玉	二车间	生产技工	3 150	3 500	12 140	2 000	20 790
黄文祥	二车间	生产技工	2 500	1 500			4 000
梁利光	二车间	生产技工	2 500	1 500			4 000
贺诚	三车间	生产主任	3 500	4 000	10 234	2 000	19 734
刘晨	三车间	生产技工	3 150	3 500	11 256	2 000	19 906
昌天赐	三车间	生产技工	3 150	3 500	10 340	2 000	18 990
方宏	三车间	生产技工	3 000	3 500	11 427	2 000	19 927
贾露遇	市场部	销售经理	4 280	4 200	18 650	3 000	30 130
江红玉	市场部	销售专员	3 000	3 500	9 270	2 000	17 770
何雨桐	市场部	销售专员	3 000	3 500	9 270	2 000	17 770
卢锐	市场部	销售专员	2 500	1 500			4 000
黄小梅	市场部	销售专员	2 500	1 500			4 000
黄莹	工程部	工程经理	4 280	4 200	18 650	3 000	30 130
李道彩	工程部	工程专员	3 150	3 500	9 270	2 000	17 920
何顺	研发部	研发经理	4 280	4 200	18 650	3 000	30 130

表 4-26　职工个人负担社会保险费和住房公积金计算情况　　　　　单位：元

姓名	应发合计	养老（8%）	医疗（2%+7元）	失业（0.5%）	住房公积金（12%）	社会保险费与住房公积金合计
陈嵩	46 080	3 686.4	928.6	230.4	5 529.6	10 375
刘冬平	30 130	2 410.4	609.6	150.65	3 615.6	6 786.25
汪雪	17 920	1 433.6	365.4	89.6	2 150.4	4 039
文秀贤	17 920	1 433.6	365.4	89.6	2 150.4	4 039
张杏子	17 920	1 433.6	365.4	89.6	2 150.4	4 039
郑晓燕	30 130	2 410.4	609.6	150.65	3 615.6	6 786.25
左智午	17 920	1 433.6	365.4	89.6	2 150.4	4 039
王思嘉	17 920	1 433.6	365.4	89.6	2 150.4	4 039
谢炎鹏	17 920	1 433.6	365.4	89.6	2 150.4	4 039
王黎玲	17 920	1 433.6	365.4	89.6	2 150.4	4 039
石莹	30 130	2 410.4	609.6	150.65	3 615.6	6 786.25
田乘安	17 920	1 433.6	365.4	89.6	2 150.4	4 039
冉敏香	30 130	2 410.4	609.6	150.65	3 615.6	6 786.25
柳祚勇	22 960	1 836.8	466.2	114.8	2 755.2	5 173
周琳杰	18 620	1 489.6	379.4	93.1	2 234.4	4 196.5
吴昊	4 000	320	87	20	480	907
鲍华	4 000	320	87	20	480	907
陈珍珍	21 650	1 732	440	108.25	2 598	4 878.25
白吉玉	20 790	1 663.2	422.8	103.95	2 494.8	4 684.75
黄文祥	4 000	320	87	20	480	907

姓名	应发合计	养老（8%）	医疗（2%+7元）	失业（0.5%）	住房公积金（12%）	社会保险费与住房公积金合计
梁利光	4 000	320	87	20	480	907
贺诚	19 734	1 578.72	401.68	98.67	2 368.08	4 447.15
刘晨	19 906	1 592.48	405.12	99.53	2 388.72	4 485.85
昌天赐	18 990	1 519.2	386.8	94.95	2 278.8	4 279.75
方宏	19 927	1 594.16	405.54	99.64	2 391.24	4 490.58
贾露遇	30 130	2 410.4	609.6	150.65	3 615.6	6 786.25
江红玉	17 770	1 421.6	362.4	88.85	2 132.4	4 005.25
何雨桐	17 770	1 421.6	362.4	88.85	2 132.4	4 005.25
卢锐	4 000	320	87	20	480	907
黄小梅	4 000	320	87	20	480	907
黄莹	30 130	2 410.4	609.6	150.65	3 615.6	6 786.25
李道彩	17 920	1 433.6	365.4	89.6	2 150.4	4 039
何顺	30 130	2 410.4	609.6	150.65	3 615.6	6 786.25

表 4-27　代扣代缴个人所得税计算结果　　　　　　　　　　　　　单位：元

姓名	应发合计	社保与公积金合计	专项附加扣除	非货币性职工福利	应税基数	个人所得税预扣	扣款合计	实发合计
陈嵩	46 080	10 375	2 000	200	33 905	4 566.25	14 941.25	31 138.75
刘冬平	30 130	6 786.25	2 000	200	21 543.75	1 898.75	8 685	21 445
汪雪	17 920	4 039	3 000	200	11 081	398.1	4 437.1	13 482.9
文秀贤	17 920	4 039	2 000	200	12 081	498.1	4 537.1	13 382.9
张杏子	17 920	4 039	2 000	200	12 081	498.1	4 537.1	13 382.9
郑晓燕	30 130	6 786.25	3 000	200	20 543.75	1 698.75	8 485	21 645
左智午	17 920	4 039	2 000	200	12 081	498.1	4 537.1	13 382.9
王思嘉	17 920	4 039	2 000	200	12 081	498.1	4 537.1	13 382.9
谢炎鹏	17 920	4 039	3 000	200	11 081	398.1	4 437.1	13 482.9
王黎玲	17 920	4 039	2 000	200	12 081	498.1	4 537.1	13 382.9
石莹	30 130	6 786.25	2 000	200	21 543.75	1 898.75	8 685	21 445
田乘安	17 920	4 039	2 000	200	12 081	498.1	4 537.1	13 382.9
冉敏香	30 130	6 786.25	2 500	200	21 043.75	1 798.75	8 585	21 545
柳祚勇	22 960	5 173	2 000	200	15 987	888.7	6 061.7	16 898.3
周琳杰	18 620	4 196.5	2 000	200	12 623.5	552.35	4 748.85	13 871.15
吴昊	4 000	907	2 000	0	1 093	0	907	3 093
鲍华	4 000	907	2 000	0	1 093	0	907	3 093
陈珍珍	21 650	4 878.25	2 500	200	14 471.75	737.18	5 615.43	16 034.57
白吉玉	20 790	4 684.75	2 000	200	14 305.25	720.53	5 405.28	15 384.72
黄文祥	4 000	907	2 000	0	1 093	0	907	3 093
梁利光	4 000	907	2 000	0	1 093	0	907	3 093
贺诚	19 734	4 447.15	2 000	200	13 486.85	638.69	5 085.84	14 648.16
刘晨	19 906	4 485.85	2 000	200	13 620.15	652.02	5 137.87	14 768.13
昌天赐	18 990	4 279.75	2 000	200	12 910.25	581.03	4 860.78	14 129.22
方宏	19 927	4 490.58	3 000	200	12 636.42	553.64	5 044.22	14 882.78
贾露遇	30 130	6 786.25	2 000	200	21 543.75	1 898.75	8 685	21 445
江红玉	17 770	4 005.25	2 000	200	11 964.75	486.48	4 491.73	13 278.27
何雨桐	17 770	4 005.25	2 500	200	11 464.75	436.48	4 441.73	13 328.27
卢锐	4 000	907	2 000	0	1 093	0	907	3 093
黄小梅	4 000	907	2 000	0	1 093	0	907	3 093

姓名	应发合计	社保与公积金合计	专项附加扣除	非货币性职工福利	应税基数	个人所得税预扣	扣款合计	实发合计
黄莹	30 130	6 786.25	2 000	200	21 543.75	1 898.75	8 685	21 445
李道彩	17 920	4 039	2 000	200	12 081	498.1	4 537.1	13 382.9
何顺	30 130	6 786.25	2 000	200	21 543.75	1 898.75	8 685	21 445

注：专项附加扣除包括子女教育、赡养老人、住房租金、继续教育。

表 4-28　按部门汇总社会保险费与住房公积金、个人所得税、职工实发薪酬情况　　　单位：元

部门	应发合计	养老	医疗	失业	公积金	个人所得税	扣款合计	实发合计
财务部	101 810	8 144.8	2 071.2	509.05	12 217.2	3 591.15	26 533.4	75 276.6
采购部	48 050	3 844	975	240.25	5 766	2 396.85	13 222.1	34 827.9
工程部	48 050	3 844	975	240.25	5 766	2 396.85	13 222.1	34 827.9
管理部	129 970	10 397.6	2 634.4	649.85	15 596.4	7 859.3	37 137.55	92 832.45
生产部	30 130	2 410.4	609.6	150.65	3 615.6	1 798.75	8 585	21 545
一车间	49 580	3 966.4	1 019.6	247.9	5 949.6	1 441.05	12 624.55	36 955.45
二车间	50 440	4 035.2	1 036.8	252.2	6 052.8	1 457.71	12 834.71	37 605.29
三车间	78 557	6 284.56	1 599.14	392.79	9 426.84	2 425.38	20 128.71	58 428.29
市场部	73 670	5 893.6	1 508.4	368.35	8 840.4	2 821.71	19 432.46	54 237.54
研发部	30 130	2 410.4	609.6	150.65	3 615.6	1 898.75	8 685	21 445
总计	640 387	51 230.96	13 038.74	3 201.94	76 846.44	28 087.5	172 405.58	467 981.42

表 4-29　企业负担社会保险费和住房公积金计算结果　　　单位：元

姓名	企业养老（20%）	企业医疗（9.5%）	企业失业（0.5%）	企业工伤（0.3%）	企业生育（1%）	企业住房公积金（12%）	企业五险一金合计
陈嵩	9 216	4 377.6	230.4	138.24	460.8	5 529.6	19 952.64
刘冬平	6 026	2 862.35	150.65	90.39	301.3	3 615.6	13 046.29
汪雪	3 584	1 702.4	89.6	53.76	179.2	2 150.4	7 759.36
文秀贤	3 584	1 702.4	89.6	53.76	179.2	2 150.4	7 759.36
张杏子	3 584	1 702.4	89.6	53.76	179.2	2 150.4	7 759.36
郑晓燕	6 026	2 862.35	150.65	90.39	301.3	3 615.6	13 046.29
左智午	3 584	1 702.4	89.6	53.76	179.2	2 150.4	7 759.36
王思嘉	3 584	1 702.4	89.6	53.76	179.2	2 150.4	7 759.36
谢炎鹏	3 584	1 702.4	89.6	53.76	179.2	2 150.4	7 759.36
王黎玲	3 584	1 702.4	89.6	53.76	179.2	2 150.4	7 759.36
石莹	6 026	2 862.35	150.65	90.39	301.3	3 615.6	13 046.29
田乘安	3 584	1 702.4	89.6	53.76	179.2	2 150.4	7 759.36
冉敏香	6 026	2 862.35	150.65	90.39	301.3	3 615.6	13 046.29
柳祚勇	4 592	2 181.2	114.8	68.88	229.6	2 755.2	9 941.68
周琳杰	3 724	1 768.9	93.1	55.86	186.2	2 234.4	8 062.46
吴昊	800	380	20	12	40	480	1 732
鲍华	800	380	20	12	40	480	1 732
陈珍珍	4 330	2 056.75	108.25	64.95	216.5	2 598	9 374.45
白吉玉	4 158	1 975.05	103.95	62.37	207.9	2 494.8	9 002.07
黄文祥	800	380	20	12	40	480	1 732
梁利光	800	380	20	12	40	480	1 732
贺诚	3 946.8	1 874.73	98.67	59.2	197.34	2 368.08	8 544.82
刘晨	3 981.2	1 891.07	99.53	59.72	199.06	2 388.72	8 619.3
昌天赐	3 798	1 804.05	94.95	56.97	189.9	2 278.8	8 222.67
方宏	3 985.4	1 893.07	99.64	59.78	199.27	2 391.24	8 628.4

姓名	企业养老（20%）	企业医疗（9.5%）	企业失业（0.5%）	企业工伤（0.3%）	企业生育（1%）	企业住房公积金（12%）	企业五险一金合计
贾露遇	6 026	2 862.35	150.65	90.39	301.3	3 615.6	13 046.29
江红玉	3 554	1 688.15	88.85	53.31	177.7	2 132.4	7 694.41
何雨桐	3 554	1 688.15	88.85	53.31	177.7	2 132.4	7 694.41
卢锐	800	380	20	12	40	480	1 732
黄小梅	800	380	20	12	40	480	1 732
黄莹	6 026	2 862.35	150.65	90.39	301.3	3 615.6	13 046.29
李道彩	3 584	1 702.4	89.6	53.76	179.2	2 150.4	7 759.36
何顺	6 026	2 862.35	150.65	90.39	301.3	3 615.6	13 046.29

表 4-30　按部门汇总企业负担社会保险费和住房公积金情况　　　　单位：元

所属部门	养老（20%）	医疗（9.5%）	失业（0.5%）	工伤（0.3%）	生育（1%）	住房公积金（12%）	五险一金
财务部	20 362	9 671.95	509.05	305.43	1 018.1	12 217.2	44 083.73
采购部	9 610	4 564.75	240.25	144.15	480.5	5 766	20 805.65
工程部	9 610	4 564.75	240.25	144.15	480.5	5 766	20 805.65
管理部	25 994	12 347.15	649.85	389.91	1 299.7	15 596.4	56 277.01
生产部	6 026	2 862.35	150.65	90.39	301.3	3 615.6	13 046.29
一车间	9 916	4 710.1	247.9	148.74	495.8	5 949.6	21 468.14
二车间	10 088	4 791.8	252.2	151.32	504.4	6 052.8	21 840.52
三车间	15 711.4	7 462.92	392.79	235.67	785.57	9 426.84	34 015.19
市场部	14 734	6 998.65	368.35	221.01	736.7	8 840.4	31 899.11
研发部	6 026	2 862.35	150.65	90.39	301.3	3 615.6	13 046.29
总计	128 077.4	60 836.77	3 201.94	1 921.16	6 403.87	76 846.44	277 287.58

表 4-31　工会经费计算结果　　　　单位：元

项目	计算基数（应发工资）	比例	金额
工会经费	640 387.00	2%	12 807.74

表 4-32　社会保险费和住房公积金汇总　　　　单位：元

项目	养老	医疗	失业	工伤	生育	住房公积金	合计
个人	51 230.96	13 038.74	3 201.94	—	—	76 846.44	144 318.08
公司	128 077.4	60 836.77	3 201.94	1 921.16	6 403.87	76 846.44	277 287.58
合计	179 308.36	73 875.51	6 403.88	1 921.16	6 403.87	153 692.88	421 605.66

（二）业务解析

此业务由计提业务与支付业务组成，计提业务通过填写凭证完成，支付业务通过其他付款单完成，支付业务流程如图 4-66 所示。

计提业务与支付业务具体会计分录如下。

（1）分配职工薪酬（填制凭证）。

借：制造费用——一车间——工资、福利费、社保 49 580

　　制造费用——二车间——工资、福利费、社保 50 440

　　制造费用——三车间——工资、福利费、社保 78 557

　　制造费用——生产部——工资、福利费、社保 30 130

　　管理费用——财务部——工资、福利费、社保 101 810

　　管理费用——采购部——工资、福利费、社保 48 050

其他收款单

↓

支付凭证

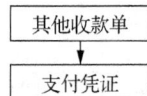

图 4-66　支付业务流程

管理费用——工程部——工资、福利费、社保	48 050
管理费用——管理部——工资、福利费、社保	129 970
销售费用——市场部——工资、福利费、社保	73 670
研发支出——研发部	30 130
贷：应付职工薪酬——工资	640 387

（2）计算职工应负担的社会保险费和住房公积金（填制凭证）。

借：应付职工薪酬——工资	144 318.08
贷：应付职工薪酬——应付养老保险	51 230.96
——应付医疗保险	13 038.74
——应付失业保险	3 201.94
——应付住房公积金	76 846.44

（3）计提代扣个人所得税（填制凭证）。

借：应付职工薪酬——工资	28 087.50
贷：应交税费——代扣个人所得税	28 087.50

（4）计提企业应负担社会保险费与住房公积金（填制凭证）。

借：制造费用——一车间——工资、福利费、社保	21 468.14
制造费用——二车间——工资、福利费、社保	21 840.52
制造费用——三车间——工资、福利费、社保	34 015.19
制造费用——生产部——工资、福利费、社保	13 046.29
管理费用——财务部——工资、福利费、社保	44 083.73
管理费用——采购部——工资、福利费、社保	20 805.65
管理费用——工程部——工资、福利费、社保	20 805.65
管理费用——管理部——工资、福利费、社保	56 277.01
销售费用——市场部——工资、福利费、社保	31 899.11
研发支出——研发部	13 046.29
贷：应付职工薪酬——应付养老保险	128 077.40
——应付医疗保险	60 836.77
——应付失业保险	3 201.94
——应付工伤保险	1 921.16
——应付生育保险	6 403.87
——应付住房公积金	76 846.44

（5）计提工会经费（填制凭证）。

借：管理费用——管理部——相关税费	12 807.74
贷：应付职工薪酬——工会经费	12 807.74

（6）支付社会保险费与住房公积金（其他付款单）。

借：应付职工薪酬——应付养老保险	179 308.36
——应付医疗保险	73 875.51
——应付失业保险	6 403.88
——应付工伤保险	1 921.16
——应付生育保险	6 403.87
——应付住房公积金	153 692.88
贷：银行存款	421 605.66

支付业务根据其他付款单的付款内容，需要定义 6 个付款用途，定义分录类型，修改付款单凭

证模板。

（三）岗位分工

总账会计填写记账凭证，生成支付社保与公积金凭证；出纳填写其他付款单；所有业务单据的审核由总经理完成。

（四）操作步骤

1. 计提工资、个人所得税、五险一金、工会经费

手工填写 5 张凭证。操作路径：【财务会计】-【总账】-【凭证管理】-【凭证录入】。

2. 支付五险一金

（1）增加收付款用途（企业基础数据中已定义）。

（2）增加分录类型（企业基础数据中已定义）。

（3）增加付款单凭证模板（企业基础数据中已定义）。

（4）填写其他付款单。往来单位类型选择"其他往来单位"，往来单位选择"第三方平台"，付款用途中批量选择"应付养老保险""应付医疗保险""应付失业保险""应付工伤保险""应付生育保险""应付住房公积金"，选择结算方式并批量填充，分别填写应付金额。

（5）生成支付凭证。依据其他付款单生成凭证，凭证内容如图 4-67 所示。

摘要	科目...	科目全名	核算维度	借方金额	贷方金额	结算方式	结算号
FKD00000047	1002	银行存款	001/中国工商银行		¥421,605.66	转账支票	
FKD00000047	2211.03	应付职工薪酬_应付养老保险		¥179,308.36			
FKD00000047	2211.05	应付职工薪酬_应付医疗保险		¥73,875.51			
FKD00000047	2211.04	应付职工薪酬_应付失业保险		¥6,403.88			
FKD00000047	2211.06	应付职工薪酬_应付工伤保险		¥1,921.16			
FKD00000047	2211.07	应付职工薪酬_应付生育保险		¥6,403.87			
FKD00000047	2211.08	应付职工薪酬_应付住房公积金		¥153,692.88			

图 4-67　支付五险一金凭证

> ➤ 如果与人力资源模块关联，业务可由人力资源模块完成，生成凭证到总账中。
>
> ➤ 收付款用途根据业务需要即时定义。
>
> ➤ 此业务生成凭证不涉及往来科目，往来单位类型使用其他往来单位更合适。
>
> ➤ 可根据需要在其他往来单位中增加具体的单位名称。

第三节　月末业务

月末业务涵盖了生产成本与销售成本计算、税金处理、借款利息处理、投资期末计价、金融资产期末利息处理等业务处理。训练重点内容为月末财务处理，弱化了计算原理，强化了操作过程，通过对期末业务进行处理，帮助读者掌握月末业务操作方法。

一、入库与出库成本核算

（一）业务场景

12 月 31 日，成本会计对本月完工入库成本进行计算，一车间、二车间的人工费与折旧费按产能平均分配到 P1 与 P3、P2 与 P4，P1、P2、P3、P4 月初在产品约当比例均为 14%，月末在产品约当比例均为 29%，结转完工产品成本。完成本月销售出库成本、调拨成本、盘亏成本的结转。成本计算过程如下。

各车间各产品生产成本期初值如表 4-33 所示。

表 4-33 生产成本期初明细

单位：元

产品	车间	期初直接人工	期初制造费用
P1	一车间	11 469.73	7 000
P2	二车间	11 658.46	7 000
P3	一车间	11 469.73	7 000
P4	二车间	11 658.46	7 000

本月车间发生的工资福利与折旧费已计入制造费用，明细如表 4-34 所示。工资福利与折旧费、其他费用根据车间产品数量分配到生产成本的直接人工与制造费用中。

表 4-34 车间直接人工与折旧费分配明细

车间	工资福利（元）	折旧费（元）	其他费用（元）	产品	产能（Pcs）	直接人工（元）	制造费用（元）
一车间	71 048.14	48 998.35	2 000.00	P1	4 430	35 524.07	25 499.17
				P3	4 430	35 524.07	25 499.18
二车间	72 280.52	48 998.32		P2	4 430	36 140.26	24 499.16
				P4	4 430	36 140.26	24 499.16
三车间	112 572.19	0		P2	290	56 286.09	0
				P4	290	56 286.10	0
合计	255 900.85	97 996.67	2 000.00		18 300	255 900.85	99 996.67

本月生产部发生的制造费用如表 4-35 所示。

表 4-35 制造费用明细

单位：元

部门	工资福利	折旧费	电费	水费	综合服务费	合计
生产部	43 376.29	6 622.50	8 000	1 000	800	59 798.79

将生产部的制造费用分摊到车间产品生产成本的制造费用中，如表 4-36 所示。

表 4-36 制造费用分配到车间产品的明细

车间	产品	约当产量（Pcs）	占比	分配制造费用（元）
一车间	P1	4 430	0.242 076 5	14 475.88
一车间	P3	4 430	0.242 076 5	14 475.88
二车间	P2	4 430	0.242 076 5	14 475.88
二车间	P4	4 430	0.242 076 5	14 475.88
三车间	P2	290	0.015 847	947.63
三车间	P4	290	0.015 847	947.64
合计		18 300		59 798.79

将本次发生的直接人工与制造费用分别汇总，得到汇总结果，如表 4-37 所示。

表 4-37 直接人工与制造费用期初值与发生额汇总

单位：元

车间	产品	直接人工期初余额	直接人工本期发生	制造费用期初余额	制造费用本期发生
一车间	P1	11 469.73	35 524.07	7 000	39 975.05
一车间	P3	11 469.73	36 324.07	7 000	39 975.06
二车间	P2	11 658.46	36 140.26	7 000	38 975.04
二车间	P4	11 658.46	36 940.26	7 000	38 975.04
三车间	P2		56 286.09		947.63
三车间	P4		56 286.10		947.64
合计		46 256.38	257 500.85	28 000	159 795.46

将各车间各产品的直接人工与制造费用分摊到各批次，结果如表4-38所示。

表4-38 直接人工、制造费用分配情况

车间	产品	时间	约当产量（Pcs）	分配直接人工（元）	分配制造费用（元）
一车间	P1	期初	140	1 122.65	1 263.32
		1 日—8 日	1 000	8 018.98	9 023.71
		8 日—15 日	1 000	8 018.98	9 023.71
		15 日—22 日	1 000	8 018.98	9 023.71
		22 日—29 日	1 000	8 018.98	9 023.72
		29 日—次月 5 日	290	2 325.5	2 616.88
小计			4 430	35 524.07	39 975.05
一车间	P3	期初	140	1 147.94	1 263.32
		1 日—8 日	1 000	8 199.56	9 023.71
		8 日—15 日	1 000	8 199.56	9 023.71
		15 日—22 日	1 000	8 199.57	9 023.72
		22 日—29 日	1 000	8 199.57	9 023.72
		29 日—次月 5 日	290	2 377.87	2 616.88
小计			4 430	36 324.07	39 975.06
二车间	P2	期初	140	1 142.13	1 231.71
		1 日—8 日	1 000	8 158.07	8 797.98
		8 日—15 日	1 000	8 158.07	8 797.98
		15 日—22 日	1 000	8 158.07	8 797.98
		22 日—29 日	1 000	8 158.07	8 797.98
		29 日—次月 5 日	290	2 365.85	2 551.41
小计			4 430	36 140.26	38 975.04
二车间	P4	期初	140	1 167.41	1 231.71
		1 日—8 日	1 000	8 338.66	8 797.98
		8 日—15 日	1 000	8 338.66	8 797.98
		15 日—22 日	1 000	8 338.66	8 797.98
		22 日—29 日	1 000	8 338.66	8 797.98
		29 日—次月 5 日	290	2 418.21	2 551.41
小计			4 430	36 940.26	38 975.04
三车间	P2	29 日—次月 5 日	290	56 286.09	947.63
三车间	P4	29 日—次月 5 日	290	56 286.10	947.64
总计			18 300	257 500.85	159 795.46

将分配得到的直接人工与制造费用与期初值累加后，可得到需要转出的直接人工与制造费用，根据每批生产物料领用记录，依据先进先出法，可得到直接材料，计算结果如表4-39所示。

表4-39 生产成本计算结果

时间	产品	生产数量（Pcs）	车间	直接材料（元）	直接人工（元）	制造费用（元）	入库成本（元）
期初	P1	1 000	一车间	1 007 000.00	12 592.38	8 263.32	1 027 855.70
	P2	1 000	二车间	1 524 000.00	12 800.59	8 231.71	1 545 032.30
	P3	1 000	一车间	1 651 000.00	12 617.67	8 263.32	1 671 880.99
	P4	1 000	二车间	2 152 000.00	12 825.87	8 231.71	2 173 057.58
1 日—8 日	P1	1 000	一车间	1 007 000.00	8 018.98	9 023.71	1 024 042.69
	P2	1 000	二车间	1 524 000.00	8 158.07	8 797.98	1 540 956.05
	P3	1 000	一车间	1 651 000.00	8 199.56	9 023.71	1 668 223.27
	P4	1 000	二车间	2 152 000.00	8 338.66	8 797.98	2 169 136.64

时间	产品	生产数量（Pcs）	车间	直接材料（元）	直接人工（元）	制造费用（元）	入库成本（元）
8日—15日	P1	1 000	一车间	951 375.60	8 018.98	9 023.71	968 418.29
	P2	1 000	二车间	1 520 652.00	8 158.07	8 797.98	1 537 608.02
	P3	1 000	一车间	1 554 444.07	8 199.56	9 023.71	1 571 667.34
	P4	1 000	二车间	2 069 389.05	8 338.66	8 797.98	2 086 525.69
15日—22日	P1	1 000	一车间	950 917.43	8 018.98	9 023.71	967 960.12
	P2	1 000	二车间	1 513 973.08	8 158.07	8 797.98	1 530 929.13
	P3	1 000	一车间	1 525 741.79	8 199.57	9 023.72	1 542 965.08
	P4	1 000	二车间	2 042 749.87	8 338.66	8 797.98	2 059 886.51
22日—29日	P1	1 000	一车间	950 201.83	8 018.98	9 023.72	967 244.53
	P2	1 000	二车间	1 448 376.74	8 158.07	8 797.98	1 465 332.79
	P3	1 000	一车间	1 442 272.53	8 199.57	9 023.72	1 459 495.82
	P4	1 000	二车间	20 046 04.69	8 338.66	8 797.98	2 021 741.33

依据车间与产品对生产成本进行汇总，得到完工入库成本汇总情况，具体数据如表 4-40 所示。

表4-40　完工入库成本汇总情况　　　　　　　　　　　　　　　　　　单位：元

产品	车间	直接材料	直接人工	制造费用	入库成本
P1	一车间	4 866 494.86	44 668.30	44 358.17	4 955 521.33
P2	二车间	7 531 001.79	45 432.87	43 423.63	7 619 858.29
P3	一车间	7 824 458.39	45 415.93	44 358.18	7 914 232.50
P4	二车间	10 420 743.61	46 180.51	43 423.63	10 510 347.75
总计		30 642 698.65	181 697.61	175 563.61	30 999 959.87

（二）业务解析

此业务由入库成本维护、出库成本核算组成，业务流程如图 4-68 所示。

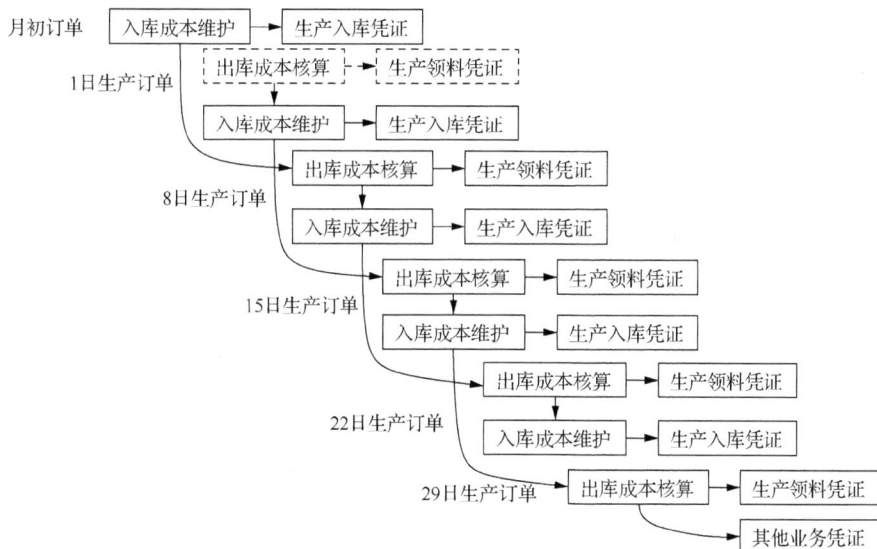

图 4-68　入库成本维护与出库成本核算流程

入库成本维护中录入每一批生产入库的成本，出库成本核算按先进先出法调用入库成本。在开始成本计算前，通过填制凭证，对现有数据进行调整。

（1）调整人工费。将一车间、二车间、三车间的人工费从制造费用调整到生产成本的直接人工中，凭证分录如下。

借：生产成本——直接人工——一车间（P1） 35 524.07
　生产成本——直接人工——一车间（P3） 35 524.07
　生产成本——直接人工——二车间（P2） 36 140.26
　生产成本——直接人工——二车间（P4） 36 140.26
　生产成本——直接人工——三车间（P2） 56 286.09
　生产成本——直接人工——三车间（P4） 56 286.10
　　贷：制造费用———一车间——工资、福利费、社保 71 048.14
　　　　制造费用———二车间——工资、福利费、社保 72 280.52
　　　　制造费用———三车间——工资、福利费、社保 112 572.19

（2）调整折旧费与其他费用。将一、二车间的折旧费与其他费用从制造费用调整到生产成本的制造费用中，凭证分录如下。

借：生产成本——制造费用——一车间（P1） 25 499.17
　生产成本——制造费用——一车间（P3） 25 499.18
　生产成本——制造费用——二车间（P2） 24 499.16
　生产成本——制造费用——二车间（P4） 24 499.16
　　贷：制造费用——一车间——折旧费用 48 998.35
　　　　制造费用——二车间——折旧费用 48 998.32
　　　　制造费用——一车间——其他 2 000.00

（3）分配制造费用。将生产部的制造费用按生产数量比重结转到生产成本的制造费用中，凭证分录如下。

借：生产成本——制造费用——一车间（P1） 14 475.88
　生产成本——制造费用——一车间（P3） 14 475.88
　生产成本——制造费用——二车间（P2） 14 475.88
　生产成本——制造费用——二车间（P4） 14 475.88
　生产成本——制造费用——三车间（P2） 947.63
　生产成本——制造费用——三车间（P4） 947.64
　　贷：制造费用——生产部——电费 8 000.00
　　　　制造费用——生产部——水费 1 000.00
　　　　制造费用——生产部——综合服务费 800.00
　　　　制造费用——生产部——工资、福利费、社保 43 376.29
　　　　制造费用——生产部——折旧费用 6 622.50

以上分录，可直接录入凭证，如果每个月都需要操作，可考虑通过自定义转账功能自动完成。

（4）生产入库凭证调整。由于入库成本维护针对存货录入入库总成本，凭证模板无法分解入库成本，生成凭证时只能将成本全部由直接材料转出，凭证生成后，需要手工调整凭证，将成本调整到其他项目。可以直接修改凭证，也可以录入调整凭证，调整凭证如下。

借：生产成本——直接材料——一车间（P1） 89 026.47
　生产成本——直接材料——二车间（P2） 88 856.50
　生产成本——直接材料——一车间（P3） 89 774.11
　生产成本——直接材料——二车间（P4） 89 604.14
　　贷：生产成本——直接人工——一车间（P1） 44 668.30
　　　　生产成本——直接人工——二车间（P2） 45 432.87
　　　　生产成本——直接人工——一车间（P3） 45 415.93
　　　　生产成本——直接人工——二车间（P4） 46 180.51

生产成本——制造费用——一车间（P1）	44 358.17
生产成本——制造费用——二车间（P2）	43 423.63
生产成本——制造费用——一车间（P3）	44 358.18
生产成本——制造费用——二车间（P4）	43 423.63

入库成本计算完成后，可将所有依赖入库成本计算的业务单据生成凭证，涉及的业务单据有销售出库单、调拨单、盘亏单、退货单、暂估应收红冲单。

（三）岗位分工

成本会计完成入库成本维护、出库成本核算，生成生产领料凭证、生产入库凭证、销售出库凭证、调拨出库凭证、盘亏出库凭证；往来会计暂估应收红冲单获取成本信息，生成暂估应收红冲凭证；总账会计填写调整凭证；总经理审核所有业务单据。

（四）操作步骤

1．录入成本调整凭证

（1）录入调整人工费凭证。操作路径：【财务会计】-【总账】-【凭证管理】-【凭证录入】。打开凭证新增页面，按照实验数据依次录入凭证日期、摘要、借贷方科目、核算维度及金额。

入库与出库成本核算

（2）录入调整折旧费凭证。操作路径：【财务会计】-【总账】-【凭证管理】-【凭证录入】。打开凭证新增页面，按照实验数据依次录入凭证日期、摘要、借贷方科目、核算维度及金额。

（3）录入分配制造费用凭证。操作路径：【财务会计】-【总账】-【凭证管理】-【凭证录入】。打开凭证新增页面，按照实验数据依次录入凭证日期、摘要、借贷方科目、核算维度及金额。

2．期初生产订单成本核算

（1）打开入库成本维护功能。操作路径：【成本管理】-【存货核算】-【存货核算】-【入库成本维护】。

（2）修改入库成本维护过滤条件。将单据名称改为"生产入库单"，单击"确定"按钮，自动打开入库成本维护窗口。

（3）录入物料入库成本。针对物料在金额栏填写手工计算的物料入库成本，为直接材料、直接人工、制造费用等所有成本之和，系统自动反算出单价，或直接填写单价，保存，如图4-69所示。

序号	单据编号	单据行号	物料编码	物料名称	仓库	存货类别	基本单位	数量	单价	金额	货主	业务日期	部门
1	SCRK00000001	1	CH4431	P1半成品	成品仓	自制半成品	Pcs	995	¥1,027.855700	¥1,022,716.42	济民制雍	2021-12-01	一车间
2	SCRK00000001	2	CH4432	P2半成品	成品仓	自制半成品	Pcs	995	¥1,545.032300	¥1,537,307.14	济民制雍	2021-12-01	二车间
3	SCRK00000001	3	CH4433	P3产品	成品仓	产成品	Pcs	995	¥1,871.880990	¥1,863,521.59	济民制雍	2021-12-01	一车间
4	SCRK00000001	4	CH4434	P4产品	成品仓	产成品	Pcs	995	¥2,173.057580	¥2,162,192.29	济民制雍	2021-12-01	二车间

图 4-69　入库成本维护

（4）生成凭证。生成期初在产品完工入库凭证，操作路径：【财务会计】-【智能会计平台】-【账务处理】-【凭证生成】。选择账簿，选择来源单据，选择单据范围，找到第 1 张生产入库单，凭证生成。

3．1 日生产订单成本核算

（1）录入 1 日—8 日在产品入库成本。折算成单价后录入单价栏。

（2）生成 1 日—8 日在产品完工入库凭证。

4．8 日生产订单成本核算

（1）完成 8 日—15 日领料出库成本核算。

（2）生成 8 日—15 日领料出库凭证。

（3）录入 8 日—15 日在产品入库成本。

（4）生成 8 日—15 日在产品完工入库凭证。

5．15 日生产订单成本核算

（1）完成 15 日—22 日领料出库成本核算。

（2）生成 15 日—22 日领料出库凭证。

（3）录入 15 日—22 日在产品入库成本。

（4）生成 15 日—22 日在产品完工入库凭证。

6．22 日生产订单成本核算

（1）完成 22 日—29 日领料出库成本核算。

（2）生成 22 日—29 日领料出库凭证。

（3）录入 22 日—29 日在产品入库成本。

（4）生成 22 日—29 日在产品完工入库凭证。

7．29 日生产订单成本核算

（1）完成 29 日—次月 5 日领料出库成本核算。

（2）生成 29 日—次月 5 日领料出库凭证。

8．录入生产入库调整凭证

在总账中录入凭证，对生产入库凭证进行调整，将直接材料的部分发生额调整到直接人工与制造费用。

9．退货单成本核算

（1）查询核算单据。查看 12 月 29 日 P4 产品出库成本单价为"2 763.322 036"。

（2）录入退货单单价。在核算单据查询页面中找到记录，单击工具栏"成本维护"选项，录入单价"2 763.322 036"，自动算出金额"-2 763.32"，单击"确定"按钮。

（3）生成红字销售退货凭证。

10．生成暂估应收红冲凭证

（1）开启列表选项。在应收单列表状态下，单击工具栏"选项"选项，业务参数中勾选"显示暂估冲回单据"复选框。

（2）获取成本信息。在应收单列表状态下，找到并选中立账类型为暂估应收的红字应收单，单击工具栏"业务操作"-"获取成本信息"选项。

（3）生成暂估应收红冲凭证。在应收单列表状态下，单击工具栏"凭证"-"生成凭证"选项，根据向导生成单据对应的凭证。

11．生成其他出库凭证

生成销售出库凭证、调拨出库凭证、盘亏出库凭证。可通过凭证生成情况查询功能批量生成凭证。生成之前，务必将错误的出库凭证删除，并运行一次"出库成本核算"功能。

> ➢ 凭证生成结束后将弹出凭证生成报告，显示执行的结果；对于生成失败的单据，用户可以根据系统提示的原因进行修改，重新执行凭证生成。
>
> ➢ 可以通过复制行的方式快速调整凭证。
>
> ➢ 调整凭证时，发生额总额必须保持一致。
>
> ➢ 入库成本维护中的单价与金额在入库单生成凭证后不可修改。
>
> ➢ 可根据计价数量为负数这一特征快速找到暂估应收红冲凭证。

二、预交与计提税金

（一）业务场景

12 月 30 日，通过银行存款转账支票预缴增值税 1 800 000 元，转出未交增值税。

12 月 30 日，通过银行存款转账支票预缴本季度企业所得税 4 000 000 元。

12 月 31 日，根据地方相关税法规定，计提本月应缴纳的房产税 10 750 元，土地面积 1 500 平方米，土地使用税 3 750 元。企业不动产基本信息如表 4-41 所示。

表 4-41　企业不动产基本信息

不动产	所属部门	购入时间	单位	数量	房产原值（元）
办公楼（自用）	管理部	2021-1-1	栋	1	2 500 000
大厂房	一车间	2021-1-1	栋	1	4 000 000
大厂房	二车间	2021-1-1	栋	1	4 000 000
大厂房	三车间	2021-12-1	栋	1	4 000 000
办公楼（出租）	出租	2021-1-1	栋	1	年租金 60 000

房产税计提比例：自用房产税率 1.2%，扣除比例 30%；出租房税率 12%。房产税按年计征、分月缴纳。土地使用税计提比例：定额税率 30 元/平方米。土地使用税按年计征、分月缴纳。

12 月 31 日，按本月应交增值税 2 028 452.55 元计提城市维护建设税、教育费附加和地方教育附加，计提比例分别为 7%、3%、2%。

（二）业务解析

本业务包括税金预缴与税金计提两种业务类型，税金预缴通过其他付款单完成，税金计提通过填写凭证完成。计提税金如果有固定算法，可以使用自定义转账模板实现。税金预缴业务流程如图 4-70 所示。

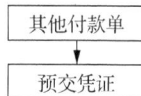

图 4-70　税金预缴业务流程

预缴与计提税金业务具体会计分录如下。

（1）预缴增值税，通过填写其他付款单完成，生成凭证分录如下。

借：应交税费——应交增值税——已交税金　　　　　1 800 000

　　贷：银行存款　　　　　　　　　　　　　　　　　　　　1 800 000

同步结转未交增值税，通过填写凭证实现。查科目余额表可得到，本月销项税额 8 482 529.13 元，进项税额 6 454 076.58 元，无出口退税、免税等内容，应交增值税为 2 028 452.55 元，已交税金 1 800 000 元，未交增值税 228 452.55 元。结转未交增值税凭证分录如下。

借：应交税费——应交增值税——转出未交增值税　　　　　228 452.55

　　贷：应交税费——未交增值税　　　　　　　　　　　　　　228 452.55

（2）预缴企业所得税。通过填写其他付款单完成，生成凭证分录如下。

借：应交税费——应交所得税　　　　　　　　　　　　4 000 000

　　贷：银行存款　　　　　　　　　　　　　　　　　　　　4 000 000

（3）计提房产税、土地使用税，通过填写凭证实现。根据税法，房产税的计算方法有两种。一是按房产原值一次减除 30% 后的余值计算，其计算公式为：年应纳税额=房产账面原值×（1-30%）×1.2%。二是按租金收入计算，其计算公式为：年应纳税额=年租金收入×适用税率（12%）。土地使用税计算公式为：年土地使用税额=面积×定额税率。

房产税=14 500 000×（1-30%）×1.2%÷12+60 000×12%÷12=10 750（元）

土地使用税=1 500×30÷12=3 750（元）

凭证分录如下。

借：管理费用——财务部、相关税费　　　　　　　　14 500

　　贷：应交税费——应交房产税　　　　　　　　　　　　10 750

　　　　应交税费——应交土地使用税　　　　　　　　　　3 750

（4）计提城市维护建设税、教育费附加和地方教育附加，通过填写凭证实现，凭证分录如下。

借：税金及附加	243 414.31
贷：应交税费——应交城市维护建设税	141 991.68
应交税费——应交教育费附加	60 853.58
应交税费——应交地方教育附加	40 569.05

（三）岗位分工

出纳填写其他付款单；总账会计填写记账凭证，生成其他付款单凭证；总经理审核所有业务单据。

预交与计提税金

（四）操作步骤

1．预缴增值税

（1）填写其他付款单。操作路径：【财务会计】-【应付款管理】-【付款】-【付款单列表】，单击"新增"按钮。单据类型选择"其他业务付款单"，收款单位类型和往来单位类型选择"其他往来单位"，收款单位和往来单位选择"税务局"，付款用途选择"预交增值税"。

（2）生成预交凭证。操作路径：【财务会计】-【应付款管理】-【付款】-【付款单列表】，在列表状态下选中新增的其他业务付款单，单击工具栏"凭证"选项，在下拉列表中选择"生成凭证"选项。

（3）填写结转未交增值税凭证。操作路径：【财务会计】-【总账】-【凭证管理】-【凭证录入】，在录入界面，修改凭证日期，按照实验数据依次录入摘要、借贷方科目和金额等。

2．预缴企业所得税

（1）填写其他付款单。操作路径：【财务会计】-【应付款管理】-【付款】-【付款单列表】，单击"新增"按钮，单据类型选择"其他业务付款单"，收款单位类型和往来单位类型选择"其他往来单位"，收款单位和往来单位选择"税务局"，付款用途选择"应交所得税"。

（2）生成预交凭证。操作路径：【财务会计】-【应付款管理】-【付款】-【付款单列表】，在列表状态下选中新增的其他业务付款单，单击工具栏"凭证"选项，在下拉列表中选择"生成凭证"选项。

3．计提房产税、土地使用税

填写计提房产税、土地使用税凭证。操作路径：【财务会计】-【总账】-【凭证管理】-【凭证录入】，在录入界面，修改凭证日期，按照实验数据依次录入摘要、借贷方科目和金额等。

4．计提城市维护建设税、教育费附加和地方教育附加

填写计提城市维护建设税、教育费附加和地方教育附加凭证。操作路径：【财务会计】-【总账】-【凭证管理】-【凭证录入】，在录入界面，修改凭证日期，按照实验数据依次录入摘要、借贷方科目和金额等。

友情提示

➢ 可以使用常用凭证、常用摘要，提高工作效率。

➢ 根据企业实际账务管理的需要，应控制记账凭证的制单人与审核人不能为同一人，以及反审核人与审核人不能为同一人。在系统权限管理中，需要对进行凭证的新增操作与审核操作、反审核操作与审核操作的用户分开授权。

➢ 可以填写的凭证日期受参数"允许录入凭证的未来期间数"控制。

➢ 如果付款用途没有"预交增值税"项目，请及时新增此项目，并在付款单凭证模板中增加"付款用途=预交增值税"的条件判断对应分录行。

➢ 付款用途中并没有对企业所得税进行预缴与已缴分区，因为凭证分录只需要使用应交所得税科目，通过借贷方进行区分。

➢ 结转未交增值税，计提城市维护建设税、教育费附加和地方教育附加可通过自动转账功能实现，减少录入凭证的工作量。

➢ 结转后，可及时查看科目余额表，掌握结转结果。

三、计提借款利息

（一）业务场景

12 月 31 日，计提本月短期借款利息，短期贷款累计 3 000 000 元，年利率 4.8%，本月应付利息 3 000 000×4.8%÷12=12 000（元）。计提本月长期借款利息，长期借款累计 12 000 000 元，本月应付利息 12 000 000×9.1%÷12=91 000（元）。

（二）业务解析

此业务为信贷管理业务中的预提利息业务，业务处理通过信贷单生成外部借款利息单，业务流程如图 4-71 所示。

系统默认没有外部借款利息单凭证模板，无法自动生成凭证，用户需要手工录入凭证。可自行定义借款利息单凭证模板，自动生成凭证。此业务以手工录入凭证为例完成操作。

计提短期借款利息凭证分录如下。

借：财务费用——利息支出　　　　　　　　　　　　　　12 000
　　贷：应付利息——应付短期借款利息——工商银行　　　　　12 000

计提长期借款利息凭证分录如下。

借：财务费用——利息支出　　　　　　　　　　　　　　91 000
　　贷：应付利息——应付长期借款利息——工商银行　　　　　91 000

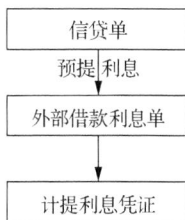

图 4-71　信贷业务预提利息流程

（三）岗位分工

出纳通过信贷单预提利息；总账会计填写计提利息凭证；总经理审核所有业务单据。

（四）操作步骤

1．计提短期借款利息

（1）打开信贷单。操作路径：【财务会计】-【资金管理】-【日常处理】-【信贷单】，双击信贷记录，进入修改状态。

（2）修改利率。单击工具栏"业务操作"-"修改利率"选项，输入利率"4.8"，单击"确定"按钮。

（3）预提利息。单击工具栏"业务操作"-"预提利息"选项，修改起始日期为 2021-12-1，终止日期为 2021-12-30，单击"确定"按钮，系统自动计算后，提示生成外部借款利息单。对两张信贷单依次完成修改利率与预提利息操作。

（4）审核两张外部借款利息单。操作路径：【财务会计】-【资金管理】-【日常处理】-【借款利息单】，双击所在行，进入编辑状态，修改日期为 2021-12-31，保存，提交，审核。

（5）录入凭证。操作路径：【财务会计】-【总账】-【凭证管理】-【凭证录入】，按照实验数据依次录入日期、摘要、借贷方科目及金额。

2．计提长期借款利息

（1）打开信贷单。操作路径：【财务会计】-【资金管理】-【日常处理】-【信贷单】，双击信贷记录，进入修改状态。

（2）修改利率。单击工具栏"业务操作"-"修改利率"选项，输入利率"9.1"，确定。

（3）预提利息。单击工具栏"业务操作"-"预提利息"选项，修改起始日期为 2021-12-1，终止日期为 2021-12-30，单击"确定"按钮，系统自动计算后，提示生成外部借款利息单。

（4）审核外部借款利息单。操作路径：【财务会计】-【资金管理】-【日常处理】-【借款利息

计提借款利息

单】，双击所在行，进入编辑状态，修改日期为 2021-12-31，保存，提交，审核。

（5）录入凭证。操作路径：【财务会计】-【总账】-【凭证管理】-【凭证录入】，按照实验数据依次录入日期、摘要、借贷方科目及金额。

> 预提利息只有资金专员才可以操作，否则系统会提示没有借款利息单"新增"权限。
> 系统支持通过信贷单发放计划下推收款单，处理信贷放款到账的业务。系统自动根据收款单金额，反写信贷单的实际发放金额信息。
> 系统支持通过信贷单还款计划下推付款单，处理信贷到期还本或者付息的业务。系统自动根据付款单金额，反写信贷单的实际还本或者付息的金额信息。
> 银行利率是一个动态信息，建议每次预提利息前，修改利率。
> 年利率的折算按 360 天计算，真实日期需要适当调整。
> 系统默认无借款利息单凭证模板，如果需要自动生成凭证，用户可自行定义借款利息单凭证模板，扩大业务功能。

四、其他权益工具投资期末计价

（一）业务场景

12 月 31 日，中国平安当天收盘价为 95 元，公司拥有 37 700 股，总价 3 581 500 元，增值 377 000 元。

（二）业务解析

此业务通过填写凭证完成。根据股票收盘价，对公司拥有的股票进行价值调整，计算方法为：调整值=收盘价×股票数量-原有价值。凭证分录如下。

借：其他权益工具投资——公允价值变动——中国平安　　　　377 000
　　贷：其他综合收益　　　　377 000

（三）岗位分工

总账会计填写记账凭证。

（四）操作步骤

（1）打开凭证录入窗口。操作路径：【财务会计】-【总账】-【凭证管理】-【凭证录入】。

（2）凭证录入。在凭证新增页面，按照实验数据依次录入凭证日期、摘要、借贷方科目、核算维度及金额。

其他权益工具投资期末计价

> 此业务并没有卖出股票。
> 可以通过定义模式凭证，提高录入效率。

五、计提交易性金融资产利息

（一）业务场景

12 月 31 日，计提交易性金融资产下半年利息。公司拥有债券 A 与债券 B，公允价值均无变化，债券 A 面值 2 400 000 元，利率 3.2%，债券 B 面值 900 000 元，利率 3.2%，每半年计息一次，每年 1 月 1 日、7 月 1 日付息。本次债券 A 的利息为 38 400 元，债券 B 的利息为 14 400 元。

（二）业务解析

此业务通过填写凭证完成。根据债券利率，对公司拥有的债券进行利息计算，计算方法为：利息=面值×利率÷12×6。凭证分录如下。

借：应收利息——债券 A   38 400
　　应收利息——债券 B   14 400
　　　贷：投资收益——债券收益   52 800

（三）岗位分工

总账会计填写记账凭证。

（四）操作步骤

（1）打开凭证录入窗口。操作路径：【财务会计】-【总账】-【凭证管理】-【凭证录入】。

（2）凭证录入。在凭证新增页面，按照实验数据依次录入凭证日期、摘要、借贷方科目、核算维度及金额。

计提交易性金融
资产利息

> ➤ 如果债券公允价值发生变化，还需要将变化值通过会计分录反映。
> ➤ 可以通过定义模式凭证，提高录入效率。

第五章　期末处理

期末处理是指在期末时对各个模块进行结账处理，工作内容包括总账凭证的过账与月末结转，各模块的对账与结账。期末处理未完成不影响下个月业务工作的开展，但影响下个月固定资产折旧、存货、总账月末结转等核算工作。

第一节　记账与结转

在将本期所有的会计业务全部处理完毕之后，就可以进行期末结账了。系统的数据处理都是针对账簿的当前会计期间，要进行下一个会计期间的处理，必须对当前会计期间的账务全部进行结账处理。

结账之前，按企业财务管理和成本核算的要求，必须进行制造费用、产品生产成本的结转，期末调汇及损益结转等工作。转账之前，请先进行库存与存货的关账，确保不会产生新的业务，检查所有业务单据是否已生成凭证，检查是否存在负库存、负单价问题。

一、指定现金流量

（一）业务场景

12 月 31 日，检查本月所有涉及现金流入、流出的凭证，对含有现金与现金等价物科目的凭证指定现金流量，防止遗漏。

（二）业务解析

用户在编制凭证界面或者凭证查询界面单击"现金流量"按钮，系统根据凭证的科目对应关系自动显示对应的流量金额，并且根据科目预设信息默认携带对应的现金流量项目到现金流量指定界面中。

如果要进行现金流量的处理，科目中必须要指定现金流量科目，现金流量科目有三种类型：现金、银行存款和现金等价物。用户根据实际情况在对应科目属性中勾选科目对应的类型，否则系统无法进行主表项目的现金流量处理，但可以指定附表项目。

现金流量表的附表，本质上是补充资料，其采用间接法反映经营活动产生的现金流量情况，以对现金流量表中采用直接法反映的经营活动现金流量进行核对和补充说明。具体就是将净利润调节为经营活动现金流量，实际上是将按权责发生制原则确定的净利润调整为现金净流入，并剔除投资活动和筹资活动对现金流量的影响。

只有那些影响净利润但不产生经营活动现金流量或产生了经营活动现金流量但不影响净利润的凭证才需要指定附表项目。具体执行中，系统根据凭证分录是否包含现金或损益类科目，以及现金科目的主表项目是否指定为经营活动现金流量，来判断是否需要指定附表项目。指定附表项目流程如图 5-1 所示。

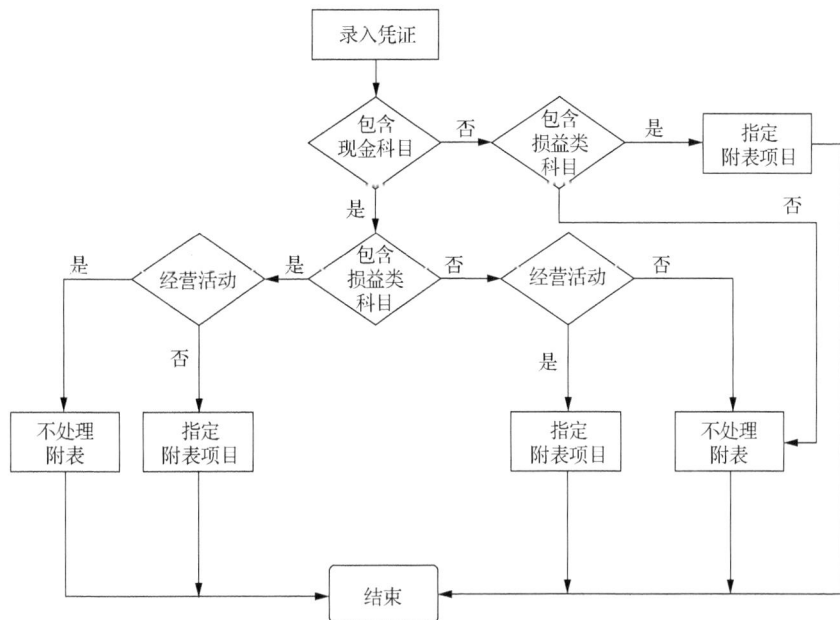

图 5-1　指定附表项目流程

（三）岗位分工

总账会计指定现金流量。

（四）操作步骤

1. 通过 T 型账批量指定现金流量主表项目

（1）打开 T 型账窗口。操作路径：【财务会计】-【总账】-【现金流量】-【T 型账】。

（2）设置过滤条件。在过滤条件中勾选"包含未过账凭证"复选框，提示自动拆分，单击"确定"按钮。

（3）设置主表项目。根据对方科目设置主表项目，单击"保存"按钮，如图 5-2 所示。

	现金类科目·借方			现金类科目·贷方		
对方科目	金额	主表项目	对方科目	金额	主表项目
1121-应收票据	¥20,210,122.71	销售商品、提供劳务收到的现	1221-其他应收款	¥156,248.00	支付其他与经营活动有关的现
1122-应收账款	¥57,561,942.00	销售商品、提供劳务收到的现	1606-固定资产清理	¥10,000.00	购建固定资产、无形资产和其
2001-短期借款	¥1,000,000.00	取得借款收到的现金	2001-短期借款	¥1,000,000.00	偿还债务支付的现金
2241-其他应付款	¥20,000.00	收到其他与经营活动有关的现	2201-应付票据	¥2,135,700.00	购买商品、接受劳务支付的现
6115-资产处置损益	¥800,000.00	处置固定资产、无形资产和其	2202-应付账款	¥25,758,164.00	购买商品、接受劳务支付的现
▸ 6301-营业外收入	¥100.00	收到其他与经营活动有关的现	2211-应付职工薪酬	¥1,050,182.58	支付给职工以及为职工支付的
			2221-应交税费	¥5,978,995.34	支付的各项税费
			2231-应付利息	¥103,000.00	分配股利、利润或偿付利息支
			2241-其他应付款	¥30,000.00	支付其他与经营活动有关的现
			2810-租赁负债	¥56,500.00	购建固定资产、无形资产和其
			5101-制造费用	¥2,000.00	支付其他与经营活动有关的现
			▸ 6602-管理费用	¥20,800.00	支付其他与经营活动有关的现

图 5-2　T 型账

2. 通过附表项目指定功能指定现金流量附表项目

（1）打开附表项目指定窗口。操作路径：【财务会计】-【总账】-【现金流量】-【附表项目指定】。

（2）设置过滤条件。在过滤条件中勾选"包含未过账凭证"复选框，提示自动拆分，单击"确

指定现金流量

定"按钮。

（3）展开科目。选择科目，右击菜单【按下级科目展开】，显示所有有发生额的损益类科目。

（4）设置附表项目。选择科目，右击菜单【选择附表项目】，根据科目选择附表项目。

3．通过凭证查询指定现金流量

（1）查询凭证。操作路径：【财务会计】-【总账】-【凭证管理】-【凭证查询】。

（2）选择凭证。一次只能选择一张凭证。

（3）指定现金流量。单击工具栏"现金流量"选项，打开现金流量指定窗口，单击"自动指定"按钮，选择主表项目/附表项目，单击"确定"按钮。

4．现金流量查询

（1）打开现金流量查询窗口。操作路径：【财务会计】-【总账】-【现金流量】-【现金流量查询】。

（2）设置过滤条件。在过滤条件中勾选"包含未过账凭证"复选框，单击"确定"按钮，可看到所有关于现金流量项目的凭证明细。

（3）修改现金流量项目。单击凭证行，进入凭证修改状态，修改现金流量。

5．指定现金流量

（1）打开现金流量表窗口。操作路径：【财务会计】-【总账】-【现金流量】-【现金流量表】。

（2）设置过滤条件。在过滤条件中勾选"包含未过账凭证"复选框，单击"确定"按钮，可看到现金流量汇总信息。

（3）联查现金流量。双击具体现金流量行，或单击工具栏"联查现金流量"选项，可打开此现金流量项目的明细；双击明细项目，打开对应凭证，修改现金流量。

> ➤ 指定现金流量可以在凭证保存后、审核后、过账后进行。

> ➤ 如果某个会计科目的现金流量项目相对固定，建议在科目中预设其现金流量项目，这样在凭证指定现金流量项目时，系统可以自动应用预设项目，无须再手工选择。

> ➤ 总账系统中与凭证录入现金流量相关的系统参数有"现金流量科目必须输入现金流量项目""录入凭证时指定现金流量附表项目"两项。

友情提示

二、凭证过账

（一）业务场景

12月31日，对本月的所有凭证进行过账。

（二）业务解析

凭证过账，就是系统将已录入的记账凭证根据其会计科目登记到相关的明细账簿中的过程。经过记账的凭证不能修改，因此，在过账前应对记账凭证的内容仔细审核，系统只能检验记账凭证中的数据关系，而无法检查业务逻辑关系。

系统默认不提供凭证的"反过账"功能，如果要修改已记账凭证，需要采取补充凭证或冲销凭证的方式更正。

系统提供多种凭证过账模式，用户可以执行批量过账操作，也可以手工选择个别凭证执行相关操作。

（三）岗位分工

财务主管完成凭证过账；信息经理开启反过账功能。

（四）操作步骤

1．过账

（1）打开凭证过账功能。操作路径：【财务会计】-【总账】-【凭证管理】-【凭证过账】。

凭证过账

（2）选择账簿。

（3）设置凭证的过账范围。

（4）过账。单击工具栏"过账"选项，执行过账操作，显示过账操作结果，如图 5-3 所示。

	账簿编码	账簿名称	账簿类型	当前会计期间	过账范围	指定日期
	001	慧财集团	主账簿	2021.12	所有符合条件凭证	
✓	002	济民制造	主账簿	2021.12	所有符合条件凭证	
	003	济民商贸	主账簿	2021.12	所有符合条件凭证	

过滤　刷新　过账　退出
账簿需要结束初始化之后才能执行过账，一旦过账则不能反过账，包括过账范围内的作废凭证，也不能执行反作废。

操作结果

账簿	凭证总数	操作成功凭证数	发生错误凭证数	操作结果	详细信息
济民制造	143	143	0	过账完成	[202112]共计成功过账143张凭证！

图 5-3　过账操作结果

2．开启反过账功能

（1）打开 BOS 设计器（金蝶云星空集成开发平台）。登录，用户名"administrator"，密码"888888"。

（2）选择财务会计。在自动打开的系统视图中单击"财务会计"-"总账"项目，单击"确定"按钮。

（3）扩展凭证过账。在项目中找到"总账"-"动态表单"-"普通动态表单"-"[KD]凭证过账"，右击，在打开的菜单中选择【扩展】，打开凭证过账修改窗口。

（4）修改属性。单击属性"菜单集合"对应值的按钮，打开菜单编辑窗口，选择"反过账"选项，将决定是否可见的复选框全部勾选，单击"确定"按钮，保存，如图 5-4 所示。

图 5-4　凭证过账 BOS 设计

> 系统默认凭证不需要审核、出纳签字。

> 如果总账系统参数控制凭证过账前必须审核或由出纳复核，请在执行凭证过账操作前，对相关凭证进行审核或者由出纳复核，否则，将影响凭证过账操作的执行。

> 过账默认无法取消。

> 执行过账操作之前，请打开"凭证查询"功能，单击工具栏"业务操作"-"凭证整理"选项，进行账簿的凭证断号检查，账簿待过账凭证如果存在断号，系统不允许过账。

> 只有管理员才能通过 BOS 平台开启反过账功能，开启此功能的目的是为练习提供方便，为保持严谨性，在工作中不建议开启此功能。

三、期末调汇、结转损益

（一）业务场景

12 月 31 日，完成当前会计期间的期末调汇工作，当天美元汇率 6.58，将本月损益类账户发生额结转入"本年利润"。

（二）业务解析

此业务由期末调汇与结转损益组成。

期末调汇功能主要用于对账簿内外币核算的科目在期末自动计算汇兑损益，生成汇兑损益结转凭证及期末汇率调整表，适用于有外币业务的组织。

结转损益，是将账簿内各损益类科目的余额转入本年利润科目，并生成一张结转损益记账凭证，以反映企业在一个会计期间内实现的利润或亏损总额。结转损益前，需要在账簿参数中设置本年利润科目、利润分配科目。

（三）岗位分工

信息经理调整汇率；总账会计完成期末调汇、结转损益。

（四）操作步骤

1．新增汇率

（1）打开汇率体系定义窗口。操作路径：【基础管理】-【基础资料】-【财务会计】-【汇率体系】。

期末调汇、结转损益

（2）修改汇率。双击原有汇率，单击"反审核"按钮，将失效日期改为"2021-12-30"，依次单击"保存""提交""审核"按钮。

（3）新增汇率。选中左边的"固定汇率"分组，单击工具栏"新增"选项，选择原币"美元"、目标币"人民币"，录入直接汇率"6.58"，自动计算间接汇率，修改生效日期为"2021-12-31"，保存，提交，审核。

2．期末调汇

（1）打开期末调汇向导。操作路径：【财务会计】-【总账】-【期末处理】-【期末调汇】，单击"向导式期末调汇"按钮，打开向导。

（2）账簿选择。

（3）调汇检查。如果存在未过账凭证，单击"全部过账"按钮；如果不存在，自动跳过。

（4）汇率设置。自动显示设置的汇率。

（5）参数设置。选择汇兑损益科目"财务费用-汇兑损益"，确定凭证分类"汇兑损益"，其他参数保持默认值。

（6）凭证生成。可以看到凭证生成提示，可单击"查询凭证"按钮进行查看。

（7）审核并过账。选中"审核并过账期末调汇凭证"单选项，单击"执行操作"按钮，自动完成过账操作，如图 5-5 所示。

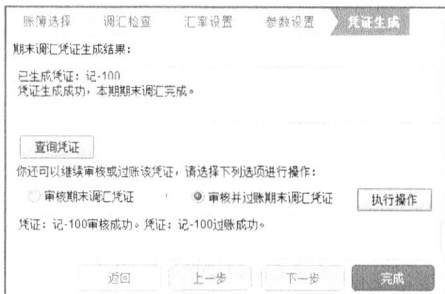

图 5-5　审核并过账期末调汇凭证

3．结转损益

（1）设置本年利润科目、利润分配科目参数。操作路径：【财务会计】-【总账】-【参数设置】-【总账管理参数】，设置利润分配科目"4104.03"、本年利润科目"4103"。

（2）打开结转损益功能向导。操作路径：【财务会计】-【总账】-【期末处理】-【结转损益】，单击工具栏"向导式结转损益"选项，打开向导。

（3）账簿选择。

（4）损益科目选择。自动按参数的设置带入结转科目，结转科目可修改。

（5）结转选项设置。选择凭证类型、生成方式，以及其他参数，均使用默认值。

（6）凭证生成。显示生成结果，提供审核、过账入口。

（7）审核并过账。选中"审核并过账结转损益凭证"单选项，单击"执行操作"按钮，自动完成过账操作，如图 5-6 所示。

图 5-6　审核并过账结转损益凭证

> ➤ 只有科目属性中已勾选"期末调汇"复选框，才能进行期末调汇业务。
> ➤ 相关科目必须有外币余额，才能进行期末调汇。
> ➤ 期末调汇时，会显示未过账的外币凭证，并提供过账入口。
> ➤ 结转损益前，务必对所有凭证进行过账。
> ➤ 生成的凭证默认为未过账凭证，需要手动过账。
> ➤ 如果对生成的凭证不过账，再次进行结转损益时会生成重复凭证。
> ➤ 可通过新增的方式建立期末调汇、结转损益方案，方便以后重复执行。
> ➤ 汇率为共享数据。

四、计提并结转所得税

（一）业务场景

12 月 31 日，全年实现利润总额 41 367 106.77 元，所得税税率为 25%，本年纳税调整增加额合计 40 000.00 元，纳税调整减少额合计 52 800.00 元（对应投资收益——债券收益科目），本年应纳税所得额为 41 354 306.77 元；应纳所得税额 10 338 576.69 元，递延所得税负债 377 000.00 元（对应其他综合收益科目）；递延所得税资产 0 元，所得税费用 10 338 576.69 元。

12 月 31 日，将所得税费用转入"本年利润"。

（二）业务解析

此业务由计提所得税费用与结转所得税费用两部分组成，其中，计提所得税费用通过填写凭证完成，结转所得税费用通过结转损益完成。所得税费用计算方法如下。

本年应纳税所得额=全年实现利润总额+本年纳税调整增加额-纳税调整减少额

=41 367 106.77+40 000.00-52 800.00

=41 354 306.77（元）

应纳所得税额=本年应纳税所得额×25%

=41 354 306.77×25%

=10 338 576.69（元）

所得税费用=应纳所得税额-递延所得税资产×25%

=10 338 576.69-0×25%

=10 338 576.69（元）

计提所得税费用会计分录如下。

借：所得税费用	10 338 576.69	
其他综合收益	377 000.00	
贷：递延所得税负债		377 000.00
应交税费——应交所得税		10 338 576.69

结转所得税费用会计分录如下。

借：本年利润	10 338 576.69	
贷：所得税费用		10 338 576.69

（三）岗位分工

总账会计填写凭证、结转损益；财务主管进行凭证过账。

（四）操作步骤

1．填写计提所得税凭证

会计登录系统，执行【财务会计】-【总账】-【凭证管理】-【凭证录入】命令，打开凭证录入新增页面。按照实验数据正确输入记账凭证，输入完成后单击"保存"按钮，完成凭证制作。

计提并结转所得税

2．凭证审核

财务主管登录系统，执行【财务会计】-【总账】-【凭证管理】-【凭证审核】命令，打开凭证审核页面，勾选之前录入的计提所得税凭证后，依次单击"提交""审核"按钮，完成凭证审核操作。凭证审核后不能修改，若要修改，需要先进行反审核。

3．凭证过账

会计登录系统，执行【财务会计】-【总账】-【凭证管理】-【凭证过账】命令，打开凭证过账页面，勾选需要过账的账簿并设置过账范围，单击【过账】按钮，完成账簿凭证的过账操作。

4．结转损益

会计登录系统，执行【财务会计】-【总账】-【期末处理】-【结转损益】命令，打开"结转损益"向导，依照系统提示操作，具体细节见"结转损益"部分。

> ➤ 结转所得税费用可以直接通过填写凭证完成。
> ➤ 递延所得税资产会冲抵所得税费用。
> ➤ 通过结转损益对生成的凭证进行过账，提高工作效率。
> ➤ 损益结转检查功能还在完善之中，不能对凭证进行过账。

五、结转利润与利润分配

（一）业务场景

12 月 31 日，将本年净利润 31 028 530.08 元转入"利润分配"科目。

12 月 31 日，对当年实现的净利润进行分配，按 10%计提法定盈余公积 3 102 853.01 元，按 5%计提任意盈余公积 1 551 462.5 元。为回报股东，经董事会研究决定，加大股利分配，提出利润分配方案，建议按净利润的 20%分配利润，交由股东大会决议，最终股东大会决议用 6 000 000.00 元向股东分配利润。

12 月 31 日，将已分配利润转入未分配利润。

（二）业务解析

此业务通过增加会计凭证完成操作。由于结转本年利润、提取盈余公积、结转未分配利润的发生额有固定算法，为提高工作效率，可以通过自动转账功能自动生成会计凭证。股利分配通过录入凭证方式完成。

结转本年利润会计分录如下。

借：本年利润   31 028 530.08

  贷：利润分配——未分配利润   31 028 530.08

提取盈余公积会计分录如下。

借：利润分配——提取法定盈余公积   3 102 853.01

         ——提取任意盈余公积   1 551 426.50

  贷：盈余公积——法定盈余公积   3 102 853.01

         ——任意盈余公积   1 551 426.50

股利分配会计分录如下。

借：利润分配——应付现金股利   6 000 000.00

  贷：应付股利   6 000 000.00

结转未分配利润会计分录如下。

借：利润分配——未分配利润   10 654 279.51

  贷：利润分配——提取法定盈余公积   3 102 853.01

         ——提取任意盈余公积   1 551 426.50

         ——应付现金股利   6 000 000.00

企业会计业务中存在一类转账凭证，它们有规律地重复出现。例如，按月计提、上交税金、月底结转制造费用到生产成本、结转管理费用到损益账户等，如果手工编制此类凭证，将会做许多重复工作。系统提供自动转账功能，用户可以设置重复凭证的摘要、借贷方科目、金额来源及定义计算方法等，并保存为模板。这样用户只需要定期执行转账模板即可自动生成记账凭证，无须手工计算金额，大大提了工作效率。

1. 定义自动转账模板

自动转账模板是自由定义自动转账时调用的凭证模板，其包括以下内容。

编码：模板的系统编码。

名称：模板的名称。

账簿：设置模板适用的账簿。

凭证字：设置自动转账凭证生成的凭证字。

转账类型：设置机制凭证类型，分为其他、自动转账、结转损益，用于设置凭证来源的标志（可以理解为是自动转账的分类）。

摘要：定义凭证分录的摘要，可从摘要库中选择。

科目编码：设置参与转账的科目，如果是按公式转入或转出，只能设置明细科目。

核算维度：如果是转出科目且携带核算维度，用户可以不设置核算维度，表示转出所有核算维度，也可以设置转出核算维度的范围；如果是转入科目，用户设置核算维度，表示指定转入该科目的具体核算维度中。如果是按公式转入或转出，科目的核算维度必录，必须指定明细核算维度。

币别：定义科目的币别。如果转出科目和转入科目的币别不同，系统根据对应汇率关系进行换算。

汇率类型：定义转账分录币别的汇率类型。如果是本位币转入转出，不需设置。

转账方式：设置科目转账的方式，包括转入、按比例转出余额、按比例转出借方发生额、按比例转出贷方发生额、按公式转入、按公式转出。"转入"的方式取对方科目之和，不需要公式；"按比例"的三个方式可以转出当前科目本期发生额或余额；"按公式"的两个方式需要在公式中定义数学表达式，可从任一科目、现金流量项目或报表中取数。

方向：设置生成转账凭证分录的方向。非公式转入、转出时，可以设置为自动判定；按公式转入、转出时，需要选择借方或贷方。自动判定时，最终方向与自动转账列表中转账选项的业务参数设置有关。

转账比例：设置科目转出或转入的比例，存在多个转入科目时，合计比例应该为 100%。

公式方法：此项不可编辑，当转账方式为按公式转账时，公式方法为公式取数，否则为"无"。

公式定义：当公式方法为公式取数时，公式定义才可编辑，调用取数公式设置转账公式。公式取数包括从总账科目中取数、从现金流量项目中取数、从报表项目中取数，公式的具体参数请参考报表中的取数公式。

包含未过账凭证：选择该项时，转账取数包含未过账凭证的相关金额。

不参与多栏账汇总：选择该项时，转账生成的对应分录不参与多栏账明细分栏的合计。

分录类推：在模板分录编辑菜单上有一个"分录类推"按钮，单击该按钮可以自动根据当前光标所在行的科目（不支持一级科目），判断其同级次的其他科目；在类推科目界面中选择需要类推的目标科目后，系统自动新增行，并携带光标所在行的科目的其他模板分录信息（不包括核算维度设置信息）到类推分录行中。

按公式转入或转出时，科目以及核算维度都必须指定为最明细的，否则，生成凭证时系统会报错。自动转账的方向设置要注意，如果选择自动判定，则借贷方科目的方向都需要设置为自动判定，例如结转制造费用到生产成本；如果借贷方能够确定科目方向，就指定具体的借贷方，例如计提福利费用。转出和转入科目的科目编码结构以及核算维度相同时，可以不用在模板中指定核算维度，系统即可实现一一对应结转。系统支持转入科目为非明细科目，但转出科目的科目结构以及核算维度需要和转入科目一致，否则，系统无法识别转入科目。系统支持多个转入科目，但转入比例需要合计为 100%，如果超出 100%，生成的凭证借贷无法平衡。若需要制造费用结转生产成本的金额不参与多栏账合计数的计算，建议设置自动转账模板时勾选"不参与多栏账汇总"复选框。

2．执行转账

可以选择需要转账的模板进行转账，生成一张会计凭证，替代手工填写凭证。系统执行转账时，会显示转账的操作结果，包括显示生成的转账凭证字号或者转账时发生的错误信息。

生成转账凭证时，系统支持将多个模板依次生成并汇总到一张凭证，或者多个模板一次性执行生成多张凭证；对于转账金额为负数的分录，系统支持按科目余额相反方向生成。相关控制，用户只需在自动转账界面单击工具栏"选项"-"转账选项"选项即可设置，其中，分录生成方式，有"按【科目-余额方向】的相反方向生成""按【科目-余额方向】的相反方向生成（红字金额先转为蓝字）""按【科目-余额方向】的相同方向生成"三个参数可供选择，含义如下。

按【科目-余额方向】的相反方向生成：表示转出科目的金额方向始终为【科目】基础资料的"余额方向"的相反方向，转出金额为当前转账期间内的金额；转入科目的金额方向为转出科目的相反方向，转入科目的金额与转出科目的金额借贷平衡。

按【科目-余额方向】的相反方向生成（红字金额先转为蓝字）：如果转出科目的金额为蓝字正数，则转账凭证的生成结果同"按【科目-余额方向】的相反方向生成"时的结果一致；如果转出科目的金额为红字负数，则先将转出科目的金额转化为相反方向的正数，然后再按照转化后方向的相反方向生成凭证分录；若转出科目的金额为正数，转入科目的规则同"按【科目-余额方向】的相反方向生成"时一致。

按【科目-余额方向】的相同方向生成：表示转入、转出科目的金额所在方向均与【科目】基础资料的"余额方向"相同，金额为转出科目在转账期间内的金额（注意是余额方向的金额）。

（三）岗位分工

信息经理定义凭证模板；总账会计完成自动转账、填写记账凭证；财务主管进行凭证过账。

（四）操作步骤

1．结转本年利润

（1）打开自动转账窗口。操作路径：【财务会计】-【总账】-【期末处理】-【自动转账】。

（2）增加凭证模板。单击工具栏"新增"按钮，选择账簿、凭证字、录入名称；结转本年利润到未分配利润。

结转利润与利润分配

（3）录入转出科目分录。录入摘要；科目：本年利润（4103）；转账方式：按比例转出余额；方向：自动判定；转账比例"100"；勾选"包含未过账凭证"复选框。

（4）录入转入科目分录。录入摘要；科目：未分配利润（4104.03）；转账方式：转入；方向：自动判定；转账比例（%）"100"；勾选"包含未过账凭证"复选框。单击"保存"按钮，录入结果如图5-7所示。

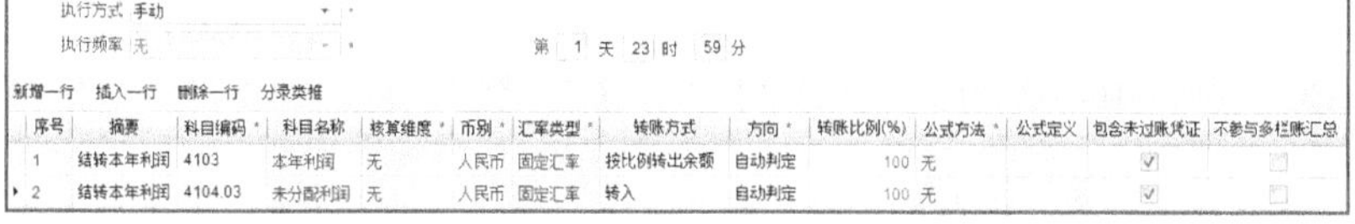

图 5-7　结转本年利润自动转账模板

（5）生成凭证。选择模板，单击"执行"按钮。下方显示执行结果，可单击"查看"按钮打开凭证窗口。

2．提取盈余公积

（1）打开自动转账窗口。操作路径：【财务会计】-【总账】-【期末处理】-【自动转账】。

（2）增加凭证模板。单击工具栏"新增"按钮，选择账簿、凭证字、录入名称，提取盈余公积。

（3）录入提取法定盈余公积科目分录。录入摘要；科目：提取法定盈余公积（4104.01）；转账方式：按公式转出；方向：自动判定；转账比例（%）：10；公式定义中生成公式"ACCT（""，"4104.03"，"DL"，""，""，""，""）"；勾选"包含未过账凭证"复选框。

（4）录入提取任意盈余公积科目分录。录入摘要；科目：提取任意盈余公积（4104.02）；转账方式：按公式转出；方向：自动判定；转账比例（%）：5；公式定义中生成公式"ACCT（""，"4104.03"，"DL"，""，""，""，""）"；勾选"包含未过账凭证"复选框。

（5）录入法定盈余公积科目分录。录入摘要；科目：法定盈余公积（4101.01）；转账方式：按公式转入；方向：自动判定；转账比例（%）：10；公式定义中生成公式"ACCT（""，"4104.03"，"DL"，""，""，""，""）"；勾选"包含未过账凭证"复选框。

（6）录入任意盈余公积科目分录。录入摘要；科目：任意盈余公积（4101.02）；转账方式：按公式转入；方向：自动判定；转账比例（%）：5；公式定义中生成公式"ACCT（""，"4104.03"，"DL"，""，""，""，""）"；勾选"包含未过账凭证"复选框。单击"保存"按钮，录入结果如图5-8所示。

序号	摘要	科目编码	科目名称	核算维度	币别	汇率类型	转账方式	方向	转账比例(%)	公式方法	公式定义	包含未过账凭证	不参与多栏账汇总
1	提取盈余公积	4104.01	提取法定盈净	无	人民币	固定汇率	按公式转出	自动判定	10	公式取数	已设置	✓	
2	提取盈余公积	4104.02	提取任意盈净	无	人民币	固定汇率	按公式转出	自动判定	5	公式取数	已设置	✓	
3	提取盈余公积	4101.01	法定盈余公积	无	人民币	固定汇率	按公式转入	自动判定	10	公式取数	已设置	✓	
4	提取盈余公积	4101.02	任意盈余公积	无	人民币	固定汇率	按公式转入	自动判定	5	公式取数	已设置	✓	

图5-8 提取盈余公积自动转账模板

（7）生成凭证。选择模板，单击"执行"按钮。下方显示执行结果，可单击"查看"按钮打开凭证窗口。

3．录入股利分配凭证

打开凭证录入窗口，输入摘要，选择科目"应付现金股利"，录入借方金额"6 000 000"；选择科目"应付股利"，录入贷方金额"6 000 000"。

4．结转未分配利润

（1）打开自动转账窗口。操作路径：【财务会计】-【总账】-【期末处理】-【自动转账】。

（2）增加凭证模板。单击工具栏"新增"选项，选择账簿、凭证字、录入名称，结转未分配利润。

（3）录入未分配利润科目分录。录入摘要；科目：未分配利润（4104.03）；转账方式：按公式转出；方向：自动判定；转账比例（%）：100；公式定义中生成公式"ACCT（""，"4104.01"，"JL"，""，""，""，""）+ACCT（""，"4104.02"，"JL"，""，""，""，""）+ACCT（""，"4104.04"，"JL"，""，""，""，""）"；勾选"包含未过账凭证"复选框。

（4）录入提取法定盈余公积科目分录。录入摘要；科目：提取法定盈余公积（4104.01）；转账方式：按公式转入；方向：自动判定；转账比例（%）：100；公式定义中生成公式"ACCT（""，"4104.01"，"JL"，""，""，""，""）"；勾选"包含未过账凭证"复选框。

（5）录入提取任意盈余公积科目分录。录入摘要；科目：提取任意盈余公积（4104.02）；转账方式：按公式转入；方向：自动判定；转账比例（%）：100；公式定义中生成公式"ACCT（ ""，"4104.02"，"JL"，""，""，""，"" ）"；勾选"包含未过账凭证"复选框。

（6）录入应付现金股利科目分录。录入摘要；科目：应付现金股利（4104.04）；转账方式：按公式转入；方向：自动判定；转账比例（%）：100；公式定义中生成公式"ACCT（ ""，"4104.04"，"JL"，""，""，""，"" ）"；勾选"包含未过账凭证"复选框。单击"保存"按钮，录入结果如图5-9所示。

编码	GLTB003			账簿	济民制造		转账类型	其他		
归折	结转未分配利润			凭证字	记		转账期间	1;2;3;4;5;6;7;8;9;10;11;12		

执行选项

执行方式 手动

执行频率 无   第 1 天 23 时 59 分

新增一行 插入一行 删除一行 分录类推

序号	摘要	科目编码	科目名称	核算维度	币别	汇率类型	转账方式	方向	转账比例(%)	公式方法	公式定义	包含未过账凭证	不参与多栏账汇总
1	结转未分配	4104.03	未分配利润	无	人民币	固定汇率	按公式转出	自动判定	100	公式取数	已设置	✓	
2	结转未分配	4104.01	提取法定盈余	无	人民币	固定汇率	按公式转入	自动判定	100	公式取数	已设置	✓	
3	结转未分配	4104.02	提取任意盈余	无	人民币	固定汇率	按公式转入	自动判定	100	公式取数	已设置	✓	
4	结转未分配	4104.04	应付现金股利	无	人民币	固定汇率	按公式转入	自动判定	100	公式取数	已设置	✓	

图5-9 结转未分配利润转账模板

（7）生成凭证。选择模板，单击"执行"按钮。下方显示执行结果，可单击"查看"按钮打开凭证窗口。

5. 凭证过账

会计登录系统，执行【财务会计】-【总账】-【凭证管理】-【凭证过账】命令，打开凭证过账页面，勾选需要过账的账簿并设置过账范围后，单击"过账"按钮，完成账簿凭证的过账操作。

友情提示

➢ 自动转账生成的是一张没有记账的凭证（创建状态）。

➢ 定义凭证模板时，需要考虑清楚是否包含未过账凭证，默认没有包含。

➢ 设置自动转账功能不是一个必需的操作流程，其地位与手工填写凭证的地位相同，仅仅是用公式替代手工计算发生额，其他内容与手工填写凭证相同。

➢ 凭证生成后，如果需要附件，可在生成凭证后，手工上传附件。

➢ 自动转账模板为私有数据，不能共享。

➢ 自动转账模板方向如果直接指定借或贷，会自动将转账方式锁定为空值，需要定义公式。

第二节 对账与结账

每个期间结束时，应收款管理、应付款管理、出纳管理、存货核算、固定资产、总账需要进行期末结账；结账前，库存管理、存货核算、费用报销需要关账。关账功能对出入库单据、报销单据进行控制，关账后不能进行录入、修改、反审核、作废操作，有利于为期末结账前的核算处理创造稳定的数据环境。关账时会检查是否有未审核、未作废的库存单据、报销单据，如果存在，则不能关账。

总账期末结账操作需满足下列前提条件：

- 账簿已经结束初始化；
- 相关业务系统已经结账；
- 账簿当前期间没有未过账的凭证；

- 账簿当前期间已记账凭证不存在断号；
- 智能会计平台已设置"必须要生成总账凭证"的业务单据都已生成总账记账凭证；
- 智能会计平台已设置"必须与总账期末对账平衡"的对账方案在当前期间已经对账平衡；
- 如果勾选"结账时要求损益类科目余额为零"复选框，则账簿的损益类科目余额需已结平。

一、业务报表对账

（一）业务场景

请在期初建立的业务报表对账方案的基础上进行调整与优化，完成业务报表对账。对账方案如表 5-1 所示。

表 5-1　对账方案

对账项目	方向	科目	核算维度	业务报表	往来单位类型	核算维度对应报表字段
应收款	借	应收账款，其他应收款——客户往来，预收账款	客户	应收款明细表	客户	往来单位
应收款	借	其他应收款——员工往来	员工	应收款明细表	员工	往来单位
应收款	借	其他应收款——供应商往来	供应商	应收款明细表	供应商	往来单位
应付款	贷	预付账款，应付账款——明细应付款，其他应付款——供应商往来，租赁负债——租赁付款额	供应商	应付款明细表	供应商	往来单位
应付款	贷	其他应付款——员工往来	员工	应付款明细表	员工	往来单位
应付款	贷	其他应付款——客户往来	客户	应付款明细表	客户	往来单位
存货	借	原材料，库存商品，周转材料	物料	存货收发存汇总表		物料
资金	借	库存现金		现金日记账		
资金	借	银行存款	银行	银行存款日记账		银行账号，开户银行
资金	借	应收票据	客户	应收票据余额表	客户	往来单位
资金	贷	应付票据	供应商	应付票据余额明细表	供应商	往来单位
资产原值	借	投资性房地产，固定资产，使用权资产	资产类别	资产价值变动表		资产卡片，资产类别
累计折旧	贷	投资性房地产累计折旧，累计折旧，使用权资产累计折旧	资产类别	资产价值变动表		资产卡片，资产类别
减值准备	贷	固定资产减值准备		资产价值变动表		

（二）业务解析

业务报表对账用于检查总账科目与业务报表数据的一致性。对账方案用于设置总账科目和业务报表之间的对账关系，可以针对存货、暂估应付、应付款、应收款、资金、固定资产等项目定义对账逻辑。勾选"必须与总账期末对账凭证"复选框，则总账科目余额必须和业务系统数据平衡才允许结账。在选择科目时，建议某一科目只能出现一次，不能出现重叠定义，否则，很难追查业务逻辑。应收款明细账包含应收与计入往来的收款，应付款明细账包含应付与计入往来的付款。当凭证中的科目没有按业务范围使用时，会出现对账不平。

（三）岗位分工

信息经理定义业务报表对账方案；财务主管完成业务报表对账。

（四）操作步骤

（1）调整对账方案。操作路径：【财务会计】-【智能会计平台】-【对账管理】-【业务报表对账方案】。双击对账方案行，进入修改状态，依次修改对账方案设置，修改结果如图 5-10 所示。

业务报表对账

序号	对账项目	方向	科目	核算维度	业务报表	往来单位类型	核算维度对应报表字段
1	应收款	借	应收账款,其他应收款_客户往来,预收账款	客户	应收款明细表	客户	往来单位
2	应收款	借	其他应收款_员工往来	员工	应收款明细表	员工	往来单位
3	应收款	借	其他应收款_供应商往来	供应商	应收款明细表	供应商	往来单位
4	应付款	贷	预付账款,应付账款_明细应付款,其他应付_供应商往来,租赁负债_租赁付款额	供应商	应付款明细表	供应商	往来单位
5	应付款	贷	其他应付款_员工往来	员工	应付款明细表	员工	往来单位
6	应付款	贷	其他应付款_客户往来	客户	应付款明细表	客户	往来单位
7	存货	借	原材料,库存商品,周转材料	物料	存货收发存汇总表		物料
8	资金	借	库存现金		现金日记账		
9	资金	借	银行存款	银行	银行存款日记账		银行账号,开户银行
10	资金	借	应收票据	客户	应收票据余额表	客户	往来单位
11	资金	贷	应付票据	供应商	应付票据余额明细表	供应商	往来单位
12	资产原值	借	投资性房地产,固定资产,使用权资产	资产类别	资产价值变动表		资产卡片,资产类别
13	累计折旧	贷	投资性房地产累计折旧,累计折旧,使用权资产累计折旧	资产类别	资产价值变动表		资产卡片,资产类别
14	减值准备	贷	固定资产减值准备	资产类别	资产价值变动表		

图 5-10　对账方案设置

（2）业务报表对账。操作路径：【财务会计】-【智能会计平台】-【对账管理】-【业务报表对账】，选择账簿、对账方案，单击工具栏"对账"选项，显示与总账的对账结果。

友情提示

> ➤ 业务报表对账是业务模块与总账模块进行对账。
> ➤ 核算维度为非必填项目，如果不设置核算维度，那么只对项目的总额进行核对。
> ➤ 选择多个科目时，如果核算维度不一致，不能指定核算维度。
> ➤ 不输入适用账簿表示对所有账簿都可以使用。
> ➤ 可以在科目中选择多个科目进行合并对账。
> ➤ 存货只能在成本核算完成并生成凭证后才能对账成功。
> ➤ 出纳模块有专门的出纳期末对账。
> ➤ 可通过财务共享的对账中心进行批量对账。
> ➤ 如果对账不平，可以清除核算维度。

二、业务单据对账

（一）业务场景

请调用默认业务单据对账方案，完成存货对账、银行存款对账。

（二）业务解析

业务单据对账用于检查总账科目与业务单据数据的一致性。对账方案用于设置总账科目和业务单据之间的对账关系，只要业务单据与总账科目发生额有逻辑关系，即可进行对账检查。系统默认已定义应收账款、预收账款、其他应收、发出商品、应付账款、暂估应付、预付账款、其他应付款、固定资产、银行存款、现金、应收票据、应付票据、存货等类型的科目对账方案，可根据业务变化自行增加或修改方案。

（三）岗位分工

总账会计完成业务单据对账。

（四）操作步骤

（1）打开业务单据对账功能。操作路径：【财务会计】-【智能会计平台】-【对账管理】-【业务单据对账】。

（2）显示汇总对账。在自动打开的对账过滤条件中选择对账方案，单击"确定"按钮，显示对账结果汇总记录。

业务单据对账

（3）联查明细对账。双击其中一行，或单击工具栏"明细对账"选项，打开业务单据明细对账窗口，可以查看详细对账记录。

（4）联查单据或总账凭证。双击其中一行，或单击工具栏"联查单据"或"总账凭证"选项，可打开单据或凭证。

友情提示

- ➤ 可以根据对账不平的结果进一步优化对账方案。
- ➤ 对账结果不影响结账。
- ➤ 针对存货与应付的逻辑关系，系统提供专用的"对账检查"功能进行检查。
- ➤ 联查到凭证后，可通过凭证联查单据，追查对账不平的原因。

三、银行对账

（一）业务场景

请录入或导入银行对账单，完成济民制造工商银行人民币账户银行对账工作，生成余额调节表。

（二）业务解析

银行对账用于检查银行与企业之间银行存款数据的一致性。具体来说，银行对账完成银行对账单与出纳模块业务单据的对账，以确认银行与企业双方的未达项，生成余额调节表。对账前需要获取银行对账单，银行对账业务流程如图 5-11 所示。

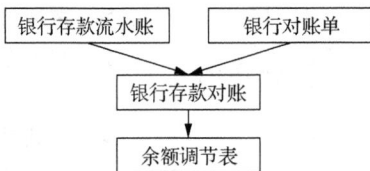

图 5-11　银行对账业务流程

银行存款流水账来自出纳系统的业务单据，如收款单、付款单、票据结算单、现金存取单等。银行对账单来自银行提供的记账流水，可在线下载银行对账单、导入银行对账单或手工新增银行对账单。出纳管理提供多账号批量对账、银行存款对账两种对账方式，其中，银行存款对账提供自动勾对与手工勾对两种方式。建议按多账号批量对账，单账号自动勾对，单账号手工勾对的顺序对记录进行勾对。为模拟银行对账工作，需提前准备好银行对账单电子文档。

（三）岗位分工

出纳完成银行对账。

（四）操作步骤

（1）导入银行对账单。操作路径：【出纳管理】-【银行对账】-【银行对账单】，单击工具栏"业务操作"-"导入银行对账单"选项，选择银行账号"济民制造"、币别"人民币"，导入方案选择"工商银行预设方案"，在对账单文件中选择提前准备好的银行对账单电子文档，单击"导入"按钮，导入银行对账单，提交、审核。

银行对账

（2）银行存款对账。操作路径：【出纳管理】-【银行对账】-【银行存款对账】，在弹出的"银行存款对账条件过滤"对话框中，选择需要对账的银行账号、币别，并设定对账的时间期间和金额范围。单击"自动勾对"按钮，完成对账。

（3）查看余额调节表。操作路径：【出纳管理】-【银行对账】-【余额调节表】，在弹出的"余额调节表条件过滤"对话框中，指定银行账号、币别、截止业务日期和截止勾对日期，并勾选"显示未达项目明细"复选框，单击"确定"按钮，查看余额调节表。也可在上一步银行存款对账的页面中，单击工具栏"余额调节表"选项，查看本次银行存款对账产生的余额调节表。

> ➤ 银行存款流水账不需要单独录入，由出纳业务自动产生。
> ➤ 银行对账结果只是检查结果，没有发生资金变化，不生成凭证。
> ➤ 银行对账单日期不能大于服务器系统日期，操作前，需提前将服务器日期调整到 2021-12-31 或之后。
> ➤ 银行对账单借方金额为付款金额，贷方金额为收款金额，与企业的银行账相反。
> ➤ 导入银行对账单时，系统将对借方额、贷方金额与余额的关系进行验证。
> ➤ 银行对账单期初余额在【财务会计】-【出纳管理】-【初始化】-【银行存款期初】中录入。
> ➤ 银行对账后，未勾对的金额为未达账项，未达账项参与余额调节表的计算。
> ➤ 为方便练习，银行对账单可查询银行对账导入方案中的格式，结合银行存款流水账模拟制作。

四、出纳期末对账

（一）业务场景

请完成出纳期末对账工作。银行账号与科目对应关系如表 5-2 所示。

表 5-2　银行账号与科目对应关系

账簿	科目	币别	银行账号
济民制造	银行存款	人民币	6222304024101011112
济民制造	银行存款	美元	6222304024101011112

（二）业务解析

出纳期末对账用于检查总账科目与出纳管理业务单据、银行对账单三者数据的一致性。具体而言，出纳期末对账可以查询某会计期间的出纳管理、总账和银行对账单期初余额、本期借方、本期贷方、期末余额数据是否存在差额。对账前，需要定义科目对应表。

（三）岗位分工

出纳完成出纳期末对账工作。

（四）操作步骤

（1）打开出纳对账窗口。操作路径：【财务会计】-【出纳管理】-【期末处理】-【出纳期末对账】。

（2）设置过滤条件。在自动打开的过滤条件中勾选"包含未过账的凭证"

出纳期末对账

复选框，单击"确定"按钮，打开出纳期末对账窗口。

（3）设置科目对应表。单击工具栏"科目对应表"选项，在银行账号设置明细中录入账簿、科目、币别、银行账号。

（4）刷新数据。单击工具栏"刷新"按钮，按科目对应表显示对账汇总数据。

（5）联查明细对账。双击对账记录，或单击工具栏"明细对账"选项，可查看出纳管理与总账系统的详细对账记录。

（6）对账。可设置自动对账条件，进行自动对账、手工对账，查询对账差异报告。

> ➤ 出纳期末对账是出纳业务模块与总账模块的对账。
> ➤ 对账结果不影响结账。
> ➤ 当出纳管理业务单据没有生成会计凭证，或使用错误的资金科目时，会出现对账不平的提示。

五、结账

（一）业务场景

12月31日，完成当前期间应收款管理、应付款管理、费用管理、出纳管理、库存管理、存货核算、固定资产，以及总账的关账、结账工作。

（二）业务解析

建议按图 5-12 所示顺序完成各模块的结账。库存管理关账后，存货核算才能关账；存货关账后结账前，需要进行一次出库成本核算或成本计算；费用管理关账后，出纳管理才能结账。其他模块结账没有先后顺序。

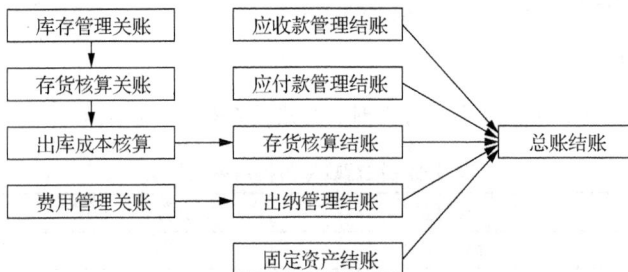

图 5-12　结账顺序

系统提供业务云巡检、库存云巡检、制造云巡检，应收款管理、应付款管理、库存管理、存货核算结账前，用户可以在云巡检服务配置中巡检，排除错误。云巡检可以配置执行时间，以邮件的形式发送巡检结果。

由于出库与入库操作模拟真实业务时间，难免存在出库或入库时间错误导致月中出现负库存的情况。解决方法为：在存货收发存明细表逐个浏览，找到结存数为负数的记录，单击工具栏"单据查看"选项，确认缺货时间点与缺货数量，在缺货前通过其他入库单补齐数量，在有货的时间点，通过其他入库单推送红字其他入库单扣除数量，在入库成本维护中录入单价（单价参照最相近的业务，对成本的计算影响最小），完成出库成本核算，生成凭证。再次查询存货收发存明细表，可以看到负数记录已不存在。

（三）岗位分工

仓管经理完成库存管理关账；成本会计完成存货核算关账、出库成本核算、存货核算结账；往来会计完成应收款管理结账、应付款管理结账；总账会计完成费用管理关账；出纳完成出纳管理结账；资产经理完成固定资产结账；财务主管完成总账结账。

（四）操作步骤

（1）修改成本管理参数。操作路径：【成本管理】-【存货核算】-【参数设置】-【成本管理系统参数】。勾选"存在负库存时允许结账"复选框，单击"保存"按钮。

结账

（2）应收款管理结账。操作路径：【财务会计】-【应收款管理】-【期末处理】-【应收款结账】。选择组织，核对结束日期，单击工具栏"结账"选项。

（3）应付款管理结账。操作路径：【财务会计】-【应付款管理】-【期末处理】-【应付款结账】。选择组织，核对结束日期，单击工具栏"结账"选项。

（4）费用管理关账。操作路径：【财务会计】-【费用管理】-【期末处理】-【关账】。选择组织，核对结束日期，单击工具栏"关账"选项。

（5）出纳管理结账。操作路径：【财务会计】-【出纳管理】-【期末处理】-【出纳管理结账】。选择组织，核对结束日期，单击工具栏"结账"选项。如果存在结账日期之前未审核的单据，可以通过单击【查看单据】按钮查询具体的未审核单据列表。

（6）库存管理关账。操作路径：【供应链】-【库存管理】-【期末处理】-【关账】。选择组织，修改关账日期，单击工具栏"关账"选项。

（7）存货核算关账。操作路径：【成本管理】-【存货核算】-【期末处理】-【存货核算期末关账】。核对核算体系及核算组织，选择货主，核对关账日期，单击工具栏"关账"选项。

（8）出库成本核算或成本计算。操作路径：【成本管理】-【存货核算】-【出库成本核算】。按照向导进行出库成本核算。

（9）存货核算结账。操作路径：【成本管理】-【存货核算】-【期末处理】-【存货核算期末结账】。选择核算体系、核算组织及会计政策，单击工具栏"结账"选项，检查当期所有核算单据是否已参与存货核算。

（10）固定资产结账。操作路径：【资产管理】-【固定资产】-【期末处理】-【结账】。选择货主组织，单击"开始"按钮。

（11）总账结账。操作路径：【财务会计】-【总账】-【期末处理】-【总账期末结账】。选择账簿，单击工具栏"结账"选项，系统对账簿进行期末结账前的检查，检查通过后，执行结账操作，并显示结账结果。

友情提示

> 结账后可以反结账。
> 如果账簿当前结账期间已经是会计日历的最后一个期间，总账结账时会自动追加会计日历的会计期间。
> 总账结账时，若存在单据未生成凭证，可以通过"凭证生成情况查询"功能查看未生成凭证的单据，并进行生成凭证的操作。
> 应收、应付、出纳模块存在参数"存在未审核的单据时不允许结账"。
> 存货核算关账日期不能早于库存组织的关账日期。
> 通过 BOS 可开启成本管理系统参数"期末存在零成本单据允许结账"。

第六章　编制报表

本章主要讲述编制报表的方法。金蝶云星空系统提供完整的财务报表平台，以满足企业财务及业务报表编制与管理的需求。财务报表平台基于类 Excel 的报表编辑器，通过快捷的报表向导、灵活的取数公式，帮助用户快速、准确地编制企业对外财务报表以及各类财务管理报表。金蝶云星空系统的报表编辑器与 Excel 有相似的界面风格和操作方式，用户易上手。其与总账系统无缝集成，内置取数公式，保证报表数据的及时性和准确性。报表数据格式化存储，能快速满足企业数据分析的各种需求。

第一节　常用取数公式

取数公式在报表系统中有着重要的作用。报表系统提供的取数公式，每种都有不同的功能，本节将对一些主要的取数公式的操作方法和作用进行介绍。

要编辑取数公式，我们可以通过单击编辑栏的 "$f(x)$" 图标或单击菜单【插入】-【函数】进行操作。

一、总账取数函数

总账取数函数如表 6-1 所示。

表 6-1　总账取数函数

数据项	说明
ACCT	总账科目取数函数，从科目余额表取数
ACCTCASH	现金流量项目取数函数
ACCTEXT	凭证取数函数，按日从凭证取数
AMBACCT	应用于阿米巴报表系统。 适用场景：阿米巴报表中每个报表项目所对应的科目都挂了【部门】核算维度，且部门与【阿米巴报表】-【利润考核体系】中的利润中心对应，则在【阿米巴报表】中生成的各利润中心报表取科目中对应部门维度的数据
AMBJSJM	应用于阿米巴报表系统。 适用场景：【阿米巴报表】-【利润中心间结算价目表】中设置了按物料的辅助属性设置价目，或者存在多套价目表，在【阿米巴报表】中取价目表的数据时，需要使用此函数

（一）ACCT 取数公式参数说明

账簿：取数来源账簿。支持手工录入账簿编码或通过快捷键 F8 从账簿基础资料中进行选择。

科目：取数科目范围。支持手工录入科目编码或通过快捷键 F8 从科目基础资料中进行选择。

取数类型：取哪种类型的数据。在下拉列表中选择取数类型，系统提供的取数类型如表 6-2 所示。

表 6-2　ACCT 取数类型

数据项	说明
C	期初余额
JC	借方期初余额
DC	贷方期初余额
AC	期初绝对余额
Y	期末余额
JY	借方期末余额
DY	贷方期末余额
AY	期末绝对余额
JF	借方发生额
DF	贷方发生额
JL	借方本年累计发生额
DL	贷方本年累计发生额
SY	损益表本期实际发生额
SL	损益表本年实际发生额
BG	最高预算余额
BD	最低预算余额
BJG	本期最高预算借方发生额
BDG	本期最高预算贷方发生额

年度：账簿会计年度，可直接录入，如 2003；若不录入，则系统默认为账簿当前年。若写入数值，则不同数值表示的意义如下。0：账簿当前年；–1：账簿前一年；–2：账簿前两年；依此类推。

起始期间、结束期间：会计期间，可直接录入<起始期间>和<结束期间>；若不录入，则系统默认为账簿当前期。若写入数值，则不同数值表示的意义如下。0：账簿当前期；–1：账簿上一期；–2：账簿上两期；依此类推。

币别：取何种币别的数据。支持手工录入币别编码，也可通过快捷键 F8 从币别基础资料中进行选择；可以为空，为空则表示本位币。

SY、SL 一般用于利润表的取值，需要月结前的转结损益的凭证为系统制作，而非人工制作。科目初始化时，也需要对相应科目录入"实际损益发生额（原币）"。

BG、BD、BJG、BDG 分别对应取科目中的科目预算对应字段的数值。

（二）ACCTCASH 取数公式参数说明

账簿：取数来源账簿。支持手工录入账簿编码或通过快捷键 F8 从账簿基础资料中进行选择。

现金流量项目：取现金流量项目范围。支持手工录入现金流量项目编码或通过快捷键 F8 从现金流量项目基础资料中进行选择。

取数类型：取哪种类型的数据。在下拉列表中选择取数类型，系统提供的取数类型如表 6-3 所示。

表 6-3　ACCTCASH 取数类型

数据项	说明
Z	折合本位币金额
Y	原币金额

年度：账簿会计年度，可直接录入，如 2003；若不录入，则系统默认为账簿当前年。若写

入数值，则不同数值表示的意义如下。0：账簿当前年；-1：账簿前一年；-2：账簿前两年；依此类推。

起始期间、结束期间：会计期间，可直接录入<起始期间>和<结束期间>；若不录入，则系统默认为账簿当前期。若写入数值，则不同数值表示的意义如下。0：账簿当前期；-1：账簿上一期；-2：账簿上两期；依此类推。

币别：取何种币别的数据。支持手工录入币别编码，也可通过快捷键 F8 从币别基础资料中进行选择；可以为空，为空则表示本位币。

（三）ACCTEXT 取数公式参数说明

账簿：取数来源账簿。支持手工录入账簿编码或通过快捷键 F8 从账簿基础资料中进行选择。

科目：取数科目范围。支持手工录入科目编码或通过快捷键 F8 从科目基础资料中进行选择。

凭证过滤条件：取数凭证的过滤条件，用于筛选凭证。有选择项：【对方科目】【凭证摘要】【凭证号】【凭证日期】【核算维度】。

取数类型：取哪种类型的数据。在下拉列表中选择取数类型，系统提供的取数类型如表 6-4 所示。

表 6-4　ACCTEXT 取数类型

数据项	说明
C	期初余额
Y	本日余额
JF	借方发生额
DF	贷方发生额
QC	期初结存数量
QY	本日结存数量
QJF	收入数量
QDF	发出数量

币别：取何种币别的数据。支持手工录入币别编码，也可通过快捷键 F8 从币别基础资料中进行选择；可以为空，为空则表示本位币。

开始日期、结束日期：可直接录入<开始日期>和<结束日期>；若不录入，则系统默认取公式取数参数里的开始日期和结束日期，如果取不到，则取报表参数里的日期。

二、报表取数函数

报表取数函数如表 6-5 所示。

表 6-5　报表取数函数

数据项	说明
ACCTITEM	报表项目取数函数
RPTDATE	获取报表日期的函数
RPTPAGE	获取指定表页名的函数
RPTINFO	获取报表信息的函数
REF	跨表页取数函数
REF_F	跨报表取数函数

（一）ACCTITEM 取数公式参数说明

核算体系：取数来源核算体系，支持手工录入核算体系编码或通过快捷键 F8 从核算体系基础资料中进行选择。

核算组织：取数来源核算组织，支持手工录入核算组织编码或通过快捷键 F8 从核算组织基础资料中进行选择。

项目：取数的项目范围，支持手工录入项目编码或通过快捷键 F8 在"从××项目至××项目"选择。

周期：取哪个周期的数据。从下拉列表中进行选择，下拉列表提供日报、月报、季报、半年报、年报、会计周期等选项。

币别：取哪种币别的数据，支持手工录入币别编码或通过快捷键 F8 从币别基础资料中进行选择；可以为空，为空则表示本位币。

数据类型：取哪种类型的项目数据。支持手工录入项目数据类型编码或通过快捷键 F8 从项目数据类型基础资料中进行选择。

年度：报表年度，可直接录入，如 2003。若不录入，则系统默认为报表年度。若写入数值，则不同数值表示的意义如下。0：报表所属年度；–1：报表所属年度前一年；–2：报表所属年度前两年；依此类推。

起始期间、结束期间：报表期间，可直接录入<起始期间>和<结束期间>。若不录入，则系统默认为报表所属期间。若写入数值，则不同数值表示的意义如下。0：报表所属当前期；–1：报表所属上一期；–2：报表所属上两期；依此类推。

（二）REF 取数公式参数说明

除支持跨表页取某个单元格参与本单元格的简单四则运算外，也支持连续页签相同单元格求和。

例：REF(Sheet1:Sheet5,B5)，意思是表 Sheet1 至表 Sheet5 的 B5 单元格求和；如果要新增一页参与求和，只需要在表 Sheet1 至表 Sheet5 之前插入一张表页即可，在表 Sheet1 前或表 Sheet5 后插入无效。

另外，此公式识别的是表页的名称，因此，如果设置公式后，表页名称发生变化，需要修改公式里的表页名称。

表页名称：所在报表的所有表页名称。

单元格：具体单元格，可录入如 B5，或 B5+D6 等简单的四则运算。

（三）REF_F 取数公式参数说明

报表模板：取数来源的报表模板，包含个别报表、合并报表、工作底稿等。

表页名称：所选报表模板中包含的各表页。

年度：取数的年度值。

期间：取数的期间值，通过报表模板、年度、期间三个参数，可以确定从哪个报表中取数。

币别：取哪种币别的数据，支持手工录入币别编码或通过快捷键 F8 从币别基础资料中进行选择；可以为空，为空则表示本位币。

金额单位：报表模板的金额单位，有元、千元、万元等选项。

数据内容：具体单元格，可录入如 B5，或 B5+D6 等简单的四则运算。

（四）RPTINFO 取数公式参数说明

报表信息：提供了报表名称、币别、报表周期、报表年度、报表期间、核算组织、开始日期、结束日期、创建人、当前合并范围等内容，优先取公式取数参数中的数值，如没有，则取报表参数中的数值。

三、数字取数函数

数字取数函数如表 6-6 所示。

表 6-6　数字取数函数

数据项	说明
SUM	求和取数公式
MAX	求最大值取数公式
MIN	求最小值取数公式
AVERAGE	求平均值取数公式
COUNT	统计数据取数公式

第二节　利用报表模板编制报表

企业经常需要编制的报表包括利润表、资产负债表、现金流量表，这些报表编制的原理基本相同，需创建模板，设计报表格式，固化取数公式。需要编制报表时，调用报表模板，输入基本参数即可。系统自带常用的报表模板，可根据需要自行修改自带模板取数公式，可共享模板给其他组织。

一、利润表

（一）业务场景

12 月 31 日，制作利润表的年报模板，编制各公司报表。

（二）业务解析

报表只能通过报表模板生成，因此，各组织需要自行创建报表模板，或由其他组织创建后分发。

企业用于管理和分析的很多报表的格式在一段期间里一般不会发生变化，这就适合制作成模板，方便重用。另外对于集团企业来说，为了保证报表数据的规范性，需要制定统一的报表模板。统一的报表模板体现了集团企业在财务报告中对其下属企业和组织的各种要求。

（三）岗位分工

信息经理创建报表模板；财务主管编制报表。

（四）操作步骤

1．创建模板

（1）打开报表模板管理窗口。操作路径：【财务会计】-【报表】-【报表管理】-【报表模板】。

利润表

（2）增加报表模板。单击工具栏"新增"选项，输入编码（组织编码+流水号）、名称、周期（月报/季报/半年报/年报）、所属组织、样式类型（固定样式），单击"确定"按钮。

（3）打开财务报表系统。双击报表模板所在行，自动打开财务报表系统。首次使用时，需要根据提示安装插件。

（4）插入自带模板。在左下方的页签（Sheet1）处，右击并选择菜单"插入表页"，在固定样式中有"资产负债表""现金流量表""所有者权益变动表""利润表"模板，选择"利润表"模

板，单击"确定"按钮，自动插入对应模板的报表项目、项目数据类型、项目公式和取数公式。

（5）编辑公式。选中需要定义公式的单元格，利用会计知识，在工具栏编辑取数公式。可以单击工具栏"显示取数公式"选项，显示所有取数公式，对公式逐个进行编辑。

（6）依次单击"保存""提交""审核"按钮。

（7）共享模板。在列表中选中要共享的模板，单击菜单【业务操作】-【共享】，在待共享组织窗口选择核算体系、组织即可，如果不需要与其他组织共享，此步不需要操作。

2．编制报表

（1）打开报表管理窗口。操作路径：【财务会计】-【报表】-【报表管理】-【报表】。

（2）增加报表。单击工具栏"新增"选项，选择利润表报表模板，修改报表日期，修改年度、期间，单击"确定"按钮。

（3）打开财务报表系统。双击报表所在行，自动打开财务报表系统。

（4）计算。单击工具栏"数据"-"重算表页"或"全部重算"选项，显示计算结果。注意，这里的公式仍然可以编辑，但只对当前报表有效。

（5）依次单击"保存""提交""审核"按钮。

> ➢ 报表模板可以共享给其他同类型的组织机构，不在基础资料控制策略范围内。
>
> ➢ 通过共享创建的报表模板，接收方可以修改。
>
> ➢ 分发时，选中"覆盖"选项，可以对指定组织反复分发。
>
> ➢ 报表模板创建后，编码、名称、周期、核算体系、所属组织等内容无法修改，但可以删除。
>
> ➢ 报表模板的状态有：在制、审核中、审核、重新审核、禁用。
>
> ➢ 在有取数公式的单元格，可以通过菜单联查总账、明细账、凭证。

二、资产负债表

（一）业务场景

12月31日，制作资产负债表的年报模板，编制各公司报表。

（二）业务解析

报表只能通过报表模板生成，因此，各组织需要自行创建报表模板，或由其他组织创建后分发。

企业用于管理和分析的很多报表的格式在一段期间里一般不会发生变化，这就适合制作成模板，方便重用。另外对于集团企业来说，为了保证报表数据的规范性，需要制定统一的报表模板。统一的报表模板体现了集团企业在财务报告中对其下属企业和组织的各种要求。

（三）岗位分工

信息经理创建报表模板；财务主管编制报表。

（四）操作步骤

1．创建模板

（1）打开报表模板管理窗口。操作路径：【财务会计】-【报表】-【报表管理】-【报表模板】。

（2）增加报表模板。单击工具栏"新增"选项，输入编码（组织编码+流

资产负债表

水号）、名称、周期（月报/季报/半年报/年报）、所属组织、样式类型（固定样式），单击"确定"按钮。

（3）打开财务报表系统。双击报表模板所在行，自动打开财务报表系统。首次使用时，需要根据提示安装插件。

（4）插入自带模板。在左下方的页签（Sheet1）处，右击选择菜单"插入表页"，在固定样式中有"资产负债表""现金流量表""所有者权益变动表""利润表"模板，选择"资产负债表"模板，单击"确定"按钮，自动插入对应模板的报表项目、项目数据类型、项目公式和取数公式。

（5）编辑公式。选中需要定义公式的单元格，利用会计知识，在工具栏编辑取数公式。可以单击工具栏"显示取数公式"选项，显示所有取数公式，对公式逐个进行编辑。

（6）依次单击"保存""提交""审核"按钮。

（7）共享模板。在列表中选中要共享的模板，单击菜单【业务操作】-【共享】，在待共享组织窗口选择核算体系、组织即可；如果不需要与其他组织共享，此步不需要操作。

2．编制报表

（1）打开报表管理窗口。操作路径：【财务会计】-【报表】-【报表管理】-【报表】。

（2）增加报表。单击工具栏"新增"选项，选择报表模板，修改报表日期，修改年度、期间，单击"确定"按钮。

（3）打开财务报表系统。双击报表所在行，自动打开财务报表系统。

（4）计算。单击工具栏"数据"-"重算表页"或"全部重算"选项，显示计算结果。注意，这里的公式仍然可以编辑，但只对当前报表有效。

（5）依次单击"保存""提交""审核"按钮。

> 编制报表前，一定要确保损益已全部结转，可通过查询科目余额表，查看损益类科目余额是否全部为0。

> 如果报表不平衡，可通过检查取数公式、查询科目余额表、在报表单元格联查明细账等方法进行检查。

> 公式中财务函数取发生额时，可能出现科目余额表中的金额与报表中的金额不一致，原因是报表中是按末级科目取数，而科目余额表默认只查看一级科目，将其改为查看末级科目时，会显示一致。

> 在报表菜单【工具】-【公式取数参数】中，有默认的开始日期与结束日期，此参数会影响财务取数时间的期间取值。

三、现金流量表

（一）业务场景

12月31日，制作现金流量表年报模板，编制各公司报表。

（二）业务解析

报表只能通过报表模板生成，因此，各组织需要自行创建报表模板，或由其他组织创建后分发。

企业用于管理和分析的很多报表的格式在一段期间里一般不会发生变化，这就适合制作成模板，方便重用。另外对于集团企业来说，为了保证报表数据的规范性，需要制定统一的报表模板。统一的报表模板体现了集团企业在财务报告中对其下属企业和组织的各种要求。

（三）岗位分工

信息经理创建报表模板；财务主管编制报表。

（四）操作步骤

1．创建模板

（1）打开报表模板管理窗口。操作路径：【财务会计】-【报表】-【报表管理】-【报表模板】

现金流量表

（2）增加报表模板。单击工具栏"新增"选项，输入编码（组织编码+流水号）、名称、周期（月报/季报/半年报/年报）、所属组织、样式类型（固定样式），单击"确定"按钮。

（3）打开财务报表系统。双击报表模板所在行，自动打开财务报表系统。首次使用时，需要根据提示安装插件。

（4）插入自带模板。在左下方的页签（Sheet1）处，右击并选择菜单"插入表页"，在固定样式中有"资产负债表""现金流量表""所有者权益变动表""利润表"模板，选择"现金流量表"模板，单击"确定"按钮，自动插入对应模板的报表项目、项目数据类型、项目公式和取数公式。

（5）编辑公式。选中需要定义公式的单元格，利用会计知识，在工具栏编辑取数公式。可以单击工具栏"显示取数公式"选项，显示所有取数公式，对公式逐个进行编辑。

（6）依次单击"保存""提交""审核"按钮。

（7）共享模板。在列表中选中要共享的模板，单击工具栏"业务操作"-"共享"选项，在待共享组织窗口选择核算体系、组织即可；如果不需要与其他组织共享，此步不需要操作。

2．编制报表

（1）打开报表管理窗口。操作路径：【财务会计】-【报表】-【报表管理】-【报表】。

（2）增加报表。单击工具栏"新增"选项，选择报表模板，修改报表日期，修改年度、期间，单击"确定"按钮。

（3）打开财务报表系统。双击报表所在行，自动打开财务报表系统。

（4）计算。单击工具栏"数据"-"重算表页"或"全部重算"选项，显示计算结果。注意，这里的公式仍然可以编辑，但只对当前报表有效。

（5）依次单击"保存""提交""审核"按钮。

友情提示

➢ 编制现金流量报表前，必须完成指定现金流量工作，可通过组合使用功能菜单【财务会计】-【总账】-【现金流量】下的功能入口，指定现金流量。

➢ 如果在报表功能入口中看不到具体的报表，有可能是在报表参数设置中选择了"启用数据授权"选项，可以在报表数据授权中指定权限，取消选择此选项。

第七章　数据可视化分析

本章重点讲述数据可视化分析的常用方法，通过嵌入式分析、主题式分析、仪表板分析三种方式对分析数据进行可视化展示。分析的数据来源既可以是当前系统，也可以是任意其他数据；分析时可对多表数据进行关联，创建新的计算字段；分析方案可以固化，分析结果可以发布。

第一节　概述

数据可视化分析通过轻分析平台实现。轻分析平台是轻建模、多维度、高性能的数据分析和数据探索平台，基于数据云计算引擎实现数据分析可视化。轻分析包含嵌入式分析和主题式分析两个应用场景。

一、嵌入式分析

嵌入式分析是轻分析与业务系统深度融合的应用形态。在销售订单、应收单、应付单列表界面，系统默认配置轻分析按钮，并提供系统分析方案。通过嵌入式分析，业务用户能够从单据、流程、软件功能或者固定报表上，一键切换到轻分析数据探索模式。其为业务用户提供在当前业务场景下，分析和决策所需要的数据分析工具，让数据随时随地地支撑业务用户的业务决策。嵌入式分析同样支持发布和授权，以及丰富的移动端展现。嵌入式分析继承了数据分析所有的功能特性。

二、主题式分析

主题式分析是轻分析的数据可视化和商业智能全栈套件。它让业务用户不受限于业务系统所提供的固定报表内容，能够任意连接一切可获得的企业数据资产，能够自由探索和发现其中的业务规律和价值，并且它支持数据分析内容的发布和授权。主题式分析包括数据分析、数据斗方、数据建模、仪表板和移动轻应用五个子模块。

（一）数据分析

数据分析是面向业务用户的数据分析和数据可视化工具。通过数据分析，业务用户可以高效地对业务数据进行分析探索，快速创建自己所关注的数据分析内容。

（二）数据斗方

数据斗方是轻分析的卡片设计工具。通过数据斗方，业务用户可以自由创作和使用各种数据可视化卡片。

（三）数据建模

数据建模用于为数据分析和数据斗方进行数据源的准备。数据建模支持多种数据源，包括实体模型，SQL Server、Oracle 等各种关系型数据库，以及 Excel 表格、CSV 等各种平面数据文件。

（四）仪表板

仪表板分析支持对数据斗方、网页、文字及组合卡片等组件进行综合布局，并可定义组件数据更新频率；支持将仪表板发布到用户应用菜单、轻分析中心和移动轻应用并授权给指定用户或角色；支持大屏展现，让用户可以在同一屏幕上集中展现、比较和监视一组特定的数据内容。同时，仪表板还提供筛选、钻取、再分析等交互操作。

（五）移动轻应用

移动轻应用用于为数据分析、数据斗方和仪表板提供移动端展现能力。数据分析、数据斗方及仪表板均支持发布到移动轻应用，一次分析，多终端完美呈现。移动轻应用还可支持将可视化结果分享到云之家群组，群组里的用户可自由分享、查阅、评论和交流数据内容。对于日常关注的卡片，可以添加关注，然后在云之家工作台里通过"轻分析"卡片快捷查看。

三、轻分析服务启动

在金蝶云服务器上 Windows 服务中重新启动 K3CloudManager 服务。以管理员身份登录系统，通过【基础管理】-【公共设置】-【轻分析设置】配置轻分析服务地址，所有参数保持空值即可。在 Windows 服务中重新启动 K3CloudTomcatService 服务。

四、计算字段表达式

如果可用字段列表中缺少所需的字段，则可以在数据建模、数据分析或数据斗方中单击【创建计算字段】按钮，使用标准函数和运算符定义一个基于现有字段和其他计算字段的公式，然后保存为新的计算字段。数据建模只支持单表的计算，如有多表间计算需求，需在数据建模中创建好表间关系，然后在数据分析或数据斗方中创建计算字段。数据建模不支持聚合函数。

计算字段表达式支持的函数有：字符串函数，如查找、截取、大小写转换、替换；日期和时间函数，如返回指定日期、日期差值、年份；逻辑函数，如判断、取反、与、或；数学与三角函数，如正弦、余弦、正切、弧度转换为角度；类型转换函数，如将表达式转换为日期对象、字符串、空值转换；聚合函数，如平均值、计数、最大值、求和、最小值等。

第二节 数据分析

一、应收账款嵌入式分析

（一）业务场景

请对济民制造未收款金额进行分析，要求列出客户、价税合计、未收款金额，并进行柱形图分析，将分析数据分别导出为 Excel 表格与 PNG 文件。

（二）业务解析

系统在销售订单列表、应收单列表、应付单列表的工具栏已嵌入轻分析功能，并提供默认分析方案，可在默认分析方案基础上进行个性化分析，生成分析图表。分析结果可导出，或发布到门户应用菜单、轻分析中心、移动轻应用等。

数据分析界面共分为五部分：字段区域、功能区域、图表类型区域、数据视图展示区域和筛选器/图例区域。可通过拖动区域边侧的"输入说明"图标来调整各区域大小。左侧栏有 3 部分：字段区域、功能区域和图表类型区域，默认是展开状态，可通过单击"输入说明"图标收起。数据分析界面如图 7-1 所示。

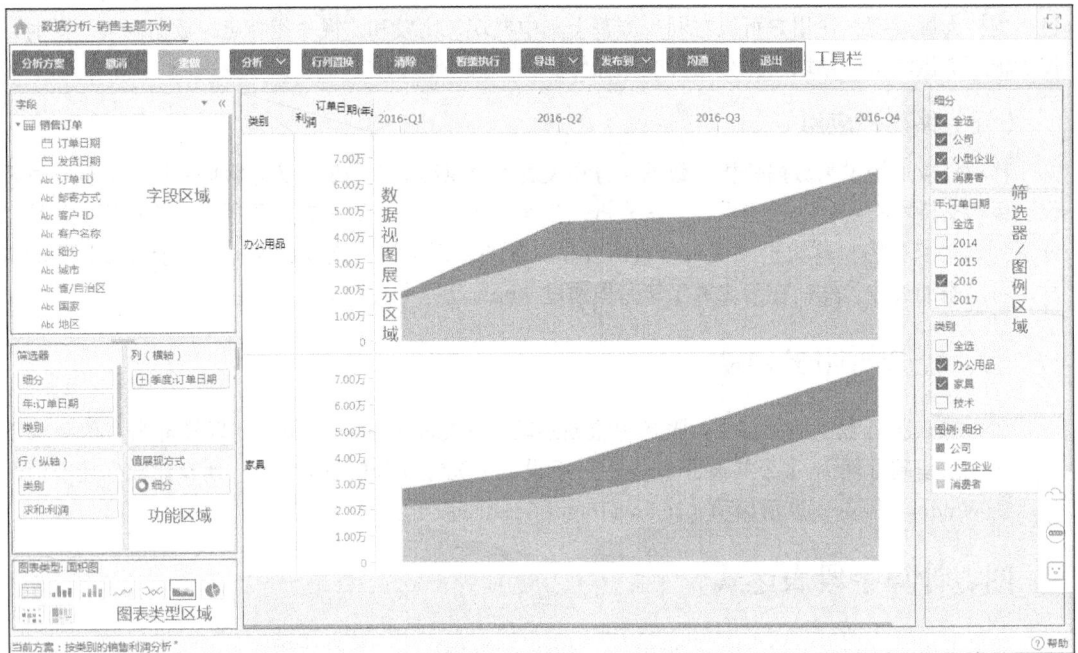

图 7-1　数据分析界面

字段区域会列出在数据建模中选择的所有字段，并按数据表名称进行分组。目前支持 3 种类型的字段，分别为：数值型（输入说明）、日期型（输入说明）、文本型（输入说明）。

功能区域包含筛选器、行、列等功能区，可将字段拖到对应的功能区。系统会根据字段设置、所选的图表类型，在中间的数据视图展示区域中呈现相应的数据可视化结果。

图表类型区域展示了目前支持的 10 种图表，分别为：表格、柱形图、堆积柱形图、折线图、多系列折线图、面积图、饼图、热力图、树图、散点-气泡图。切换图表类型后，行、列、值展现方式等功能区中的字段也会调整。

（三）岗位分工

应收账款嵌入式分析由往来会计完成。

（四）操作步骤

（1）打开应收单列表。确认当前组织为济民制造，打开菜单【财务会计】-【应收款管理】-【销售应收】-【应收单列表】。

（2）打开轻分析功能。单击工具栏"轻分析"选项，自动显示轻分析应收单窗口，自动导入默认分析方案。

应收账款嵌入式分析

（3）修改筛选器取值区间。将右上角"未收款金额最大值"指示针拖放到最大值，主窗口自动显示筛选汇总记录。

（4）修改显示字段。将单据编号、物料编码、物料名称字段从"行"区域中拖出，主窗口自动删除对应字段并显示最新汇总记录。

（5）选择图表类型。在图表类型区域将图表类型修改为柱形图，主窗口自动以柱形图方式显示数据。

（6）导出为 Excel 表格。单击工具栏"导出"-"EXCEL"选项，在弹出的窗口中单击"保存"按钮，选择导出路径，修改文件名，单击"保存"按钮。

（7）导出为 PNG 文件。单击工具栏"导出"-"PNG"选项，在弹出的窗口中单击"保存"按钮，选择导出路径，修改文件名，单击"保存"按钮。

> 数据分析的基础数据取应收单列表中过滤后的数据，可通过修改过滤条件选定基础数据范围。
> 数据分析的原理与 Excel 的数据透视功能相同。
> 修改图表类型会自动调整行与列。
> 可自定义字段，以满足数据分析的需要。
> 可保存分析方案。
> 可将分析模型发布到门户应用菜单、轻分析中心，反复使用。

二、采购订单主题式分析

（一）业务场景

请对济民制造采购订单的各原材料采购情况进行分析，要求按物料名称与价税合计进行树图分析，将分析结果发布到轻分析中心，供全功能角色调用。

（二）业务解析

主题式分析可通过数据建模自由选择数据分析对象，进行可视化分析。分析结果可导出，或发布到门户应用菜单、轻分析中心、移动轻应用等。

数据建模的数据源支持业务实体、当前数据中心、数据库、平面数据文件、OpenAPI。业务实体为当前 ERP 系统中根据实际业务场景封装好的实体。当前数据中心指当前系统连接的数据库。数据库支持二十种类型，分别为：SQL Server、ORACLE、MySQL、Postgre SQL、DB2、Access、SQLite、HIVE、HANA、ODPS、Amazon Redshift、SYBASE、TiDB、达梦（DM）、Greenplum、高斯（GaussDB）、Apache Drill、Spark SQL、Sybase IQ、Impala。平面数据文件支持 Excel、CSV、TXT 三种类型。

（三）岗位分工

采购订单主题式分析由信息经理完成。

采购订单主题式分析

（四）操作步骤

（1）打开轻分析功能。打开菜单【经营分析】-【轻分析】-【分析平台】-【轻分析】，自动显示轻分析窗口。

（2）新建采购分析主题。单击主窗口中的"新建"主题，在弹出的窗口中选择"业务主题"项目，在名称中填写"采购分析"，单击"确定"按钮，得到采购分析主题。轻分析主题如图 7-2 所示。主题下方的五个图标从左到右分别表示数据分析、数据斗方、数据建模、移动主题位置、复制主题，将鼠标指针移到主题上，主题右上角会显示修改主题与删除主题图标。

图 7-2　轻分析主题

（3）数据建模。单击采购分析主题的"数据建模"图标，打开数据建模窗口；单击工具栏"新建数据表"选项，弹出选择数据源窗口；选择业务实体，单击"下一步"按钮；勾选"采购订单"业务实体，单击"下一步"按钮；默认已全选字段，单击"完成"按钮；返回到数据建模主窗口，单击工具栏"保存"选项。

（4）数据分析。单击采购分析主题的"数据分析"图标，打开数据分析窗口，选择图表类型为"树图"；将"采购组织"字段分别拖入"筛选器"与"行"区域中，将明细信息中的"价税合计（本位币）"字段拖入"筛选器"区域中，将明细信息中的"物料名称"与"价税合计（本位币）"字段分别拖入"值展现方式"区域中；在右边的采购组织筛选器中仅选中"济民制造"，价税合计（本位币）起始值改为"0.01"，在工具栏的设置中勾选"显示图表标签"开关按钮。分析结果如图 7-3 所示。

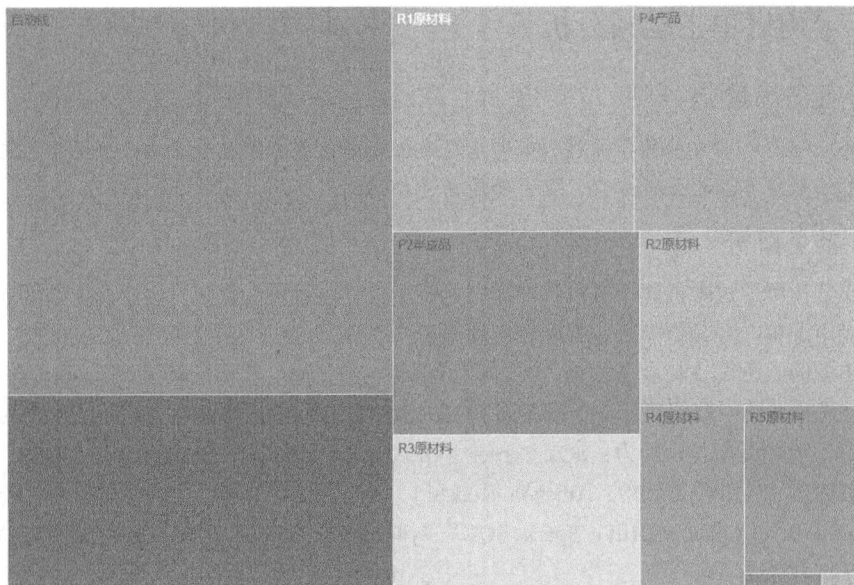

图 7-3　采购订单主题式分析

（5）发布到轻分析中心。单击工具栏"发布到"-"轻分析中心"选项，在发布名称中录入"采购分析"，发布路径中选择"我的轻分析"，授权角色中选择"全功能"，单击"确定"按钮。

> ➤ 主题式分析的数据分析对象为满足条件的所有数据建模记录，可自由建立数据关联。
> ➤ 主题式分析的功能与操作方法与嵌入式分析相同。

三、销售仪表板分析

（一）业务场景

请对济民制造的销售业绩进行仪表板分析，要求显示销售排行与销售目标完成情况，将仪表板发布到轻分析中心，供全功能角色调用。

（二）业务解析

仪表板设计器上方为工具栏，左侧为组件区域及大纲区域，中间部分为设计区域，右侧为属性区域，如图 7-4 所示。

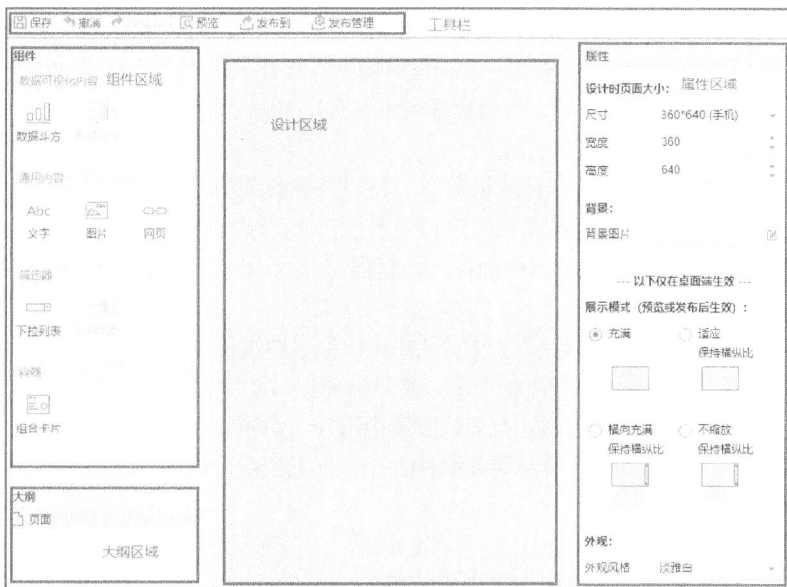

图 7-4　仪表板设计器

组件区域：罗列仪表板支持的组件，包括数据斗方、数据分析等数据可视化内容，文字、网页等通用内容，下拉列表、日期时间等筛选器内容，以及组合卡片。

大纲区域：罗列仪表板设计区域已使用的组件名称，默认有"页面"根目录。选中"页面"节点后可以对整个仪表板的属性进行设置。大纲区域支持重命名、剪切、删除、上移、下移等操作。

属性区域：用户可在该区域设计页面的大小，系统提供了几种选择方案；可以自定义宽度和高度，可以自定义仪表板外观风格，还可以选择预览或发布后的展示模式。

页面尺寸设置：如果需要将制作的方案发布到移动轻应用，且需要移动端执行时的布局与设计时一致，可以选择尺寸下拉列表中的"360*640（手机）"，也可以自定义页面的尺寸。建议遵循"仪表板在有缩放的情形下，在较小的尺寸设计，在同等或更大的尺寸阅览"的原则。

展示模式设置：包括充满、横向充满（保持横纵比）、适应（保持横纵比）、不缩放（保持横纵比）四种模式。

外观风格设置：在仪表板设计器右侧，展开外观风格下拉列表，选择所需的风格。

（三）岗位分工

仪表板分析由信息经理完成。

（四）操作步骤

（1）打开轻分析功能。打开菜单【经营分析】-【轻分析】-【分析平台】-【轻分析】，自动显示轻分析窗口。

销售仪表板分析

（2）新建销售仪表板分析主题。单击主窗口中的"新建"主题，在弹出的窗口中选择"仪表板"项目，在名称中填写"销售仪表板分析"，单击"确定"按钮，得到销售仪表板主题。主题下方的三个图标从左到右分别表示仪表板定义、移动主题位置、复制主题，将鼠标指针移到主题上，主题右上角会显示修改主题与删除主题图标。单击仪表板定义图标，打开仪表板定义窗口。

（3）调整看板属性。在属性区域中，尺寸选择"360*640（手机）"，展示模式选择"横向充满保持横纵比"，外观风格选择"深邃蓝"。

（4）在设计区域放置标题文字。将组件中的文字拖到设计区域的最上方，在弹出的窗口中录入文字"销售分析仪表板"，单击"确定"按钮，在属性区域中将字号改为20，手动调整组件大小。

（5）在设计区域放置分隔线。将组件中的图片拖到设计区域标题的下方，在弹出的窗口中选择分隔线图片，单击"确定"按钮后，在属性区域中将宽度改为 30。手动调整组件大小。

（6）在设计区域放置销售排行可视化数据。将组件中的数据斗方拖到设计区域分隔线的下方，在弹出的窗口中单击"下一步"按钮，选择销售分析示例，在加载方案中选择"销售排行"，单击"完成"按钮，手动调整组件大小。

（7）在设计区域放置销售目标完成情况可视化数据。将组件中的数据斗方拖到设计区域销售排行的下方，在弹出的窗口中单击"下一步"按钮，选择销售分析示例，在加载方案中选择"销售目标完成情况"，单击"完成"按钮，手动调整组件大小。仪表板设计效果如图7-5所示。

（8）发布到轻分析中心。单击工具栏"发布到"-"轻分析中心"选项，在发布名称中录入"销售仪表板分析"，发布路径中选择"我的轻分析"，授权角色中选择角色"全功能"，单击"确定"按钮。

图 7-5　仪表板设计效果

> 数据斗方是轻分析的卡片设计工具，定义方法与嵌入式分析、主题式分析相同。通过数据斗方，业务系统的用户可以自由创作各种数据可视化卡片，卡片可用于仪表板、个性化桌面、移动端门户。

> 业务用户可将数据分析、数据斗方以及仪表板所做的分析方案发布到移动端的轻分析应用。

> 地图库可以帮助业务用户自由创建各种地图模板用于可视化分析，业务用户需要通过业务对象功能给对应角色授予"轻分析地图库"的权限才能使用地图库功能。

> 可通过联动属性设置数据斗方之间的数据联动。